韓国映画から見る、激動の韓国近現代史

歴史のダイナミズム、その光と影

崔盛旭《チェ・ソンウク》

書肆侃侃房

はじめに

韓国映画には「歴史」を取り上げた作品が多い。とりわけ日本の植民地政策への抵抗を示した1919年の「3・1独立運動」から100年の節目を迎えた時期と前後して、植民地時代を振り返り、新たな角度から物語化した映画が数多く登場した。「ファクト（事実）」に「フィクション（虚構）」を合わせた映画に「ファクション」という韓製英語がつけられたのも2000年代に入ってからである。

考えてみると、韓国の近現代史は激動そのものだった。日本による植民地支配から解放されたのも束の間、左右のイデオロギー分裂による朝鮮半島の南北分断、朝鮮戦争と軍事独裁、そして民主化のための闘い――。その良し悪しは別としても、浮き沈みの激しい、実にダイナミックな歴史を歩んできたと言わざるを得ない。のちに金大中《キム・デジュン》大統領が、「ダイナミック・コリア」をスローガンに打ち出して韓国の国家ブランドを世界に発信したが、彼がそう名づけるまでもなく、韓国はダイナミックな歴史を歩んできたのである。

私は大学などで教える際、このような韓国近現代史を「3反の歴史」と名づけ、「3反＝反日・反共・反米」こそが歴史を読み解くうえでもっとも重要な概念、キーワードであると強調してきた。

時の権力者によって3反がいかに利用され、それに対して国民がどのような抵抗を見せたのかを考えることで、時代ごとの状況が浮かび上がってくるからだ。日本による植民地侵略から形成された「反日」、解放直後の南北分断と朝鮮戦争を経て強化された「反共」、光州事件での新軍部の虐殺を黙認したアメリカに対する反発から本格化した「反米」は、それぞれ親日・容共・親米の概念と対立しながら、現在に至るまで韓国近現代史の底流となっている。そして忘れてならないのが、3反の歴史は同時に「コリアン・ディアスポラ」という存在を生み出したことである。激動の歴史の過程で生まれた「在日コリアン」「中国朝鮮族」「脱北者」「移民」といったディアスポラは、東アジアを中心に、アメリカ、中央アジア、ヨーロッパと世界中に広がっている。

幸いなことに、軍事独裁を屈服させた1987年6月の民主化闘争における勝利以降、3反はゆっくりとではあるが確実な形で変化を見せている。反日は、日本を知って乗り越える「知日」「克日」といったより包括的な方向へ、反共は、一つの民族という観点から和解と融合の道へ、反米は、アメリカによる新たな植民地化を牽制し民族自主の模索へといった具合に、民主化の浸透とともに3反も少しずつ雪解けに向かっていった。

こうした政治的変化とともに、社会、文化的な面も変化を遂げている。なかでも注目すべきは、韓国社会に重くのしかかっている「儒教」的慣習をめぐる変化だろう。儒教においては男女、年齢、地位など家族や社会の様々な人間関係の「上・下」を絶対視するがゆえに、差別や偏見、暴力といった問題が絶えず起こってきた。「上」は「下」に何をしてもよく、どんなことがあっても「下」

は「上」に絶対服従すべきといった認識が当たり前のものとされていたからこそ、様々な問題が蔓延したのだ。民主化の風は、この垂直的関係性にも「水平」「平等」の概念をもたらした。その結果、女性の社会進出、子どもや障がい者、外国人労働者の人権保護、性的多様性の受容といった、社会的弱者をめぐる問題が解決すべき課題として「可視化」されるようになった。もちろん儒教的慣習に基づく韓国の価値観は根強く残っており、解決にはほど遠いものも多い。だが少なくとも、韓国社会がこれらの問題から目を逸らそうとせず、社会が抱えている問題として直視していることは確かである。それは何より、本書で取り上げている映画作品を見ればわかることだ。

以上のような問題意識にもとづき、本書では「韓国と日本・アメリカ・北朝鮮」「軍事独裁から見る韓国現代史」「韓国を分断するものたち」「韓国の〝今〟を考える」の4章に分けて、韓国近現代史や韓国ならではの社会問題をテーマにした映画作品について解説している。いずれも2000年以降に作られた近年の力作ばかりである。また各章に一つずつ、章のテーマとも関連づけながら「映画作家」の視点から書いた文章も収録した。

韓国の歴史や社会を前面に出し過ぎてしまったかもしれないが、本書が扱うのは「映画」である。それも小難しい芸術映画ではなく、一人でも多くの観客に観てもらおうと作られた娯楽映画であり、実際に韓国で大ヒットした作品も少なくない。第一義にはエンターテインメントとしての映画の存在意義を忘れずに、そこから透けて見える社会、あるいは映画の面白さをさらに高めているとも言える歴史を一緒に味わってもらえればと思う。

目次

第1章 韓国と日本・アメリカ・北朝鮮

コリアン・ディアスポラ

第2章 軍事独裁から見る韓国現代史

第3章　韓国を分断するものたち

第4章　韓国の〝今〟を考える

【凡例】

・歴史上の人物や大統領の名前、地名は、各コラムの初出時は漢字にルビを振り、その後は漢字のみにしている。監督や俳優、その他の名前はカタカナで表記している。
・映画と書籍名は『』、その他は「」で表記している。
・2024年3月現在、日本で未出版あるいは未公開の場合は、著者が日本語に翻訳している。
・韓国映画については、製作年度を表記している。
・各コラムは執筆時の年代・情勢・データなどを優先している。

第1章

韓国と日本・アメリカ・北朝鮮

韓国と日本
韓国とアメリカ・北朝鮮
コリアン・ディアスポラ

20世紀初頭から続いた帝国日本による侵略と植民地化は、日本の敗戦とともに終わりを告げたが、解放後も韓国は、南北分断に朝鮮戦争と激動の近現代史をくぐり抜けてきた。日本との絶え間ない歴史紛争、新たな支配者アメリカへの従属、北朝鮮との対峙、長引く軍事独裁、独裁による虐殺……。常に抑圧に苛まれてきたこれらの歴史は、史実として記録される一方で物語化され、様々な形で描かれてきた。とりわけ大衆メディアとしての映画は、史実にフィクションを加味することで、「こうであってほしかった」という大衆の欲望を受け止める。だから韓国映画には、常に「今」の韓国の顔が映し出されているのだ。

『ロスト・メモリーズ』

歴史「改変」映画は新たな解釈の可能性を提示できるか

◎物語

〝1909年10月26日、ハルビン駅。伊藤博文の暗殺に失敗した安重根《アン・ジュングン》はその場で射殺される。〟

――史実とはまったく異なる展開を見せる新たな歴史によって、日本は大東亜共栄圏の構築に成功、100年経った2009年現在も韓国は日本の植民地のままだ。日本第三の都市、京城《キョンソン》では、政界の大物・井上が主催した遺物展覧会の会場が反政府組織「朝鮮解放同盟」の不令鮮人たちによって襲撃を受ける。駆け付けたJBI捜査官・坂本（チャン・ドンゴン）や西郷（仲村トオル）らによってテロは鎮圧されたものの、テロリストの目的がはっきりしないことに疑問を抱いた坂本が再捜査を求めたのに対し、上層部はなぜか事件を隠蔽しようとする。独断で捜査を進め、停職・逮捕の危機に瀕した坂本は、逃げる際に撃たれて重傷を負う。行き場を失い不令鮮人たちに助けられた坂本は、彼らのアジトで次第に朝鮮人としての民族意識に目覚めていく。やがて、安重根による伊藤博文暗殺の失敗とその後の歪んだ歴史が、すべて井上財団が画策した巨大な陰謀の結果だったことを知った坂本は、歴史を正すべく、井上と同じタイムスリップ装置を利用して100年前のあの日のハルビン駅へ向かう……。

原題：2009 로스트 메모리즈

原作：卜鉅一（川島伸子訳）『京城・昭和六十二年 碑銘を求めて』成甲書房、1987

製作：2002年（日本公開：2004年）　韓国／カラー／136分

監督：イ・シミョン　脚本：イ・シミョン、イ・サンハク　撮影：パク・ヒョンチョル

出演：チャン・ドンゴン、仲村トオル、ソ・ジノ、シン・グ、大門正明、光石研、吉村美紀、今村昌平

2007年、韓国近代史を専門とするロンドン大学のアンダース・カールソン教授が、高麗《コリョ》大学での夏期特別講座で、安重根や金九《キム・ク》ら抗日運動家を「テロリスト」呼ばわりし、韓国メディアに袋叩きにされたことがあった。実際には、カールソン教授は「帝国との闘いには、非暴力的な方法もあれば、ゲリラ戦や要員暗殺といったテロリズムもある」と、闘いの手段としてこの言葉を用いており、当時の闘いと最近の無差別殺人を伴うテロとは差別化していた。にもかかわらずメディアや保守主義者たちは「テロリスト」という単語だけを切り取り現在のテロリズムの文脈から解釈したため、教授への誹謗中傷が広まって彼は一時、講座中止の窮地にまで追い込まれてしまった。

韓国人にとって抗日運動家とは尊敬してやまない偉大な存在であり、中でも安重根は「韓国侵略の元凶」とされる伊藤博文を射殺した英雄中の英雄である。そんな彼をあのイスラム国やタリバンと同じように語り、「天人ともに許さざる」日本の蛮行に抵抗した抗日運動家たちの「義挙」をテロと呼ぶとは何事か！　というわけである。幸いにも、教授は数少ない欧米の韓国史研究者であり、ロンドン大学で韓国学を教えている〝ありがたい存在〟ということもあって騒ぎは早々に収まり、講座は無事に最後まで続けられたが、この騒ぎによって安重根ら抗日運動家が、韓国においていかに「アンタッチャブル」な存在であるかが改めて浮き彫りになった。

日本による植民地支配の不当性を徹底的に教育する韓国ではさして驚くものではないが、特定の歴史に対して議論の余地を与えず、ひたすら神聖化へと突き進む恐ろしさは常に存在する。歴史は様々な視点から捉えられるべきものであり、見方を固定しようとする動きに対しては警戒を怠ってはならないのだ。

その意味で『ロスト・メモリーズ』はいわゆる「歴史改変（alternative history）映画」として、植民地の歴史に対し興味深い視点を提示している。「歴史改変もの」とは、歴史が実際とは違う展開になった場合の現在や未来における架空の物語を描くSFジャンルの一種だ。歴史的な出来事にフィクションを加味する「ファクション」とは違い、仮定法によってまったく異なる歴史を再創造し、あり得たかもしれない歴史の多様な可能性を提示する。映画のジャンル的楽しみはもちろん、改変によってその後の実際の歴史がどんな展開を見せ得ただろうかと思いを巡らす面白さが「歴史改変もの」に注目が集まる理由だ。だがこのジャンルは実在の歴史への批評性を担うことができる一方で、実際の歴史と二項対立的に単純比較され、歴史がいかに正しいかを強調するプロパガンダとして使われる危険性も孕んでいる。植民地支配の歴史に対する「歴史改変もの」としての本作は、果たしてどのような再創造の世界を見せてくれるだろうか。

本作は安重根による伊藤博文の暗殺（韓国では義挙）という歴史の改変を出発点にしている。伊藤博文の暗殺に失敗した安重根がその場で殺されるという大胆な書き換えに始まり、伊藤博文の初代総督赴任、3・1独立運動など抗日運動の失敗、日米同盟の締結、日本の連合軍側での第二次世界大戦参戦、満州併合、ベルリンへの原爆投下で大戦終結といった改変された歴史が、スピーディーに提示されていく。そして戦後、戦勝国の日本は安保理の常任理事国になり、1988年の名古屋オリンピックや2002年のワールドカップを招致。韓国サッカー界を代表するイ・ドングクの胸には韓国の国旗ではなく日の丸が輝き、京城のど真ん中には李舜臣《イ・スンシン》ではなく豊臣秀吉の銅像が立っている……。

インパクトの強いオープニングであるだけに、これらの衝撃的な改変がどのように映画の物語と絡み合っていくのか、観客は引き込まれ、期待を込めて続きを観ることになるだろう。だが映画は、時代を2009年という（製作当時から見た）近未来に設定しただけで、そこで繰り広げられる闘いは、次第に抗日運動を素材にした「韓国＝善／日本＝悪」といったお決まりの二項対立に収斂されてしまう。朝鮮独立のために命を懸けて壮絶に闘い死んだとされる、国家が認めた「公式の歴史」をなぞるだけでは、わざわざ歴史を改変する理由などないではないか。安重根による伊藤博文暗殺失敗という捻じ曲げられた「悪い歴史」を「正しい歴史」に戻すべく、タイムスリップして歴史の通り暗殺を成功させるという結末は、もはや観なくてもわかるものであり、映画というメディアに許された自由な表現空間は生かされずに終わった、という印象が否めない。

植民地支配の時代、多くの抗日運動家が闘いに身を投じたのは事実だが、独立の決定打になったのは日本の敗戦に他ならない。日本が負けたことで韓国は、期せずして解放を迎えることになった。にもかかわらず、韓国の独立をすべて抗日運動の帰結として捉えるのは、それこそ都合良く解釈した「改変」ではないだろうか。わざわざ「歴史改変もの」ジャンルの型を借りてはみたものの、本作は結局、歴史を多様なレベルで考えさせる意図など最初から持ち合わせていなかったようである。韓流スターが主演し、日本からも多くのキャストを得て画期的な試みとなるはずだった映画は、製作から20年以上が経った現在、ほとんど忘れ去られてしまっているのが現実だ。

見終わってふと、伊藤博文暗殺という「義挙」に隠れてあまり議論されることのない、安重根をめぐる別の歴史に思いを馳せた。実は彼は、1894年に農民らが蜂起した「東学農民運動（東学党の乱としても知られる）」では、官軍側の立場から鎮圧に参加していた。また処刑後、安重根の家族が日本の官憲に追われて逃げ続ける不遇な日々を送る中で、日本政府に利用された息子の俊生《ジュンセン》は伊藤博文の息子に謝罪する事態に追い込まれ、朝鮮の民衆から「民族の裏切り者」と呼ばれることになった。「伊藤博文を暗殺した英雄」という視点だけでは見えない、安重根をめぐる複層的な歴史もまた存在するのである。

余談だが、本作には仲村トオルや光石研ら、韓国でも名を知られる日本人俳優が出演して話題を呼んだが、『にあんちゃん』（1959）や『豚と軍艦』（1961）、『うなぎ』（1997）など数々の名作を残した日本映画界の巨匠、今村昌平監督が歴史学者として登場したのには驚いた。どうやら、監督が創設した日本映画学校（現・日本映画大学）の卒業生であるキム・ウンスが捜査官の役で出演していた縁のようだが、同時に、当時の金大中《キム・デジュン》政権が1998年におこなった日本大衆文化開放政策によって、戦後の韓国で正式に上映された初めての日本映画が『うなぎ』だったという歴史的な繫がりもあったのかもしれない。

本作での試みは決して評価できるものではなかったが、それでも「歴史改変もの」ジャンルが秘める映画的可能性を、私はまだ信じている。とりわけ植民地時代の歴史に対するアンタッチャブルな姿勢の問題点を理解し、そこに大胆な改変を試みる、柔軟で多層的な文脈を持つ本ジャンルの新たな傑作が誕生する日を楽しみに待ちたい。

『密偵』

英雄か、逆賊か　歴史の曖昧さゆえに成し得た物語

◎物語

1920年代の植民地朝鮮。独立のための資金集めに奔走していた義烈団メンバー、キム・ジャンオク（パク・ヒスン）は日本警察に追われ、日本の手先となっていた朝鮮人警部イ・ジョンチュル（ソン・ガンホ）の目の前で自殺を遂げる。ジョンチュルは義烈団メンバー、古美術商のキム・ウジン（コン・ユ）に接近、また団を率いるチョン・チェサン（イ・ビョンホン）との接触にも成功するが、日本警察という立場と朝鮮人のアイデンティティの間で揺らぎ、次第に義烈団に協力するようになる。

日本警察部長のヒガシ（鶴見辰吾）が送り込んだ警部ハシモト（オム・テグ）の監視をかいくぐりながら、義烈団を追うジョンチュル。一方で、義烈団の中にも密偵が存在し、そのせいで彼らの作戦は見破られ一網打尽にされてしまう。一度は捕まったジョンチュルだが、自分は警察側の密偵として義烈団に近づいたに過ぎないと訴えて釈放される。見せしめのため、義烈団の女性メンバー、ヨン・ゲスン（ハン・ジミン）への拷問に加担させられながらも、ジョンチュルはウジンとの〝ある目的〟を果たすべく、隠してあった爆弾を持ち出して最後の行動へと移る……。

原題：밀정
原作：キム・ドンジン『1923 京城を揺るがせた人たち』ソヘムンジプ、2010
製作：2016年（日本公開：2017年）韓国／カラー／140分
監督：キム・ジウン　脚本：イ・ジミン、パク・ジョンデ　撮影：キム・ジヨン
出演：ソン・ガンホ、コン・ユ、ハン・ジミン、鶴見辰吾、オム・テグ、イ・ビョンホン

韓国映画界では今、近現代の歴史的出来事にフィクションの要素を加え、歴史を振り返りつつエンターテインメントとして仕上げた作品が人気だ。これらの作品は「事実（fact）」と「虚構（fiction）」を融合した「ファクション（faction）」と呼ばれているが、一口に「ファクション」と言っても、作品の中での事実と虚構の割合はそれぞれだ。『密偵』もまたファクションの系譜に連なる作品であるが、ブラック・コメディ（『クワイエット・ファミリー』（１９９８）、『反則王』（２０００））から王道のアクション（『グッド・バッド・ウィアード』（２００８））、さらにはホラー（『箪笥』（２００３））まで、様々なジャンルを行き来しながら成功を収めてきたヒットメーカーで、近年はハリウッドに招かれるほどの実力者でもあるキム・ジウンにしては意外にも、本作は史実にかなり忠実に描かれており、事実により重きを置いた作品である。本作が扱っている歴史は韓国でもあまり知られていない部分が多く、史実と映画を照合しながら丁寧に紹介する必要があるだろう。

まずは本作における重要な固有名詞である「義烈団」という存在である。日本史の教科書にも登場するので名前くらいは知っている人も多いかもしれない。１９１９年、朝鮮全土で起こった３・１独立運動は、非暴力を掲げていたにもかかわらず、日本軍の武力行使によって多数の犠牲者を出したデモとなった。この事件をきっかけに平和的な活動に限界を覚えた指導者たちは、大韓民国臨時政府の誕生と時を同じくして拠点を満州へと移し、「日帝の破壊と暗殺」を全面に押し出した義烈団が結成されることになった。徹底抗戦を宣言した彼らは、「爆弾組」と「拳銃組」を組織して積極的に武器を持ち込み、総督府や警察署など日本の統治機関をターゲットに破壊と暗殺を様々に試みた。それらの多くは失敗に終わったものの、彼らが命を顧みずに祖国の独立を目指したという点では、韓国近代史における英雄的存在だと言える。本作はそんな義烈団と日本警察の攻防を巡って展開する。

次に、物語の展開に沿って、登場人物と歴史を照らし合わせてみよう。映画の冒頭でまず描かれるのは、「鍾路《チョンノ》警察署爆弾事件」の顚末だ。義烈団メンバー、キム・サンオク（劇中ではキム・ジャンオク）は1923年1月、鍾路警察署に爆弾を投げこんだとして警察に追われ、抵抗の挙句に銃撃されて死亡したとされる人物だ。憲兵たちが彼を追って屋根瓦の上を走り回る映画の描写はあまりにも大げさだが、真冬の京城《キョンソン》（現・ソウル）を裸足で何十キロにもわたって逃げ回り、撃たれた時は膝から下が凍傷で酷い状態だったという彼の実際の死のインパクトは、「最期は〝大韓独立万歳〟と叫び、一発だけ残っていた弾で自ら命を絶った」という映画の描写と比べても、あながち外れてはいないかもしれない。

別名「キム・サンオク事件」とも呼ばれるこの事件をきっかけに義烈団への捜査が本格化し、映画と同じく上層部（鶴見辰吾が演じたヒガシは、当時の新聞によると「馬野」という名前）の命令で、ファン・オク（ソン・ガンホが演じたイ・ジョンチュル）という朝鮮人警部と橋本（劇中でもハシモト、ただし彼が日本人か朝鮮人かは不明）が上海に送られる。そこでのファン・オクとキム・シヒョン（コン・ユが演じた古美術商キム・ウジン）のやり取りは定かではなく、２人は後に実際には会っていないと証言もしている。しかし一つ確かなことは、ファン・オクは上海で義烈団団長のキム・ウォンボン（イ・ビョンホンが演じたチョン・チェサン）と面会をしていたということだ。この事実があったために、ファン・オクは義烈団の爆弾持ち込みに協力したとして、後に10年の実刑を言い渡されることになる。「密偵」というタイトルからも明らかなように、本作は主人公のイ・ジョンチュル（＝ファン・オク）が実際には日本側と義烈団側のどちらの密偵だったか、という問題を主要なテーマにしている。韓国映画界の大スターであるソン・ガンホが演じていることからも、映画は彼が「義烈団側の密偵＝独立運動家」であるという前提で描いているわけだが、歴史上の真偽は未だ不明のままだ。ファン・オク自身は「義烈団を捕まえるため、日本の警察として本分を果たしたまでだ」と訴えており、歴史学者の間でも「義烈団の逮捕に成功すれば昇進を約束されたために義烈団の密偵を装った」というのが定説になってはいる。だがその一方で、１９４５年の独立後も彼は義烈団と交流を続けており、その後親日派を処罰する運動にも積極的に参加していたという事実もあって、定説に疑問が残るのも否めない。朝鮮戦争の際に人民軍によって連れ去られ、生死を確かめるすべのなかった彼の立場を正確に位置づけるのは難しく、このファン・オクという人物の曖昧さが、本作では絶妙な緊張感を観客にもたらしている。歴史的評価が定まっていないがために、彼がどう描かれるか物語がどう展開するか、観る者になかなか予想がつかないからだ。

歴史的には英雄である義烈団の一面が韓国では未だにあまり知られていない理由は、ファン・オクをめぐる曖昧さもさることながら、義烈団団長であるキム・ウォンボンの存在も大きい。出番は少ないながらイ・ビョンホンが圧倒的な存在感を醸し出しているこの人物は、1916年に中国に渡って軍事教育を受けた後、3・1独立運動をきっかけに仲間たちと義烈団を結成し、団長として活躍した。鍾路警察署爆弾事件以前にも、釜山《プサン》・密陽《ミリャン》警察署爆弾事件（1920）、総督府爆弾事件（1921）は、爆弾の性能の問題から物理的には失敗に終わったものの、それらを指示したキム・ウォンボンは、日本を少なからず慌てさせ、朝鮮人の同胞たちを心理的に勇気づけたという意味で、その歴史的重要性には計り知れないものがあると言える。

だが彼は独立後の1948年、南だけの単独政府の樹立に反対して北に渡り、朝鮮戦争では北の人民軍の指導部として参戦、北朝鮮で要職にも就いたが1958年、金日成《キム・イルソン》に批判的との理由から粛清されるという道を辿る。そして韓国にとって北朝鮮に関わる事象は長年タブー視されてきたため、朝鮮独立の英雄に他ならないキム・ウォンボンでさえ、北に渡ったという理由で長い間その存在を隠蔽されてきたのだ。近年のファクション映画ブームの背景には、その後の歩みにかかわらず抗日運動に貢献した人物を発掘し、再評価しようという韓国社会の変化も大きく関わっており、それによって映画でも彼らを取り上げやすくなったことが挙げられる。キム・ウォンボンは『暗殺』（チェ・ドンフン監督、2015）にも登場するので、機会があれば合わせて鑑賞してほしい。

そして、イ・ジョンチュルとともにもう一人の主要人物であるキム・ウジンは、人気俳優のコン・ユが演じていることもあり、頭脳的な好人物として描かれる。先述のように、モデルとなった義烈団メンバー、キム・シヒョンとファン・オクとの事実関係については定かではないものの、裁判でキムがファンを庇ったという行為が映画での2人の関係を想像させたと考えられる。明治大学法学部を卒業したキムは、朝鮮独立に身を投じる決意をして義烈団に入り、活動の中で逮捕と釈放を繰り返したが、とりわけ壮絶だったのは独立後の歩みだ。抗日活動の実績を評価されて国会議員になったものの、李承晩《イ・スンマン》大統領の悪政に憤った彼は、元義烈団員を使って大統領の暗殺を試みたのだ。事実、1952年に演説会場で、登壇している李承晩のすぐ背後から、彼に銃を向ける男を捉えた衝撃的な写真も残っている。だが元団員が手にした銃は不発に終わり、捕らえられたキムは「私が銃を持てばよかった」と叫んだという。これによって死刑宣告を受けた彼は、1960年に起こった「4・19革命」で李政権が倒れたことにより赦免、再び国会議員に返り咲くも朴正熙《パク・チョンヒ》による軍事クーデター後に政界から引退、1973年に他界した。

ちなみに、キム・ウジンの恋人であった義烈団の女性メンバー、ヨン・ゲスンは、実際には妓生《キセン》(日本でいう芸者)出身のヒョン・ゲオクがモデルとなっており、英語とドイツ語が堪能だった彼女は、後に旧ソ連に亡命したとの記録が残っている。劇中のような拷問死を迎えてはいないが、義烈団には少なからず女性も所属しており、中には非業な最期を遂げた者もあったのだろう。

以上が、本作をめぐって史実と映画を比較した結果である。細部においては必ずしも史実をなぞってはいないものの、物語の展開や登場人物の描写は概ね一致していることがわかるだろう。ただし、本作の終盤で描かれるイ・ジョンチュルによる爆弾事件が完全なるフィクションである点は押さえておかねばならない。植民地時代を舞台にした映画では、しばしば京城を舞台に独立運動家による破壊・暗殺行為や日本警察との銃撃戦がスリルたっぷりに描かれる。だがそのほとんど（99%と言ってもいいだろう）はフィクションが混ざっており、朝鮮人が実際にはできなかったことへの欲望を満たす「ファンタジー」の役割を映画が果たしていると言えよう。

ナショナリズム理論の教科書とも言える著作『想像の共同体――ナショナリズムの起源と流行』（白石隆・白石さや訳、リブロポート、1987）において、明確な形として存在しない「国家」の概念がどのように人々に共有され、「国民」を形成していくかを論じたベネディクト・アンダーソンによると、人々がナショナリズムを内面化していく段階では、誰もが知っている〝偉人〟より誰もがなりえたかもしれない〝無名勇士〟の方が効果的なのだという。朝鮮の歴史で考えるならば、伊藤博文を暗殺した英雄、安重根《アン・ジュングン》を賛美していた時代は終わりを告げ、まだ十分には知られていない活動家たちを掘り起こす、ナショナリズムの新たな局面を迎えているのだろうか。

歴史に対して多様な視点を持ち、再評価の余地を与えるという作業は非常に重要ではあるものの、史実とフィクションの混在がいつしか歴史と欲望の境界を曖昧にしてしまう危険性は、これからも常に警戒していなければならない。

『金子文子と朴烈』

〝反日〟映画が再発見した、ある日本人女性の強烈な生

◎物語

1923年、関東大震災前後の東京。朝鮮人アナーキスト達の集会で出会った朴烈《パク・ヨル》（イ・ジェフン）と金子文子（チェ・ヒソ）は互いに惹かれ合い、同棲を始める。朴らは「不逞社」という組織を作り反日活動を目論むが、そんな中で起こった大震災では混乱の中、朝鮮人虐殺が相次ぎ、政府もそれを傍観しつつ朝鮮人や社会主義者を無差別に検挙していった。刑務所に収監された朴は、皇太子爆弾暗殺計画の主犯とされ、共犯を名乗り出た金子とともに大逆事件を裁く法廷に立つことになる。

原題：박열
製作：2017年（日本公開：2019年） 韓国／カラー／128分
監督：イ・ジュニク　脚本：ファン・ソング　撮影：パク・ソンジュ
出演：イ・ジェフン、チェ・ヒソ、キム・インウ、キム・ジュンハン、山野内扶、金守珍、趙博

1919年に日本統治下の朝鮮で起こった「3・1独立運動」から100年目にあたる2019年は、韓国への輸出規制に端を発する反日的雰囲気の高まりと、さらにそれ以前からの歴史問題をめぐる日韓の対立が浮き彫りになる中で、韓国では植民地時代の抗日闘争や慰安婦、徴用工をテーマにした映画が次々に作られるようになった。

韓国にはもともと「反日映画」と呼ぶべきジャンルがある。古くは戦争（韓国では日本の植民地支配からの独立）直後の『自由万歳』（チェ・インギュ監督、1946）をはじめ、年に1～2本は必ず作られてきた。私も中高生時代は、学校で反日映画を団体鑑賞したものだ。教科書で学んだ歴史がスクリーンの中で再現されることで、歴史に対する理解が深まると同時に、悪としての日本人イメージが自然に刷り込まれていく。中には正義＝韓国vs悪＝日本という単純な二項対立的構図の国策映画も少なくないが、韓国における歴史教育の教材としても活用されてきたことを考えると、避けられない部分はあるだろう。

反日映画には大きく3パターンある。①実在の歴史的事件を題材にしたもの、②安重根《アン・ジュングン》に代表される抗日運動家の活躍を描いたもの、③両者をうまく混ぜ合わせたものだ。だが同じような素材ばかりでネタ切れ感が否めず、観客にも次第に飽きられてくる中で、フィクションを加えることで史実をよりドラマチックに再構成し、日本人キャラクターに内面的な深みや人間的葛藤を持たせるなど、反日映画自体も徐々に変化を遂げてきた。このような立体的な人物像とエンターテインメントとしての完成度の高さに、反日的なムードが追い風になって成功を収めたのが、1000万人を超える観客動員を記録した『暗殺』（チェ・ドンフン監督、2015）と言えるだろう。

こうした流れの中で公開されたのが、関東大震災前後の日本で抗日運動家、アナーキスト（無政府主義者）として活動した朴烈とその妻で同志のアナーキストであった金子文子を描いた『金子文子と朴烈』である。朴烈はこれまで韓国でもあまり知られていなかった人物で、韓国にしてみれば抗日をテーマにした新たな題材の発掘であり、実際に朴はこの映画のおかげで一気に注目を集めて広く知られるようになった。映画は大ヒット、評論家からも好評価で、青少年に推奨すべき映画にも選ばれて「良い歴史教材」としてのお墨付きを得た。だが、韓国での反応以上に興味深いのは、本作が日本でもロングランヒットとなったことである。天皇制を否定した歴史上の人物を描く韓国の「反日映画」ともなれば、右翼の格好の標的にもなりかねないことから、劇場公開を危ぶむ声もあったという。実際に劇場の周辺では妨害しようとする人たちも少なからずおり、警察が配備されるなど物々しい雰囲気の中での公開となった。しかし蓋を開けてみれば連日満員御礼でSNS上でも話題沸騰、上映館が次々と拡大する事態が待っていた。この映画が韓国のみならず日本でも受け入れられたのはなぜだろうか。

映画は、日本では「朴烈事件」として知られる、朴と金子文子による皇太子暗殺計画という大逆事件の裁判を題材にしている。日本に植民地支配された朝鮮人はともかく、日本人女性が天皇制を否定し皇太子の暗殺を計画するとはなんたることかと、世間に衝撃を与えた事件だ。そんな二人が逮捕された後、天皇や皇太子について語る次のような場面がある。

朴：天皇が神だと思っているのか。天皇はただの人間だ。くそもするし、しょんべんもする。まめみたいに小さい人間。

金子：人間はみんな平等だ。この平等な人間世界を踏みにじる悪魔の権力が天皇であり皇太子だ。したがって彼らは消えるべき存在だ。

死刑を覚悟した上での発言だが、天皇は神であり国体であると信じられた時代に、ここまで堂々と否定する大胆さには驚かずにはいられない。終始はばかることなく鋭い言葉を浴びせる朴と文子の姿は、なかなか見応えがある。

一方で「朴烈事件」は、政府が企んだ事件だとする説もある。震災当時、社会の混乱と不安の中で「朝鮮人が井戸に毒を入れた」などというデマが広がり、自警団による朝鮮人の虐殺が生じたが、このことから国民の目をそらすために政府が朴と文子を利用したというのだ。映画ではこの説を物語の一つの軸にしている。朝鮮人虐殺に関しては、多くの著作を通してよく知られている「15円50銭の虐殺」を描いている。見た目からは朝鮮人かどうかを判断できないので、彼らが苦手な発音を利用して「15円50銭」と言わせ、朝鮮人と判断すれば殺害した。中には訛りの強い東北出身者が朝鮮人に間違われ殺されたケースもあったという。いずれにせよ、震災の渦中で起きた朴烈事件の真相は今でもわかっておらず、謎の多い事件として語られている。

韓国映画ではあるものの、日本を舞台に多くの日本人が登場する本作では、日本に住んだ経験もある文子役のチェ・ヒソをはじめ韓国人俳優らが話す日本語の自然さもまた、日本で違和感なく受容された大きな要因と言えるだろう。だがそれ以上に日本の観客にとって新鮮だったのは、金子文子という日本人女性の強さ、聡明さであり、それ故の美しさだったのではないだろうか。映画ではあまり語られていないが、文子の生い立ちは悲惨極まりないものだ。1903年に生まれた文子は無籍者のまま両親に捨てられて、親戚の家を転々とし、朝鮮に住んでいた叔母の元に預けられてからも虐待を受けた。だが3・1独立運動で虐げられながらも必死で闘おうとする朝鮮人に深く共感、帰国後は働きながら学問に励んだという。家族や社会から見放され、文字すら独学で習得した文子にとって、権力を拒否し自由を熱望することは自らの存在証明だったのだろう。アナーキストとは、国家権力だけでなく、あらゆる社会的権力、個人間の権力をも否定し、絶対的な自由の実現を信念とする者である。文子は国家も民族も、帝国と植民地のヒエラルキーさえぶち壊し、あらゆる束縛から自由になった自分自身を生き抜いて見せたのだ。

さて、死刑から無期懲役に減刑した天皇の恩赦さえも拒否し、1926年に獄中死を遂げた文子（自殺説・他殺説がある）とは対照的に、その後の朴の生き方には首を傾げたくなるものがある。朴は1935年、獄中で転向を表明し、自分は「天皇の赤子」であると宣言する。1945年の敗戦で釈放されると、反共を推し進める韓国政府に協力、1950年に朝鮮戦争が勃発すると北朝鮮に連行された。後には、自ら北へ向かったとも言われるように、今度は北朝鮮の上層部で活躍し、1974年に71歳で他界、平壌《ピョンヤン》に眠っている。北朝鮮との関わりゆえ、朴烈の存在は韓国では長年タブーだったが、1989年に抗日運動の功績が評価されて勲章が与えられ、故郷の土地には記念館も建てられている。時の権力に協力した余生によって本作の朴を批判するつもりはないが、自らを貫き通した文子と、転向を繰り返して生き延びた朴を比較した時に、どうしても文子の存在が際立ってくるのは否めないだろう。

韓国で公開された際も文子は観客に大いに支持されたが、そこにはあくまで「朴烈を慕った日本人の文子」というフィルターが見え隠れしている。だが文子は決して朴の追従者などではない。韓国で製作された一本の反日映画が奇しくも、それまでほとんど無名だった一人の日本人女性の存在とその魅力を、多くの日本人観客に知らしめることとなった。その意味で、原題である『朴烈』を『金子文子と朴烈』と変えた邦題の方がしっくりくるのは私だけだろうか。

『マルモイ　ことばあつめ』

言葉が奪われた時代に、言葉を守り抜いた人々

◎物語

1940年代、日本統治下の京城《キョンソン》。映画館の仕事をクビになったキム・パンス（ユ・ヘジン）は、息子ドクジン（チョ・ヒョンド）の学費を得るために、他人のカバンを盗もうとして失敗。その後、かつて刑務所でパンスに助けてもらったというチョ先生（キム・ホンパ）の紹介で、雑用係の面接に向かった朝鮮語学会にて、カバンの持ち主であるリュ・ジョンファン（ユン・ゲサン）と再会する。ジョンファンは文字の読めないパンスが学会で働くことに反対するが、ほかのメンバーたちが歓迎したため、パンスがハングルを覚えることを条件に渋々受け入れる。粗野だが人情に厚いパンスは、ハングルを学ぶなかで「朝鮮語」の大切さを知り、次第に「朝鮮人」としての民族意識にも目覚めていく。だがその一方で戦時下の朝鮮では、朝鮮語の使用を禁止し、日本語を強要する政策が行われており、そんな中でも朝鮮語辞書を作ろうとする朝鮮語学会に対し、朝鮮総督府は弾圧を強めていった……。

原題：말모이
製作：2019年（日本公開：2020年）　韓国／カラー／135分
監督・脚本：オム・ユナ　撮影：チェ・ヨンファン
出演：ユ・ヘジン、ユン・ゲサン、キム・ホンパ、ウ・ヒョン、キム・テフン、キム・ソニョン

「3・1独立運動」からちょうど100年にあたる2019年、韓国ではこの時代を背景にした映画が例年より多く作られた。当然、抗日運動家や日本軍との闘いを描いた作品が目立つ一方で、これまでにないテーマの映画も登場した。この時代に「銃」ではなく「ペン」を取り、言葉（朝鮮語）を守り抜いた人々の闘いを描いた『マルモイ　ことばあつめ』である。韓国映画史上初となる「ハングル」についての映画だ。「マルモイ=말모이」とは、「言葉集め=辞書」を意味する固有語（朝鮮独自の言葉）であり、歴史上初めて試みられた朝鮮語辞書の名称でもある。

監督のオム・ユナは、光州事件を題材にした大ヒット作『タクシー運転手～約束は海を越えて～』（チャン・フン監督、2017）のシナリオライターとして注目を集めた女性だが、本作では子どもの頃からの夢だったという監督デビューも果たした。歴史的出来事にフィクションを加えて再構成するという作り方は、『タクシー運転手』をはじめ近年の韓国映画に多い傾向ではあるものの、若者の間でハングルを自由自在に作り変える略語や隠語がネット上に横行し、「ハングル破壊」が問題となっている今だからこその評価が高まり、観客動員280万人を超えるヒット作となった。

映画の舞台である1940年代は、朝鮮が日本の戦争遂行のための犠牲を強制され、あらゆる面で弾圧が強まった時期である。1910年の日韓併合に始まる日本の朝鮮支配は、1931年の満州事変以降、「内鮮一体」（日本と朝鮮はひとつ!）、「日鮮同祖」（日本と朝鮮の祖先は同じ!）といったスローガンのもと、朝鮮語の使用禁止、創氏改名といった皇国臣民化や、軍隊への徴兵、労働者の徴用など、兵力や戦争物資の安定した確保のための政策を展開していた。とりわけ太平洋戦争勃発後は、「朝鮮人の日本人化」への動きが一段と強化され、現在韓国ではこの時代を「民族抹殺期」と規定しているほどである。日本人は言葉や名前だけでなく、朝鮮人としての精神までも奪おうとしたのだ。こうした当時の社会情勢は、例えばパンスが働く映画館で上映中の『朝鮮海峡』（パク・ギチェ監督、１９４３）という映画が朝鮮人の志願入隊を題材にしていることや、ドクジンが通う学校での朝鮮語使用禁止、創氏改名の強制などを通して描かれている。パンスの幼い娘が無邪気に日本語を話そうとする姿は、幼子の純粋さが際立つだけに一層切ない場面である。

本作はそうした民族抹殺の時代を背景に、朝鮮語辞書を作ろうとした33人が逮捕されて拷問を受け、２人の死者が出た１９４２年の「朝鮮語学会事件」をモチーフにしている。映画が虚実入り混じった作品であることを理解したうえで、ここではどこまでが史実でどこからがフィクションなのかを明らかにしてみたいと思う。そのためには、映画の中心である「朝鮮語学会事件」がどのような事件だったのか、そして「マルモイ」はどのように生まれたのか、その経緯を紹介していこう。

日本による朝鮮の植民地化が色濃くなっていく日韓併合の直前、朝鮮語学者チュ・シギョン（１８７６〜１９１４）は、朝鮮語消滅に対する危機感を抱き、本格的に朝鮮語研究を開始した。そのために辞書の必要性を痛感した彼は１９１１年、弟子たちとともに辞書作りに着手する。これが「マルモイ」の始まりなのだが、３年後チュの死とともに辞書作りは惜しくも中断し、再開したのは15年もの月日が経った１９２９年だった。この年、朝鮮語学会に属する１０８人の学者たちが集まり、チュの遺志を継いで「朝鮮語辞典編纂会」という組織が発足したのである。

編纂会はまず、バラバラだったハングルの書き方を整えた「ハングル正書法統一案」を発表、１９３６年には「朝鮮語標準語査正案」を定めておよそ６０００の標準語を指定した。ところが標準語は定まったものの、ここで別の問題が浮上してしまう。各地方の方言が抜けていたのだ。そこで彼らが思いついたのが、学会誌『한글《ハングル》』に全国の方言を募集する広告を出すことだった。すると、全国各地からそれぞれの方言や意味を記した手紙が殺到、ますます辞書作りに勤しんだというわけだ。方言の収集をめぐっては、劇中でも公聴会を開いて標準語を決めたり、各地方出身のパンスの仲間たちの協力で方言を集める場面を通して描かれているが、映画が１９４０年代の設定で描いているのに対して、実際は１９３６年の出来事である。ちなみに、お尻の細かな部位を示す「궁둥이《クンドゥンイ》」と「엉덩이《オンドンイ》」の違いが説明できなくて困っているジョンファンをパンスが助けるエピソードは、実際にあったものらしい。

１９４０年には総督府から辞書作りの許可を得たものの、翌年の太平洋戦争勃発により社会全体が臨戦体制に転換すると、総督府は民族抹殺政策に真っ向から違反する朝鮮語学会の存在を無視できなくなっていった。だが学会は弾圧に抗いながら辞書作りにまい進したため、１９４２年、総督府は学会を独立運動団体に指定し、内乱罪を適用して33人のメンバーを検挙、「マルモイ」の原稿も没収してしまった。逮捕されたメンバーらは裁判にかけられ、投獄されたうち２人が拷問を受けて亡くなっている。これが朝鮮語学会事件の概要である。

劇中、ジョンファンとパンスが「マルモイ」の原稿を持って警察の追跡から逃げる場面で、パンスが最後に駅の倉庫に原稿を隠す描写はフィクションである。ただし現実は映画以上に奇妙な物語を辿ることになる。裁判の証拠品としてあちこちに散逸し、行方がわからなくなった「マルモイ」の原稿が、１９４５年9月に京城駅の倉庫で偶然発見されたのである。日本の裁判関係者が引き揚げ時に捨てたのではと言われているが、映画では「命をかけて言葉を守ろうとした人たちがいた」という事実を、フィクションに乗せてドラマチックに再構成していると言えよう。

こうして困難な時代を乗り越えてついに、１９４７年『조선말큰사전《チョソンマルクンサジョン》(朝鮮語大辞典)』第1巻が出版された。その後も１９５７年までに全6巻が作られ、チュ・シギョンから始まった朝鮮語辞書の夢は46年の時を経て「マルモイ」として形になったのである。この原稿は２０１２年、韓国の国家文化財に指定され、今でも国立ハングル博物館で目にすることができる。「マルモイ」作りは、実際には日韓併合前後から戦時下の厳しい時代を経て戦後に達成した、半世紀近くにわたる歴史であるが、映画では時間を凝縮しコンパクトにまとめることで、エッセンスがより伝わるように工夫されている。

ところでハングルとは、１４４３年、朝鮮の世宗《セジョン》大王によって作られた固有の文字である。だが長い間、中国の強い影響下にあった朝鮮では、漢字が文字としての公用語とされ、エリートは漢字を使っていたために、ハングルは子どもや女性、身分の低い者のみが使う「卑賤な文字」として扱われてきた。ハングルが正式に国家の文字として指定されたのは、誕生から４００年近く経った

1894年。当時は日本を含む列強が朝鮮の国家主権を脅かし、朝鮮は国家レベルでの強い共同体意識を必要としていた。共同体意識とはつまり、人々が「朝鮮」という国に暮らす同じ「朝鮮人」であると認識することに他ならない。そのために最も重要だったのが、共通の言葉である「朝鮮語」であり、それを表記する「ハングル」だったというわけだ。

ベネディクト・アンダーソンという政治学者が提唱した「想像の共同体」という概念がある。「国家」とははじめからあるのではなく、後から作られるものである。そしてそれは、例えば共通の言語を通して個々人が想像するものであり、あくまで「想像的な」構築物でしかない。つまり赤の他人同士でも、共通の言語や文字を通して同じ「共同体」の意識を持つことができる、ということだ。劇中でジョンファンが何度も口にする、「言葉は民族の精神であり、文字は民族の生命」というセリフは、逆に言えば「朝鮮語」と「ハングル」こそが「民族＝想像の共同体」を成り立たせているという意味でもある。日本によって朝鮮固有の言葉と文字が奪われようとしていた時代に、朝鮮人たちは民族の証である言葉を守ることで、朝鮮という共同体を守ろうとしたのだ。

さて、時は流れ時代は大きく変わった。K‐POPや韓流ドラマなど韓国文化が世界に浸透し、ハングル学習者も増えている。大学の授業でも最近、ハングルでコメントを書いてくれる学生が目立つようになった。外国語として一から学んでいる学生たちの言葉使いや文字は、正しくとても丁寧だ。本作のように命をかけてハングルを守った人々を思ったとき、彼らも天国できっと微笑んでいることだろう。ふとそんなことを考えた。

『哭声／コクソン』

韓国社会における、よそ者／日常としての日本

◎物語

山間部に位置する村「谷城《コクソン》」で惨殺事件が相次ぎ、村人たちは恐怖に包まれる。警察は毒キノコにより幻覚を起こした者による殺人事件と判断するが、不可解な死は後を絶たず、次第に、最近山に住み着いた日本人（國村隼、以下「よそ者」）の仕業ではないかというウワサが広まっていく。最初こそ話半分で聞いていた警官のジョング（クァク・ドウォン）だが、娘のヒョジン（キム・ファニ）にも異変が現れたことから、神出鬼没な謎の女ムミョン（チョン・ウヒ）の忠告に従ってよそ者を村から追い出そうとしたり、祈禱師のイルグァン（ファン・ジョンミン）を呼んで悪霊祓いの儀式も行うものの、娘の容態は悪化するばかりだ。

幸い、よそ者は崖から落ちて死に、これで一件落着かと安心するジョングだが、ヒョジンはいっこうに治らず、惨殺事件も解決を見せない。そしてついにジョング一家にも惨殺事件が起きてしまう。一方、よそ者はまだ生きていた。その正体を暴くべく、教会の助祭のイサム（キム・ドユン）がよそ者の元を訪れる。だが、そこで目にしたのは、「疑うな」という聖書の一節を口にしながら悪魔へと変貌するよそ者の姿だった……。

原題：곡성（哭聲）

製作：2016年（日本公開：2017年）　韓国／カラー／156分

監督・脚本：ナ・ホンジン　撮影：ホン・ギョンピョ

出演：クァク・ドウォン、國村隼、ファン・ジョンミン、チョン・ウヒ、キム・ファニ、ソン・カングク

近年、世界的にも改めて見直され、評価されている韓国映画。韓国映画に興味を持った人が早い段階で出会うであろう作品が〝問題作〟『哭声／コクソン』だ。シャーマニズムやキリスト教といった宗教的世界観をベースに、ある村で起こる不可解な事件に住人たちが惑わされる物語で、韓国映画には珍しいオカルト映画である。美しくも不気味な映像、予断を許さないスリリングな展開で最後まで目が離せないのは事実だが、釈然としない結末に見終えてからも悶々と考え続けてしまう。実際韓国でも、公開と同時にキャラクターや結末の解釈をめぐって議論が絶えなかった。謎の多さによって映画を何度も観るリピーターが多く生まれ、そうした反響や日本のベテラン俳優・國村隼の怪演も手伝ってか、観客動員680万人を超える大ヒットを記録した。

ちなみにタイトルの「哭声」は「泣き叫ぶ声」という意味だが、映画の舞台となり、撮影も行われた村「谷城」もまったく同じ発音・表記で「곡성（コクソン）」という。実は撮影終了後、「悪霊の村という悪いイメージがつく」として村人たちが猛反発、上映反対の動きまで見せたため、製作会社が漢字「哭声」の併記を約束してようやく騒ぎが収まったという。ところがいざ公開されてみると、映画は予想以上に大ヒット。ロケ地を一目見ようと観光客が急増したため、村人たちは一転大喜びでもてなしたそうだ。

ナ・ホンジン監督は、本作を様々な解釈ができる「開かれた結末」にしたと明かし、インタビューで結末に話が及ぶと「みなさんの解釈はどれもすべて正解です」と答えている。結末の解釈は私にとっても謎のままだが、ここでは作品全体を読み解くヒントを考えていきたい。

議論の多くは宗教的な文脈のものだ。ムミョンと祈禱師、そしてよそ者の関係性と正体は一体なんなのか。例えばムミョンが守護神でよそ者は祈禱師を支配する悪魔だという仮説を立て、それを元に物語の展開を読み解こうと試みても、必ずどこかで破綻をきたしてしまう。「実は村人を救うために何もしない（ように見える）ムミョンこそが悪魔なのでは?」「そもそも〝悪魔〟とは何か」といった本質論まで登場し、一部のクリスチャンからは「イエスを悪魔に例えるこの映画こそが悪魔だ」といった批判も飛び出した。映画評論家たちの反応も、色々な解釈を可能にする「餌」が多く、多様なレベルで語ることができると評価する者もいれば、解釈が乱立するのは監督自身が矛盾を放置した結果であり、解釈の多様性は映画の豊かさではなく映画が破綻している証拠だとバッサリ切り捨てる者など様々だった。いずれにせよ評論家泣かせの映画であることは確かだ。

監督自身は、國村が演じたよそ者を日本人の設定にした意味はないと述べているが、宗教的な文脈だけでなく、よそ者が日本人であることから、韓国と日本の歴史や文化的な関わりの文脈での解釈も可能ではないかと私は思う。やや飛躍しているかもしれないが、その意味で、ラストシーンでよそ者が手に持っているカメラが「サムスン・ミノルタ」のものであることは非常に象徴的であるように思われる。

１９７９年、ミノルタとの提携によって、サムスンはカメラを売り出し始めた。このカメラを、韓国に対する日本の技術的「支配」の結果として見るか、それとも日本による韓国への技術的「伝授」の産物として見るかは議論が分かれるところだが、少なくとも当時、サムスンに限らず多くの韓国企業が、日本企業との技術的提携を通して新しい事業に乗り出してきた。これを、日本による新たな経済的植民地化と批判する声も常に存在した。提携の裏には、経済的侵略を企む日本の「悪魔の顔」が隠れているというわけだ。まるで悪魔の顔に変貌していく、よそ者と同じように。だが実際は、サムスンはミノルタとの提携を機に、その後独自のカメラ開発に成功している。

「韓国社会に根づく日本」に対する韓国人の態度には、経済面にとどまらず二重的で矛盾するところが多い。日本の植民地からの独立以後、１９９８年に金大中《キム・デジュン》政権によって日本大衆文化が開放されるまで、韓国では国家的に「日本」を禁止にしてきた。歌謡曲や映画、ファッションなどに少しでも日本的なものがあれば「倭色《ウェセク》」といって発売や上映を禁止にしたり、公の場でバッシングして排除した。植民地支配の記憶は歴史的なトラウマとして韓国社会を呪縛しており、これが解けない限り、韓国にとって日本はいつでも「悪魔の顔」になりうるのだ。

だがその半面、私が知る限り、韓国の日常において「日本」が排除されたことは一度もなかった。小学生だったある日、教師が「今日から변또《ビョント》（弁当の韓国なまり）や와리바시《ワリバシ》は日本語だから禁止だ」と突然言い出した。誰もがそれが日本語であることすら知らずに使っていたが、学校で禁止されてからも、それ以外の場所では変わることなく使われ続けた。また、大学生に人気のビリヤードの用語は、少なくとも私の時代はすべて日本語だった。「오시《オシ》、히키《ヒキ》、우라마와시《ウラマワシ》」などの技や、

技が綺麗に決まったときの掛け声「기레이《キレイ》」など、何ら違和感なく使っていたのだ。軍隊でも会社でも状況は同じだった。

公には禁じられていても、日本のヒット曲や映画、ドラマのソフトはそれらを扱う違法の店でいつでも手に入れることができた。私も粗末な字幕付きのビデオをこっそり借りては、黒澤明や成瀬巳喜男など名匠たちの映画を観たものだ。さらに、韓国映画や音楽における日本からの盗作問題は、２０００年代に入っても後を絶たず、盗作であることが後から問題になり、解散に至ったグループまであった。日本による「文化的植民地化」を問題視する声もあったが、例を挙げればきりがない。つまり、いつの時代も常に「日本」は韓国のなかに存在していたということだ。

韓国のなかの「日本」は、排除すべき「悪」なのか？　韓国が日本を「悪」と疑ってやまない以上、韓国にとって日本は悪なのか？　――よそ者の日本人が悪魔なのか、悪魔だと疑う心が悪魔を生み出すのか。本作の難しさは、それを見る私たちの心理こそが答えになるところにあるのだろう。

余談だが、日本人俳優のキャスティングをめぐっては、北野武の名前も候補に挙がっていたという。『戦場のメリークリスマス』（大島渚監督、１９８３）でのなんともいえない不気味な表情を思い出すと、一瞬、この役が北野だったら……と想像してしまいたくなる。だが頭に思い浮かべた北野武の顔は、いつの間にか國村隼のそれに変わっていた。本作での國村の表情は、何かを読み取れそうでいて決して何も読み取れない、絶妙な恐ろしさをたたえていて、スクリーンを終始圧倒している。そんな演技が評価され、國村は韓国有数の映画賞、第37回青龍《チョンニョン》映画祭で助演男優賞を受賞した。

『スウィング・キッズ』

戦争とミュージカルのコントラストが叫ぶ「イデオロギーなんてくそったれ！」

◎物語

1951年、朝鮮戦争中の巨済島《コジェド》捕虜収容所。収容所のイメージ改善のため、捕虜たちでダンスチームを作る計画が持ち上がり、ブロードウェイの舞台経験のあるジャクソン（ジャレッド・グライムス）を中心に、捕虜のロ・ギス（ド・ギョンス）、語学堪能な踊り子ヤン・パンネ（パク・ヘス）、離れ離れになった妻を探すカン・ビョンサム（オ・ジョンセ）、栄養失調の中国軍捕虜シャオパン（キム・ミノ）の4人でタップダンスチーム「スウィング・キッズ」が結成される。計画を快く思わない米軍兵士たちに阻まれながらも、クリスマスに向けて練習を重ねる「スウィング・キッズ」だったが、新しく収監された捕虜のグァングク（イ・デビッド）の煽動と、「人民の英雄」でロ・ギスの兄であるギジン（キム・ミンジェ）の登場により収容所では捕虜たちの暴動が発生し、次第にエスカレートしていく。

原題：스윙키즈

原作：キム・シヌ作「ロギス」、2015年初演（ミュージカル）

製作：2018年（日本公開：2020年） 韓国／カラー／133分

監督・脚本：カン・ヒョンチョル　撮影：キム・ジヨン

出演：ド・ギョンス（D.O.）、ジャレッド・グライムス、パク・ヘス、オ・ジョンセ、キム・ミノ韓国では「同族相残《ドンジョクサンジャン》（同族間の殺し合い）の悲劇」とも呼ばれる朝鮮戦争。軍の戦闘による犠牲者よりも、軍による民間人への、あるいは民間人同士の虐殺による犠牲者のほうが多いとまで言われ、3年間の戦争中にありとあらゆる形の虐殺が行われた。転向したはずの左翼数万人を、朝鮮戦争勃発後虐殺した李承晩《イ・スンマン》政権の「国民保導聯盟事件」や高城《コソン》郡や永興《ヨンフン》郡などでの人民軍による民間人虐殺、そして『スウィング・キッズ』の舞台になっている巨済島捕虜収容所での捕虜同士の殺し合いや、米韓連合軍による捕虜への虐殺は、もっとも凄惨な悲劇として記録されている。

虐殺の構図は単純明快だ。自発的か強制的かにかかわらず、韓国軍が占領すると北朝鮮軍に協力した「アカ」を、北朝鮮軍が占領すると韓国軍に協力した「反動分子」を虐殺したのである。同じ村を昨日は韓国軍が、今日は北朝鮮軍が占領するとなれば、村全体が焦土化し多くの村人が犠牲になるのは必至だ。一握りの権力者によって引かれたアカと反動分子の境界線によって朝鮮半島は浅はかで盲目的なイデオロギーに踊らされ、その代価はあまりにも大きかった。

本作は、日本でもリメイクされた『サニー　永遠の仲間たち』（2011）などで知られるカン・ヒョンチョル監督の作品だ。ミュージカルを原作にしているため、映画でもスウィング・ジャズとタップダンスが中心に据えられ、幅広い作品に出演し演技力が高く評価されている人気アイドルグループEXOのメンバーD.O.が主役を演じることも話題を呼んだ。本作において収容所での虐殺の歴史という悲惨な側面がタップダンスという明るい要素と絡み合い、どのような映画的効果をもたらしているかを考えてみよう。

冒頭、朝鮮戦争下の戦況をまとめたスピーディーなニュース映像から映画は幕を開ける。1950年6月25日、北朝鮮軍の奇襲攻撃に端を発する朝鮮戦争は、かのマッカーサー率いる米軍主体の国連軍による仁川《インチョン》上陸作戦や中国軍の参戦で一進一退を繰り返したのち、38度線辺りで膠着状態に陥った。両陣営は1951年7月には早くも休戦会談を始めたものの、合意に至る1953年7月まで2年間戦闘は続き、死傷者はもちろん、捕虜も大量に発生した。増え続ける捕虜の収容問題を解決すべく1950年11月、国連軍は巨済島に巨大な捕虜収容所を作った。釜山《プサン》の南に位置する巨済島は、海に囲まれているため脱出の心配もなく、陸地から程よい距離にあって捕虜の移送にも便利という点で収容所建設には最適な立地だった。収容所の管理は米軍が行い、韓国軍が警備にあたった。

17万6千人にのぼる捕虜の多さもさることながら、映画を観てまず戸惑ってしまうのはその構成の複雑さではないだろうか。国連軍の収容所にもかかわらず、そこでは北朝鮮軍や中国軍はもとより、北に協力した民兵から強制徴兵された民間人、アカにされてしまった南の避難民に至るまで、様々な立場の人間が一堂に会していたのである。映画の登場人物に照らし合わせてみると、ロ・ギスは北朝鮮軍、シャオパンは中国軍だが、カン・ビョンサムは避難民だ。少しでも怪しまれたらアカにされた混乱の時代、「乗る車を間違えた」だけのビョンサムがここにいることは何ら不思議ではない。そして当時、米軍のあとを追って島に流れてきた「洋公主《ヤンゴンジュ》」と呼ばれる売春婦も大勢おり、ヤン・パンネもその一人であった。

カオスの様相を呈していた収容所で最も問題になったのが、捕虜たちの「イデオロギー」である。ここには根っからの共産主義者もいれば、報復を恐れて共産主義者のふりをしている捕虜も少なく、強制徴兵された民間人はほとんどが反共主義者かどちらでもないノンポリだった。当初米軍は、反共主義者（反共捕虜）と共産主義者（親共捕虜）を分けて収容していたが、いちいち確認するのはほぼ不可能と判断したのか、そのうち区別をつけずに収容し始めた。そしてこのことが、のちの流血暴動や殺し合いをもたらすことになる。

劇中にも描かれているように、各収容施設の支配勢力が親共か反共かによって北朝鮮と韓国いずれかの国旗が掲げられ、施設同士で対峙する状況が生まれていった。同時に、施設内で「反動分子」や「アカ」を探し出してはリンチを加えるといった事件があとを絶たなかった。とりわけ休戦会談で捕虜の送還が問題となり、無条件に捕虜の全員送還を主張した北朝鮮側と、あくまで希望者のみの送還を求めた米軍側の対立が伝わると、捕虜間の分裂と殺し合いは凄惨をきわめた。反共捕虜や反共への転向を希望する親共捕虜にとっては、無条件の全員送還はすなわち死を意味したため、自分が反共主義者であることを米軍にアピールしようとし、一方で親共捕虜たちは反共に寝返る裏切り者を出さないために、見せつけのリンチを繰り返したからである。

こうして頻発した暴動の中でも代表的な事件として知られるのが、１９５２年2月18日に発生した米軍と捕虜の衝突である。当時の報道によると、捕虜たちの送還意志を確認するために米軍が審査を始めたところ、親共捕虜が竹槍を手に抵抗したため米軍が発砲、77人の死者と140人以上の負傷者を出した。この事件は国際社会から批判を浴び、収容所責任者の米軍司令官は更迭されたが、その後も捕虜による米軍司令官の拉致や、韓国政府の一方的な反共捕虜釈放など混乱が収まることはなく、1953年7月の休戦協定成立とともに収容所は閉鎖されたのである。現在では釜山との間に橋が架けられ、戦争の記憶を伝える「巨済島捕虜収容所遺跡公園」となっている。

以上のような歴史に基づきつつ本作は、「タップダンス」や「ミュージカル」の要素を取り込むことで、戦争をめぐる記憶と個人の夢や自由に対する希求を同時に喚起させている。たとえばロ・ギスやヤン・パンネら「スウィング・キッズ」のダンスには、戦争によって破壊された夢や、抑圧された自由への熱望が込められている。誰もいないホールを飛び出して収容所を疾走しながら踊るギスと、村を走りながら踊るパンネの姿は、その先に待ち構える収容所の鉄柵フェンスや疲弊した村という壁にぶつかってしまう。彼らは決して諦めはしないが、タップダンスを踊っている間にのみ許される夢や自由への希求は、それを求める思いが強くなればなるほど、戦争という暗鬱な現実と克明なコントラストをなす。近年の韓国映画で多く見られる「ファクト（事実）」と「フィクション（虚構）」を混ぜた「ファクション」ジャンルの作品に本作もまた属しているが、ラストシーンで浮かび上がる夢と戦争のコントラストは、フィクションとしてのタップダンスがあまりにも軽快で生命力に溢れているがために、ファクトとしての残酷な虐殺をより一層際立たせ、今の私たちに

「生きることの意味」を問いかけるのだ。

南と北、アメリカと中国。国も言葉も違う捕虜たちを収容所に集めさせた現実は戦争だった。しかし本作のように、もし本当にダンスや音楽に共感することで収容所が変わることがあったとしたら、歴史も変わり得たかもしれない。少なくとも実体の見えないイデオロギーに翻弄され、殺し合うことは防げたのではないだろうか。歴史に「もし」はないとされるが、「ファクション」としての本作のメッセージは明白だ。「スウィング・キッズ」のリーダー、黒人の米兵ジャクソンのセリフを借りるまでもなく、「Fucking ideology!（イデオロギーなんてくそったれ！）」を合言葉に、共存の可能性を模索すること。本作は、戦争がもたらした悲しい歴史を現在に呼び起こしつつ、タップダンスを通して未来に向けたメッセージまでをも伝えてくれる。

最後に、どうしても触れておきたいことがある。原作であるミュージカルのきっかけとなったのは、スイスの写真家ワーナー・ビショフが収容所の実態を映した1枚の写真だった。収容所内に立つ自由の女神像の前でフォークダンスを踊る、覆面姿の捕虜たち。今見ても違和感を覚える、異様な雰囲気の写真である。生き延びるために米軍につき、米軍の前で踊る彼らは「反共捕虜」には違いないのだが、顔がばれてしまうといずれ「親共捕虜」に殺されるかもしれないという恐怖から、不気味な仮面を被って踊っていたのである。仮面の下で生への欲望と死への恐怖が背中合わせになっている様子が見え隠れするこの写真は、今を生きる私たちに壮絶な切なさとともに迫ってくるに違いない。

『高地戦』

人間に優先されるイデオロギーはない 無意味な攻防戦に散った若い命

◎物語

1953年2月、停戦協議が難航するなか、激しい攻防が続く東部の最前線「エロック高地」で戦死した中隊長の遺体から味方の弾丸が見つかる。司令部は敵との内通者がいると疑い、捜査のために防諜隊の中尉カン・ウンピョ（シン・ハギュン）を現地へ派遣する。そこでウンピョは、死んだと思っていた友人のキム・スヒョク（コ・ス）と再会する。軟弱な学生だったスヒョクは、2年の戦争中に二等兵から中尉に昇格し、戦闘で輝かしい結果を残す「ワニ中隊」を率いていた。だがそんなワニ中隊は、攻防戦のさなか、人民軍とタバコや酒を交換したり、故郷の家族に送る手紙を託されたりと密かに交流していた。これまでの戦いで地獄を目の当たりにしてきたというワニ中隊と行動を共にするうちに、混乱の只中にあるエロック高地でウンピョは、兵士たちの命と引き換えに守られている最後の激戦地の実態を目の当たりにしていくことになる。

原題：고지전

製作：2011年（日本公開：2012年）　韓国／カラー／133分

監督：チャン・フン　脚本：パク・サンヨン

撮影：キム・ウヒョン

出演：シン・ハギュン、コ・ス、イ・ジェフン、リュ・スンリョン、キム・オクビン

6月25日——朝鮮半島に生きる人間にとって、この数字は特別な意味を持っている。1950年のこの日に朝鮮戦争が勃発したからだ。第二次世界大戦後に起きた戦乱のなかで、もっとも残酷な戦争だったと言われる朝鮮戦争は、1953年7月27日に休戦を迎えるまでの3年間で500万人の死者を生んだが、そのうち民間人の死者が300万人以上を占めるという事実からもその凄惨さがうかがえるだろう。それにしても、つい数年前までは日本の植民地からの独立を求めて戦ってきた同じ民族同士が、なぜこうも殺し合わなければならなかったのだろうか。もちろん、その背景には米ソの冷戦構造があり、朝鮮半島がその代理戦争の場になったことも事実であるが、イデオロギーの対立や権力者たちの歪んだ欲望のせいにするには、あまりにも恐ろしく悲惨な結果である。

朝鮮戦争について、日本では、「朝鮮特需」が敗戦後の復興を後押ししたとか、GHQによる占領を象徴する存在である「マッカーサー」が仁川《インチョン》上陸作戦で活躍したことなどが歴史の教科書に載っているくらいで、今もって十分に知られているとは言えないように思われる。そこで、朝鮮戦争末期の膠着状態が続く戦況のなか、多くの命が無駄に失われていった歴史に基づく『高地戦』を取り上げ、韓国近現代史における最大の悲劇の一端を紹介したい。チャン・フン監督は、ひょんなことから再会した南北の元政府要員が次第に心を通わせていく『義兄弟　SECRET UNION』(2010)や、光州事件をソウルのタクシー運転手の視点から見つめた『タクシー運転手～約束は海を越えて～』（2017）など、歴史に基づくドラマをメロドラマ的に描く手腕が高く評価されているが、本作も例外ではなく、多くの観客の涙を誘って大ヒットした。

はじめに、朝鮮戦争勃発の背景から休戦に至るまでの概要をまとめておこう。

1945年8月、日本の敗戦によって独立を果たした朝鮮半島だが、その直後からすでに米ソによって引かれた38度線を境に南北に分かれていた。朝鮮の人々は半島の統一を願っていたが、それは叶わないまま、1948年、大韓民国（8月）と朝鮮民主主義人民共和国（9月）が誕生、南北分断が確定した。そして1950年6月、北朝鮮の全面的な奇襲攻撃で始まった朝鮮戦争は、破竹の勢いで攻めてきた北朝鮮の人民軍に押されて、韓国軍はあっという間にソウルを奪われ、釜山《プサン》方面まで追い詰められた。もはや北朝鮮の勝利かと思われたその時、アメリカを中心とする国連軍の参戦と、マッカーサーが指揮した仁川上陸作戦の成功で形勢は一気に逆転、北朝鮮は中国との国境付近まで後退し、絶望的な状況に追い込まれた。すると今度は中国軍が参戦して北朝鮮の危機を救い、「人海戦術」と呼ばれる夥しい数の兵士を投入したのである。中国軍の数に太刀打ちできなくなった韓国・米軍は退却しつつも、ソウルを再び奪還するなど、戦況は次第に38度線付近で膠着状態に陥っていった。朝鮮戦争自体は3年間続くが、半島全土を舞台にした戦いは勃発から約1年で終わり、その後の2年間は38度線付近での戦闘に終始することになる。なかでも熾烈な戦いが繰り広げられたのが、作戦展開に有利な地理的に高い地帯を先占しようとする「高地戦」であった。

映画の冒頭で示されているように、本作は停戦協議が難航している時期を背景にしている。停戦の要求は、はじめにソ連と北朝鮮によって持ち出され、米軍（国連軍）が応じる形で1951年7月より本格的に協議が開始された。当時、韓国／北朝鮮のいずれかによる南北の統一は到底無理との共通認識があったものの、唯一、李承晩《イ・スンマン》大統領のみが北進統一の主張を曲げなかったため、韓国は当事者として交渉の場に立たないまま、あくまでもオブザーバーの立場で同席し、協議は進められた。そして「捕虜送還」に関して、南北どちらを選ぶかは捕虜の自由意志に任せようとする国連軍側と、無条件に北への送還を要求する北朝鮮側の対立、さらには「軍事境界線」をめぐる折り合いがつかず、協議は暗礁に乗り上げてしまった。というのも、高地戦では毎日のように奪う、奪われるの攻防が続くため、停戦の時点で確定する軍事境界線によって1ミリでも広い領土を獲得したい両者にとって、互いの思惑が一致するわけがないからだ。停戦時点でどこを占領しているかによって捕虜の状況も変わるため、協議と決裂を繰り返す状態が2年もの間続くことになった。映画で兵士たちがしきりと「停戦はまだか」「すぐに停戦になるはずではないか」と問いかけるのは、合意間近と伝えられながらも一向に合意に至らなかった当時、誰もが感じていた焦燥感に他ならない。そしてそのことが、高地戦の継続を意味したのは言うまでもない。この間にどれだけの若く尊い命が失われたかを思うと、今でもいたたまれない気持ちが拭えない。

本作は、上記のような駆け引きの悪循環を背景に、攻防戦における南北兵士間の密かな「交流」を物語の軸に置いている。この交流はもちろんフィクションなのだが、だからこそ、映画が伝えようとするメッセージは明確になる。それは、相反するイデオロギーに翻弄され、互いに殺し合い、分断され、いまだに対峙が続いているとしても、いつでも同じ民族同士、共存できるはずだという希望である。しかし朝鮮戦争以来の南北の歴史が「共存と排除」の間を行ったり来たりしながら現在に至っているように、その裏にはいつでも互いに殺し合い、排除し合うこともできるのだという可能性もまた潜んでいる。本作で描かれる生きるか死ぬかの攻防と、その後に交わされるタバコや酒、手紙、写真など戦闘とは無縁の交流は、矛盾しているように見える一方で、イデオロギーと人間の関係をわかりやすく提示してくれているとも言えよう。イデオロギーの遂行者として殺し合う一方で、個の人間に戻った後は交流するという二つの側面を持つことで、高地戦（＝戦争）の無意味さや矛盾が露呈されるのだ。

「南北兵士の交流」というモチーフや主人公ウンピョを演じたシン・ハギュンという俳優から、映画『ＪＳＡ』（パク・チャヌク監督、２０００）を思い起こす人も多いかもしれない。実は、本作のシナリオは『ＪＳＡ』の原作小説『ＪＳＡ　共同警備区域』（金重明訳、文春文庫、２００１）の作者であるパク・サンヨンが手がけている。南北の対立がもっとも先鋭的に浮かび上がる場所＝共同警備区域を俎上にあげ、反共（＝排除）の無効化を宣言したパク・サンヨンは、本作でさらに一歩推し進め、未来に向けた反戦（＝共存）を訴えていると考えられるだろう。

それでは、映画の中の描写をいくつか取り上げ、実際の歴史と照合しながら、映画における効果を含めて検討してみよう。

映画の冒頭、ウンピョは、人民軍兵士に食料や水を提供したという理由だけで多くの民間人が

「アカ」に仕立てられ、虐殺されていることへの異議を申し立て、懲罰の代わりに前線に送られることになる。このように朝鮮戦争では、大勢の普通の人々が意味もなく虐殺されていた。戦争中に生み出された「골로《コルロ》 간다《カンダ》」という言い回しは、直訳すれば「谷へ行く」なのだが、南北を問わず民間人を虐殺する際には、主に山の谷に連れて行って銃殺したり生き埋めにしていたため、当時は「死」を意味していた。

ウンピョが派遣された「エロック高地」は実在の地名ではない。「ＫＯＲＥＡ」の表記を逆さにしただけの「ＡＥＲＯ-Ｋ」なる架空の名称からも、南北が無意味に繰り広げる争奪戦が、まさに（南北）ＫＯＲＥＡがＫＯＲＥＡを奪い合う朝鮮戦争の縮図であることを示しているとも言える。実際の高地戦は、現在の軍事境界線を中心に全戦線にかけて行われたが、中でももっとも悲惨だったとされるのが、江原道《カンウォンド》の「白馬《ベクマ》高地」戦闘である。１９５２年10月６日から十日間続いたこの高地戦で打ち合った砲弾は南北合わせて約28万発、死者は１万５０００人以上に達し、最終的に韓国軍が占領するまでの間に、24回も高地の「あるじ」が替わったという。製作側は、映画では特定の高地戦をモデルにしているわけではないと語っているが、その激しさや凄惨さは明らかに白馬高地戦を想起させる。ただし南北の争いと言っても、高地戦における南の敵はほとんどの場合中国軍であり、人民軍の兵力はごくわずかに過ぎなかった。

かつての盟友スヒョクと再会を果たしたウンピョだが、別人のように変わってしまった彼にウンピョは戸惑いを隠せない。そしてスヒョクら「ワニ部隊」は一見和気あいあいとした雰囲気ながら、精神を病んだ仲間を抱えるなど、彼らの経験が尋常ではないことを匂わせる。やがてウンピョに明かされる壮絶な「地獄」とは、退避手段をめぐる仲間同士の殺し合いであった。だが映画的には衝撃的な伏線として機能する浦項《ポハン》撤収作戦は、実際には味方殺しという事実はなく、韓国側としては民間人や家畜まで無事に避難させることに成功した作戦と記録されているため、公開後に多くの批判を浴びることになった。ちなみに浦項作戦に船を提供したのは、国連軍に雇われた日本の民間の船舶会社だったという。

そしてラスト、停戦協定が合意に至ったというニュースに喜びが爆発するエロック高地。間に合わなかった、助けられなかった命を惜しみながらも、清々しく互いをいたわり合う南北兵士たちに対し、協定が発動する午後10時までの12時間の間に、少しでも多くの領土を確保するため、戦闘を続けろという無情な指令が伝えられる。喜びから一転、再び対峙し合った南北兵士たちは文字通りの死闘を展開し、高地は南北入り混じった兵士たちの「死」で埋め尽くされる。その死がいかに無駄なものであるかは、誰よりも観客たちが知っている。だが、「戦線夜曲」を共に歌った南北軍の殺し合いというこの上なくドラマチックなこの場面も、幸いなことに史実とは異なっている。確かに停戦の合意から協定の発動までには半日近くの時間があったが、さすがに無駄な戦闘は避けようと、実際は互いに形だけの単発砲撃にとどめられた。

本作では、「2秒」という異名を持つ人民軍の女性スナイパーが登場する。韓国軍にとっては脅威となる「2秒」だが、ここでも彼らは、互いの命を狙いながら必死の攻防を繰り広げる一方で、南にいる家族に手紙や写真を送ってほしいという「2秒」の依頼をスヒョクが引き受けるなど、個々の交流は行われる。もちろん彼らは互いの顔も名前も、スヒョクは「2秒」が女性であることも最初は知らない。知らないということこの設定によって、「イデオロギーの遂行者＝殺し合い」と「個としての人間＝交流」という矛盾の間を彼らは行き来することができるのである。殺した敵が交流相手であることを登場人物たちは知らず、代わりにすべてを知っている観客だけが、その矛盾の源である高地戦（＝朝鮮戦争）の本質について考えさせられることになる。なお、「女性スナイパー」が実在したかについては、人民軍がばら撒いた宣伝ビラにその存在が書かれていたものの、彼女が戦闘に参加していたかどうかは確認できていないという。このように事実とフィクションを巧妙に取り入れ、時に賛否両論を引き起こしつつ、『高地戦』はメロドラマとしても魅力的な戦争映画となっている。

2023年現在もなお、朝鮮半島は南北に分断されたまま休戦状態が続いている。軍事境界線を挟んで韓国と北朝鮮がにらみ合いを続け、いつ戦争に発展するともわからない緊張感に包まれた東アジアの火薬庫と化し、些細なきっかけで南北が険しい雰囲気になることも珍しくない。平和な時代を生きているはずの韓国の若者たちは、そのために輝かしい青春の1ページを兵役に費やさなければならない。戦争とは、イデオロギーとは果たして何だろうか。人間のためのイデオロギーなのか、イデオロギーのための人間なのか。本作の凄まじいラストシーンが伝えるメッセージは明らかである。人間に優先するイデオロギーなどあるはずがない。

❽ 韓国とアメリカ・北朝鮮

『グエムル―漢江の怪物―』

少女はなぜ死ななければならなかったのか？ 〝反米〟に透けて見える映画の真のメッセージ

◎物語

ソウルを流れる漢江《ハンガン》の河川敷に、突然得体の知れない怪物（グエムル）が現れて人々を襲い始める。瞬く間に修羅場と化す河川敷。父ヒボン（ピョン・ヒボン）の売店を手伝うカンドゥ（ソン・ガンホ）は中学生の娘ヒョンソ（コ・アソン）を連れて逃げるが、手違いからヒョンソをグエムルにさらわれてしまう。携帯電話の着信で娘の生存を知ったカンドゥは、怪物からのウイルス感染を理由に隔離された病院を脱出し、父、妹ナムジュ（ペ・ドゥナ）や弟ナミル（パク・ヘイル）らとともに、ヒョンソを救うべくグエムルに立ち向かっていく……。

原題：괴물

製作：2006年（日本公開：2006年） 韓国／カラー／120分

監督・脚本：ポン・ジュノ　脚本：ハ・ジョンウォン、パク・チョルヒョン

撮影：キム・ヒョング

出演：ソン・ガンホ、ピョン・ヒボン、パク・ヘイル、ペ・ドゥナ、コ・アソン

２０１９年のカンヌ国際映画祭は、韓国映画『パラサイト　半地下の家族』（２０１９）が最高賞であるパルムドールを受賞し、前年の是枝裕和監督『万引き家族』（２０１８）に続き、東アジアの作品が受賞する快挙となった。韓国国内はもちろん、アメリカをはじめ全世界で映画は大ヒット。日本でも改めて韓国映画が注目を集めることとなった。まずは、本作を作り出したポン・ジュノ監督について紹介しておこう。

文学に少しでも関心のある韓国人なら、『小説家仇甫《クボ》氏の一日』などで知られるモダニスト作家、パク・テウォン（１９０９〜86）を知らないはずはないだろう。そして彼が、朝鮮戦争のさなか北朝鮮に渡り、歴史小説の大家として名を馳せた南北文学界の巨匠だということも。だが韓国では長い間、北朝鮮へ渡った作家、すなわち「越北作家」の作品は出版を禁じられてきた。ソウルオリンピックを間近に控えた１９８８年、当時大学の国文学科1年生だった私は、民主化措置の一環として四半世紀ぶりに解禁された越北作家の本を、書店の片隅に設けられた「解禁書特設コーナー」で手に取ったのをよく覚えている。実はパク・テウォンは、ポン・ジュノの母方の祖父である。これが韓国でなければ、偉大な作家の孫が偉大な映画監督になったという美しい話で済んだかもしれない。だが私が2人の関係を知ったときまず頭をよぎったのは、２人の芸術家が血縁関係だったことの驚きではなく、「連座制」という名の恐怖だった。

連座制とは、犯罪の責任を本人だけでなく、その家族・親族にまで着せようとする前近代的な悪法だ。反共の国、韓国において、アカと断罪されることの恐ろしさは想像を絶するものがあるが、越北とはアカのレッテルを自ら進んで貼るも同然で、南に残された家族らは連座制によって越北した身内の責任を取り、政治的弾圧や社会的蔑視を受けなければならなかった。その影響は就職や旅行にまで及び、越北者の家族は常に警察の監視下に置かれて行動の自由を極端に制限され、各地を転々としながら逃げるような生活を余儀なくされた人も多かった。

この制度は1894年にいったん廃止されたのだが、1961年、軍事クーデター直後に朴正熙《パク・チョンヒ》が反共強化のために復活させ、1980年、同じくクーデターで実権を握った全斗煥《チョン・ドファン》が国民大統合のためと豪語して廃止した（ものの、その目的は光州事件から国民の目を逸らすためだったとみられている）。しかし制度廃止後も社会的偏見は根強く残り、越北者家族らは相当な精神的苦痛を受け続けた。実際ポン・ジュノの叔父は、そんな苦しみに耐えきれずアメリカに移住したという。

ポン・ジュノ自身が連座制の影響を受けて辛い経験をしたかどうか、監督は具体的には語っていない。当事者と父子関係ではないことや、母方の家系であるため直接的な影響はなかったとも考えられる。だが、近しい人たちから連座制の苦しみを聞き知っていたであろうことは推測できるし、そうであるとすれば、ポン・ジュノ監督が子供心に独裁権力への抵抗を感じていたことも十分考えられる。監督の作品に一貫して見られる「反権力」「社会的弱者（監督は〝ルーザー〟と呼ぶ）に寄り添う」姿勢は、大学教授・ジャーナリスト・検事を辛辣に風刺した韓国映画アカデミー卒業制作

『支離滅裂』（1994）で既に明らかだったが、中でも『グエムル―漢江の怪物―』は、そんな監督の眼差しが最もよく表れた作品である。公開当時、〝怪獣映画〟というジャンルを超えて「韓国の現実を暴いた映画」と絶賛されて観客動員1000万人を突破し、前作『殺人の追憶』（2003）に続く大ヒットとなった。

本作がここまで成功を収めた背景には、グエムルのリアルな造形や家族愛の物語など、娯楽映画としてのクオリティはさることながら、韓国現代史を盛り込んだ社会批判的メッセージを、ポン・ジュノらしいわかりやすさで提示したことが大きいだろう。実際、映画を観た観客が「反米的」と口を揃えたように、2000年2月に米軍が毒物（ホルムアルデヒド）を漢江に垂れ流すシーンから始まる本作は、まさにその時期に米軍が起こした事件を再現している。だがここでは、あからさまな反米的オープニングに監督の主眼があるのではない、という点を明らかにしたいと思う。

オープニングに続いて、「2002年6月」の字幕とともに、2人の釣り人が奇形の生物を目撃しつつも取り逃してしまう様子が簡潔に描かれ、米軍が垂れ流した毒物がとんでもない怪物を生んだことが暗示される。その後「2006年10月」では、1人の男が橋の上から飛び降り自殺を図ろうとしている。川面をじっと見つめていた男は、その奥に何かがうごめくのに気づき、自殺を止めようとする仲間に向かって「お前ら見たか？」と問い、「見なかったか？　おめでたい奴らだ」と呟いて身を投げる。男の体が吸い込まれていった水面の奥から、タイトル『괴물《グエムル》』が浮かび上がり、主人公たちの登場シーンに移るのでつい見逃しがちだが、男の最期のセリフには、なにか引っかか

るものを感じる。日本語字幕はニュアンスを生かして意訳しているが、直訳すると「どこまで鈍い奴らなんだ」となるこのセリフは、グエムルの存在だけではない「何か別のこと」を観客に向かって匂わせているようにも聞こえるからだ。

私たちが見逃した、そして監督が伝えたかった「何か別のこと」はすぐに見つかった。タイトルの直後、店番すらもできないカンドゥと、そんな息子に手を焼く父親に続いて、制服姿のヒョンソが登場した瞬間、何気なく通り過ぎていった「2002年6月」の文字と目の前の女子中学生が、まるでパズルの断片のように結びついたのだ。その答えは、2002年FIFAワールドカップ（日韓W杯）の熱狂のさなかに起こった、米軍の装甲車による女子中学生轢死事件である。2002年6月といえばW杯の真っ只中で、自国チームのベスト4進出に韓国全体が異様な盛り上がりを見せていた時期だった。メディアは朝から晩まで、チームの躍進に沸く国民の熱狂ぶりを報道していた。しかしW杯に目を奪われていたその裏で、韓国国民は悲しい事件を見逃していたのである。ソウル近郊で、狭い道路をすれすれで通る米軍の装甲車によって、逃げ場を失った2人の女子中学生が死に追いやられた「シン・ヒョスン、シム・ミソン轢死事件」だ。

「在韓米軍地位協定」という不平等な条約に縛られている韓国では、当時は米兵の犯罪を直接裁くことができなかった（現在は重大事件の1次裁判権は韓国側にあるのだが、米軍側の要求があれば放棄するというバカげたことになっている）。案の定、米軍裁判所は装甲車の操縦士らに無罪の判決を下し、誠意のない米軍の態度に国民がようやく目を向けたのは、W杯が終わった後だった。手遅れになるまで気

づかなかった自分たちは、なんと鈍かったのだろう――自責の念に駆られた国民によって、ネット上では黒いリボンの絵と「지《ジ》・못《モッ》・미《ミ》」（「守ってあげられなくてごめんね」という意味の略語）の追悼文が急速に広まった。今では当たり前になっている大規模なロウソクデモが始まったのも、この時の追悼集会からである。

このように考えると、本作は「反米」という殻をまといながらもその核にあるのは、守ってあげられなかった2人の幼い「ヒョンソ」への哀悼でもあることがわかってくる。狭い道路で轟音を発しながら迫ってくる装甲車は、2人の少女にとってグエムルそのものだったに違いない。ソン・ガンホ演じるヒョンソの父親カンドゥが、心優しいながらも「愚鈍」で「間抜け」な、およそヒーローとは似ても似つかない人物として描かれているのは、国家的イベントに目を奪われて大事なことに気づかなかった、韓国国民の当時の「鈍さ」が投影されているようにも思える。そして国民が共有した悔しさは、一刻も早くヒョンソを助けに行かなければならないのに、米軍に捕まって動けなくなったカンドゥが「ヒョンソ、ごめんよ、パパが……」と叫ぶシーンに代弁されている。

もちろん監督は、「グエムル」を単純に「米軍」にのみ固定しているわけではない。映画に描かれる国家としての「韓国」が、米軍に振り回され、カンドゥたちの邪魔ばかりし、ヒョンソの救出に何の役にも立たないことからもわかるように、嫌でも米軍に頼らざるを得ない韓国の状況、それを利用して韓国を牛耳ろうとするアメリカの横暴さ、その犠牲となる弱者を守ることができない韓国の無力さという悪循環の構造こそが「グエムル」を生み出していることを、映画は浮き彫りにしている。

命を懸けた死闘の末、カンドゥたちは自らの手でグエムルを倒すが、ヒョンソを救うことはできなかった。公開時、なぜヒョンソは死ななければならなかったかがしばしば議論の対象となったが、ヒョンソが犠牲になった2人の女子中学生の置き換えであると捉えるならば、残念ながらヒョンソの死は不可避な結末だったのだ。ただしポン・ジュノは「二度と同じ悲劇は繰り返さない」とヒョンソ（ヒョスンとミソン）に約束でもするかのようなラストシーンを用意した。ヒョンソが助けた少年、セジュンこそは絶対守るといわんばかりに暗闇の中の漢江を睨みつけるカンドゥの姿はもはや「鈍い奴」ではない。つまり国民もまた、かつての「気づけなかった国民」ではないと言える。

本作でもう一つ気になったのは「母の不在」だ。ヒョンソの父と祖父が映画に登場するのに対して、母や祖母は描かれない。そしてこれもヒョンソの死と同じ文脈で考えると、ポン・ジュノは「母の不在」と韓国における米軍の歴史を重ね合わせているように見える。独立直後の1945年に遡る米軍の駐屯は、韓国建国よりも古い歴史を持っている。全国の主要都市に置かれた基地と、それを囲むように形成されていった基地の町では、米軍相手の売春婦（米軍「慰安婦」や基地村女性と呼ばれる）を含む韓国人女性たちが、米兵にレイプされたり殺される事件が多発してきた。中には1992年に殺されたユン・クミのように、レイプ後に信じがたい残忍な殺され方をした例もあるが、公になった事件はごく一部で、被害の全貌は明らかにされないままだ。だが先述したように、協定によって韓国側はユンの事件当時、容疑者の米兵を拘束することすらできず、その後も大きなジレンマを抱え続けてきた。10代から60代にまで至る被害女性たち、言い換えれば「母」になり得た、そして「母」であった女性たちを守れず死に追いやった韓国社会。本作における母の不在は、そうした韓国の歴史を象徴していると言えるかもしれない。

ポン・ジュノ監督はあるインタビューで、本作の英題が「Monster」ではなく「Host」であることについて、「ホストには宿主だけでなく主人という意味もある。誰が主人なのかを問うために、政治・社会的な含意を込めて名づけた」と語っている。なるほど、ソファ（SOFA＝在韓米軍地位協定の略語）に座ってあぐらをかいている「Host」は誰のことか？　そしてその存在にしがみついている「Parasite」は？　新作『パラサイト　半地下の家族』では果たしてどのような「韓国」を見せてくれるだろうか？　ポン・ジュノ監督の今後に、期待は膨らむばかりだ。

『白頭山大噴火』

殺し合う南北／抱きしめ合う南北、映画に見る南北関係の変遷

◎物語

北朝鮮と中国の国境に跨る白頭山《ペクトゥサン》で観測史上最大規模の噴火が発生、韓国も北朝鮮もパニックに陥り朝鮮半島は甚大な被害に見舞われる。さらなる大噴火が予測される中、南北の破滅という最悪の事態だけは避けようと、政府は地質学者カン・ボンネ（マ・ドンソク）教授に協力を要請、カン教授は北朝鮮が保有する核爆弾で白頭山の地下のマグマの流れを変えて噴火を阻止するという作戦を立てる。除隊を控えた特殊部隊の大尉チョ・インチャン（ハ・ジョンウ）をはじめ、隊員たちは南北の運命がかかった任務を背負って北朝鮮に向かう。そこで作戦の鍵を握る北朝鮮の武力省所属の工作員リ・ジュンピョン（イ・ビョンホン）との接触に成功、白頭山を目指すが、中国やアメリカまでもが核を狙って介入し、噴火までのタイムリミットは刻々と迫ってくる。ようやく白頭山に到達したチョ大尉とリ・ジュンピョンだが、彼らを待っていたのは過酷な運命の分かれ道だった……。

原題：백두산

製作：2019年（日本公開：2021年）　韓国／カラー／128分

監督・脚本：イ・ヘジュン、キム・ビョンソ

脚本：クァク・チョンドク、キム・テユン、イム・ジョンヒョン　撮影：キム・ジヨン

出演：イ・ビョンホン、ハ・ジョンウ、マ・ドンソク、チョン・ヘジン、ペ・スジ、チョン・ドヨン

２０１０年、韓国では「近く白頭山が大噴火する！」という噂をメディアが騒ぎ立て、国民を不安と恐怖に陥れたことがあった。結果的には現在まで噴火は起こっていないものの、かといってこの騒ぎにはまったく根拠がないわけでもなかった。当時、大噴火の可能性をめぐって韓国や北朝鮮、中国の間で共同研究が行われ、シンポジウムなども頻繁に開かれていたからだ。朝鮮半島には２つの火山が存在するが、既に死火山となっている済州島《チェジュド》の漢拏山《ハルラサン》に対して、休火山である白頭山周辺では、２０００年代前半に火山性地震が活発化していた事実もあった。

朝鮮半島一の海抜２７４４メートルを誇る白頭山は、北朝鮮北部の咸鏡道《ハムギョンド》と中国東北部の吉林省の国境に跨っていて、現在はちょうど半分ずつ両国の領土になっている。建国神話として知られる「檀君神話」（神と人間の女性になった熊が結ばれ、２人の子どもが古朝鮮を開いた）の舞台であることから、朝鮮民族発祥の地とされ、また半島の山々はすべて白頭山から始まったとするいわゆる「祖宗山」でもあり、古くから民族の霊山として信仰されてきた。南北それぞれの国歌にも登場し、とりわけ北朝鮮では金日成《キム・イルソン》の直系家族を「白頭血統」と呼び、金氏一族の神格化に利用している。いずれにせよ朝鮮半島において白頭山は、朝鮮民族の原点を象徴する超自然的な存在なのだ。

そんな白頭山の最も大きな噴火は９４６年に起きたとされる。朝鮮時代に編纂された『高麗史』という歴史書に「この年、天鼓が鳴り響いた」と書かれているのを根拠に、学者たちの見解とも一致したため、これが白頭山の大噴火にあたると結論づけられたのだ。当時は火山灰が日本にまで飛んだという記録もあり、一説では926年に滅亡した渤海《バルヘ》（高句麗の流民たちが建てた国）の再建が噴火によって断念させられたとも言われる。一方、小規模の噴火は朝鮮時代の1668年と1702年、1903年に発生しており、噴石や火山灰による被害が出たと記録されている。

このように日本での富士山のような存在感を持つ白頭山だが、2010年にはちょうどアイスランドで火山の連続噴火が発生し、ヨーロッパの航空運航に大混乱をもたらしたことも、白頭山への注目が一気に高まった一因となった。だが北朝鮮には火山や地震の専門家はもちろん測定に必要な設備も乏しく、勝手に手が出せない韓国は中国からの情報提供に頼るしかない中で、中国から「数年以内に火山性地震再活発化の可能性」という情報がもたらされた。こうして一部の韓国メディアが「2014年ごろ火山爆発？」といった刺激的な見出しをつけて大げさに報道したというわけだ。結果、メディアが無責任に「大噴火」と騒ぎ立てたことが判明して大バッシングとなって終わったが、ある与党議員は「北朝鮮の核実験のせいで白頭山の大噴火が近づいている」と主張、噴火までをも「反共」に利用しようとした旧態依然な発想は国民を呆れさせたものだ。

こういった一連の騒ぎを背景に作られた『白頭山大噴火』は、もし本当に大噴火が起きたら朝鮮半島は破滅を免れないとの想定のもと、破滅を阻止するために命をかけて共闘する南北を描いたパニック映画である。白頭山大噴火という社会的な話題性、最先端のCGを駆使してリアルに撮り上げた映像、スリリングなタイムリミットの中での死闘など、スペクタクルに富んだブロックバスターとして高い完成度を見せつけた本作は、韓国国内で800万以上の観客を動員する大ヒットとなった。ハ・ジョンウとイ・ビョンホンのダブル主演かつ初共演作としても注目を浴び、プロデューサーとしても名を連ねていたマ・ドンソクは、本作では肉体を生かした得意のアクションは封印し、学者役として脇に徹している。

あれほど世界で問題となった北の核爆弾のおかげで噴火を阻止し、韓国も救われるという発想の自由さには正直舌を巻いたが、今でも続く南北の緊張関係ゆえに、映画製作においても豊かな想像力が発揮され、韓国映画界の質を底上げしている点は否めない。思えばここ20年ほどの間に、韓国では何らかの「問題」を解決するために南北が力を合わせて立ち向かうといった映画が何本も作られてきた。軍事独裁の終焉とともに台頭した「同一民族主義」が根底にあるそれらの映画には、南北問題に対する韓国の思惑が少なからず反映されていると言える。そこで今回は韓国映画史を振り返りながら、反共に始まり、時代や政権の移り変わりによって共闘へと変化していく「映画から見える南北関係の変化」を辿ってみたい。

1948年の建国から軍事独裁が終わる1990年代前半まで、韓国では政権に抗う人々を弾圧し排除するための天下無敵の武器として「反共」が利用されてきた。映画もまた、その反共を美化し、国民を右傾化するプロパガンダの手段として使われてきた。当然のことだが、映画の中で韓国（時の政権）は常に「善」であり、北朝鮮はその善を正当化する「悪」の塊として描かれ、そのルールから逸脱すれば問題となった。たとえば、『7人の女捕虜』（1965）では北の人民軍に助けてもらった韓国の女兵士が彼を〝素敵〟と形容するシーンが「反共法違反」とされ、監督のイ・マニはKCIAから拷問を受け、裁判にまでかけられた。北朝鮮を良く描くということは1ミリたりともあってはいけなかったのだ。イ・マニ監督はその後「罪滅ぼし」のため、徹底した反共映画『軍番なき勇士』(1966)を撮らざるを得なかった。

1998年に金大中《キム・デジュン》政権が発足し、北朝鮮に対する融和政策「太陽政策」が本格化すると、反共にがんじがらめにされた硬直の時代もようやく終わりを告げ、反共映画も著しく変化を遂げることとなった。その幕開けを国内外に広く知らしめたのは『シュリ』(カン・ジェギュ監督、1999)である。北朝鮮のテロリストやスパイを「内面を持つ一人の人間」として描き、これまでの反共映画とは比較にならない進化を見せたのだ。とりわけ、金大中大統領の平壌訪問と金正日《キム・ジョンイル》総書記との南北首脳会談の実現は、北朝鮮との関係を敵ではなく同じ民族の視点から見直す動きに拍車をかけた。本作の南北共闘の根底にある「同一民族主義」は、この時代に形成されたものに他ならない。政治・社会・軍事など、あらゆる局面で対立はしていても、同じ民族ゆえに必ず融和できるはずだと訴える同一民族主義は、南北関係の進むべき理想の道とされてきた。しかし、豹変を繰り返す北朝鮮の態度はその限界を露呈させるものでもあった。だからこそ同一民族主義は韓国にとって「欲望」であり、その欲望を収斂する場として映画というファンタジーを必要としたのかもしれない。

南北兵士の密かな交流を描いた『JSA』(パク・チャヌク監督、2000)、南の男子大学生と北の女子大学生の恋物語『ラブ・インポッシブル〜恋の統一戦線〜』(チョン・チョシン監督、2003)、南北離散家族が偶然見つけた38度線付近の地下トンネルで再会する『再会の村、チョンソルリへようこそ』（キム・ジョンジン監督、2007）など、金大中の後を継いだ盧武鉉《ノ・ムヒョン》政権までは、南北統一はそう遠くないといったムードの中で、同じ民族であることを全面に出した映画が量産された。なかには、北朝鮮が故郷である病気の父のために家族全員が嘘の南北統一の世界を作るという『大胆な家族』（チョ・ミョンナム監督、2005）のような奇想天外な映画もあった。この作品は朝鮮戦争後初めて北朝鮮でロケをした韓国映画としても歴史に残っている。この時代の映画は、反共映画に反旗を翻した「反・反共映画」と呼んでも差し支えないだろう。ただ問題は、韓国のこのような思惑に対して北朝鮮側はどうだったかである。同一民族主義への韓国の願いは、残念ながら「片想い」に近いものだったと言わざるを得ない。

だがこのような同一民族主義に基づく映画は、保守派政権に変わるとすぐさま姿を消すことになる。政権交代によるその豹変ぶりは、北朝鮮のそれに負けないほどだ。保守派政権下になった2008年以降の李明博《イ・ミョンバク》と朴槿恵《パク・クネ》時代、南北関係はまたこれまでと方向を変えて進んでいく。ただし、さすがに軍事独裁時代の反共政策には戻れないため、映画における反共ぶりはかなり変形した姿で現れる。「反共映画」「反・反共映画」に続く新たな反共映画を、私は「新反共映画」と名づけたい。この時代の作品としては、人権問題の観点から北朝鮮を批判する『クロッシング』（キム・テギュン監督、2009）や、昔の反共映画に酷似しているものの実話に基づいていることを強調した『戦火の中へ』（イ・ジェハン監督、2011）がよく知られている。北に対する保守派政権の強硬な姿勢が反映されているものの、かつてのような一方的な表現はもはや成立しないという意味で「新反共映画」と言えるのだ。

そんな中、朴槿恵政権が重大な不正によって幕を閉じ、文在寅《ムン・ジェイン》政権に交替すると、金大中と盧武鉉を受け継ぐ文政権は当然「同一民族主義」に戻り、金・盧大統領同様、北朝鮮の最高指導者、金正恩《キム・ジョンウン》委員長と会談、再び韓国は南北融和の期待感に満ち溢れた。映画も再び「反・反共」に戻り、本作に代表される、南北が力を合わせて危機を乗り越えるといった作品が登場するようになった。『鋼鉄の雨』（ヤン・ウソク監督、２０１７）では、クーデターが起こった北朝鮮から、瀕死の「最高指導者」を南に運び出し治療するという展開で、「最高指導者」の後ろ姿やベッドに横たわる姿だけを断片的に見せる手法が斬新だった。これらの映画では、一致団結して難局を乗り越える南北のキャラクターの友情をメロドラマ的に描き、同じ民族ゆえにいかなる混乱も平和的に解決できるという同一民族主義への欲望が堂々と反映されている。

だが翻って現実はどうだろう。たとえば些細な揉め事が起こるたび、文大統領と金委員長の「融和」の象徴と言える開城《ケソン》連絡所を北朝鮮が一方的に爆破するなどといった態度は、同一民族主義があくまで韓国だけの思惑に過ぎないことを物語っていないだろうか？　もちろん、同じ民族同士が協力して問題を解決しようとする姿勢が間違っているとは思わない。ただどの映画でも結局のところ、南北融和のために犠牲になるのは北朝鮮側の人間であることを考えると、韓国側の同一民族主義にもまたご都合主義が潜んでいるという限界を思わずにはいられない。

エドワード・W・サイードは、著書『オリエンタリズム』(今沢紀子訳、平凡社、1986)で「想像的地理」という概念を展開する。西欧によって想像され描かれた東洋という地理が、あらゆる空想や作り話によって満たされた結果、「実在する東洋」は消え、西欧によって想像された「東洋化した東洋」だけが残るというものだ。この理論に基づくならば、韓国による同一民族主義は北朝鮮に対する「想像的地理」なのかもしれない。ただし西洋と東洋のようにかけ離れていない、隣り合っている南北では、白頭山大噴火のような両国にとって重大な事件が起こる場合には、最後の選択肢としての「南北共闘」はまだあり得るのかもしれない。非現実的でしかない「南北統一」の幻想に冷ややかな視線を送りつつ、そう考えてしまう私もまた朝鮮民族の一員なのである。

最後に余談だが、「反・反共映画」で南北それぞれの要人を演じる俳優を並べてみると、興味深い共通点が浮かび上がってくる。イ・ビョンホン、チョン・ウソン(『鋼鉄の雨』)、カン・ドンウォン(『義兄弟』)、ヒョンビン(『コンフィデンシャル/共助』)と名だたる二枚目俳優が北側の人間を演じているのに対し、南側を演じるのはハ・ジョンウ、クァク・ドウォン(『鋼鉄の雨』)、ソン・ガンホ(『義兄弟』)、ユ・ヘジン(『コンフィデンシャル/共助』)と、超がつく名優ながら容姿的には決して二枚目ではない(私はこっそり〝ジャガイモ顔〟と呼んでいる)俳優たちばかりだ。もちろんこの図式が当てはまらない作品もあるし、個々に異論もあるだろう。だがこのようなキャストをもってくることで、それまでの「反共映画」とは違うのだという作り手側の意図が一目瞭然になるとともに、北の軍服に身を包んだイケメンたちに観客がうっとりする効果を発揮するのは言うまでもない。

❿ 韓国とアメリカ・北朝鮮

『レッド・ファミリー』

北朝鮮スパイの歴史と映画が描く韓国の欲望

◎物語

仲睦まじい家族に見えるスンヘ（キム・ユミ）一家の本当の姿は、韓国に送り込まれた北朝鮮のスパイ団「ツツジ班」だ。班長で妻役のスンへは、夫役のジェホン（チョン・ウ）、娘役のミンジ（パク・ソヨン）、祖父役のミョンシク（ソン・ビョンホ）を率いて、脱北者など裏切り者の暗殺や、軍事施設の情報収集を行っている。一方、隣に暮らす韓国人一家は、身勝手で金遣いの荒い妻（カン・ウンジン）と、彼女に振り回される夫（パク・ビョンウン）の喧嘩が絶えず、息子のチャンス（オ・ジェム）や祖母（カン・ドウン）は途方に暮れている。スンへらはそんな隣家を資本主義のクズだと軽蔑するが、ミンジとチャンスが親しくなり家族同士の交流が始まると、次第に憧れを抱くようになる。そんな中、とある事情から「北朝鮮にいる家族のために手柄を立てよう」と焦ったスンへは、スパイとして大きなミスを犯してしまい、「ツツジ班」は処刑の危機に。「ミスを挽回したいなら隣の家族を始末しろ」と命じられたスンへらは、命令を果たすべく、彼らを誘って旅に出る。だが旅先では思わぬ結末が待っていた……。

原題：붉은 가족

製作：2013年（日本公開：2014年）　韓国／カラー／100分

監督：イ・ジュヒョン　脚本：キム・ギドク　撮影：イ・チュニ

出演：キム・ユミ、チョン・ウ、ソン・ビョンホ、パク・ソヨン、パク・ビョンウン、
カン・ウンジン、オ・ジェム

『うつせみ』（２００４）や『嘆きのピエタ』（２０１２）など、奇抜な物語と過激な映像表現で「鬼才」と称され、世界有数の映画祭で数々の賞を受賞してきたキム・ギドク監督。そんな彼が製作・シナリオ・編集を手掛け、愛弟子のイ・ジュヒョン監督にメガホンを取らせたことで注目を集めたのが本作、『レッド・ファミリー』だ。朝鮮半島における南北分断の現実を、北のスパイ団と南の一家族を通してユーモラスかつシリアスに描き、高く評価された。

韓国映画における「スパイ映画」は、朝鮮戦争直後の『運命の手』（ハン・ヒョンモ監督、１９５４）に始まり、近年の話題作『工作　黒金星と呼ばれた男』（ユン・ジョンビン監督、２０１８）に至るまで、数えきれないほど作られてきた。それぞれの映画を掘り下げていくと、政権が変わるごとに映画の内容やスパイそのものの描き方も変化していることがうかがえる。「反共」を何よりも国是としていた軍事政権下でのスパイ映画は、韓国に混乱をもたらし、社会転覆を狙って暗躍する北朝鮮のスパイを一網打尽にする物語がほとんどだった。映画に登場する北のスパイは、平気で韓国の人々を殺す殺人鬼であって、感情のある「人間」ではなかった。

ところが90年代に入って民主化が進むと、スパイ映画にも変化が現れ始める。とりわけ、北朝鮮に対するそれまでの敵対政策から、平和と共存を目指すいわゆる「太陽政策」への転換を打ち出した金大中《キム・デジュン》政権とそれを受け継いだ盧武鉉《ノ・ムヒョン》政権下では、「我々は同じ民族」と訴える映画が量産された。スパイ映画のテーマがイデオロギー（反共）からナショナリズム（民族的同一性）へと大きく流れを変えたのだ。『SPY　リー・チョルジン　北朝鮮から来た男』（チャン・ジン監督、1999）や『二重スパイ』（キム・ヒョンジョン監督、2003）などこの時期に作られた映画において、北のスパイはもはや殺人鬼ではなく、喜怒哀楽の感情や内面を持つ一人の人間として描かれていた。

このような流れは、保守派政権が続いた李明博《イ・ミョンバク》から朴槿恵《パク・クネ》時代にも止めることはできなかった。かつての軍事政権時代とは比べ物にならないほど進歩した民主的社会と、それに伴う北朝鮮に対する認識の変化によって、国民は昔のような「北朝鮮＝悪の塊」という単純で時代遅れのプロパガンダにはもう騙されなくなっていたからだ。こうした流れの中で作られたのが本作である。

「隣の仲良し家族が、実は北の恐ろしいスパイだった」という設定は、韓国映画だからこそリアルさを感じられる。実際、南北に分断されてからの北朝鮮は、物売りを装ったスパイから武装スパイまで、ありとあらゆる形で韓国にスパイを送り続けてきた。本作のように祖父から孫まで3世代家族に模したスパイというのはさすがに検挙例がないものの、夫婦を装ったスパイ事件は数多く存在することからも、本作の設定はあり得ない話ではない。

夫婦スパイと言えば、1997年に韓国社会を震撼させた「夫婦スパイ団事件」が有名だ。当時の報道によれば、「内乱煽動、要人暗殺、情報収集」を任務として夫婦を装って送り込まれた彼らは、潜入後まもなく、左派の政治団体関係者に近づこうとして怪しまれ、すぐに警察に通報されてあっけなく捕まってしまった。妻役のスパイは逮捕直後に隠し持っていた毒を飲んで自殺、そして夫役のスパイの供述に韓国社会は震え上がることになる。一つは、韓国に張り巡らされた北朝鮮のスパイ組織網には、ソウル大学の教授や地下鉄の運転手が含まれているということ。供述によってこれらの組織はすぐに潰されてしまったものの、スンへ一家のような身近な存在の中にスパイが潜んでいたという事実は、軍事政権の終焉後、薄れつつあった北朝鮮の脅威を改めて韓国国民に喚起させた。中でもソウル大の教授は、60年代から30年以上にわたってスパイ活動を続けてきたというから驚きである。

北のスパイは、北朝鮮から直接送り込まれる「直派スパイ」と、韓国人になりすまして定着した者や彼らに抱き込まれた韓国人スパイを指す「固定スパイ」の大きく2種類に分けられる。調べによると約2万人は存在すると言われる固定スパイの中には、ソウル大の教授のように朝鮮戦争で生き別れ、北に残された家族を人質にスパイ活動を強要される韓国人もいるという。本作でもスンへらツツジ班のメンバーは、仲間が失敗したり裏切ったりすることで、北にいる本当の家族に危害が及ぶことを常に恐れていた。

もう一つの供述は、夫婦スパイ事件の半年前に起きた「イ・ハニョン暗殺事件」に関わるものだった。イ・ハニョンとは、金正日《キム・ジョンイル》総書記の前妻ソン・ヘリムの甥にあたる人物で、スイス留学中の1982年に韓国に亡命、その後は総書記家族の暴露本を出版したり、北朝鮮の体制批判をしたりと常に暗殺の危険にさらされていた。韓国の情報当局ＫＣＩＡは当然彼の身辺警護にあたっていたが、一瞬の隙をついてイ・ハニョンは暗殺されてしまった。韓国側は犯人逮捕に失敗、北朝鮮は暗殺への関与を否定し続けたのだが、捕まった夫役スパイの供述で、北のスパイによる犯行であったことが明らかになった。「イ・ハニョン暗殺事件」の衝撃は大きく、保守系メディアは「安保不感症」「だらけた反共精神を引き締めよ」と鼻息を荒くし、巷では「早朝に背広姿で山から下りる者はスパイだ」とか、「タバコの値段を知らない者がいたら通報せよ」といった、ひと昔前のスパイの見分け方が再び取り沙汰された。本作での、北を批判する脱北知識人暗殺の場面は、もしかしたらこの事件がモチーフになっているのかもしれない。

一方で、これら一連のスパイ事件を、政府によるでっち上げだと危惧する声も少なからずあった。軍事政権下の1960~80年代には、反政府的知識人や大学生らをスパイに仕立て上げて弾圧を正当化するやり方が横行していたからだ。もちろん「密室・拷問」が当たり前だった軍事政権とは違い、1997年当時の政府は捜査から逮捕まですべて透明化していたので、懸念に過ぎなかったわけだが、韓国ではスパイや暗殺といった映画のような話が、今でも十分現実に起こりうるのだ。

だが、以上のような背景と照らし合わせて本作を見ると、一つ気になることがある。北のスパイを「脅威」としてではなく「同化」できる同じ民族・人間として捉えるのは良いのだが、その同化とはあくまでも「韓国への同化」だということだ。とりわけ、ラストシーンでスンへたちがチャンス一家を過剰なまでに真似する様は、それを強く物語っている。北朝鮮のスパイたちは、欠点は多いものの、のどかに暮らす韓国人家族を羨望し、夢見る展開になっているのだ。

本作に限らず、民族的同一性を訴えるナショナリズムが強調されるようになってからのスパイ映画の一つの共通点は、最終的には「韓国の良さ」を際立たせているということだ。これも捉え方によっては、「人権意識もない、過酷で劣悪な北朝鮮」と「人間らしく生きられる幸せな韓国」といった単純な二項対立の図式を通し、良し悪しを決め付けるプロパガンダに十分なり得ると言えるだろう。その意味では表現の違いこそあれ、結局のところ昔も今もあまり変わっていないことになる。強いていうなら「ハードな反共」が「ソフトな反共」に変わっただけということかもしれない。

※『レッド・ファミリー』の製作・脚本・編集を手掛けたキム・ギドク監督（2020年に新型コロナウィルス感染症によりラトビアにて死去）は『メビウス』（2013）の撮影中に出演女優に平手打ちをし、事前台本にはなかった性行為シーンやヌードシーンを強要したとして2017年に告発され、平手打ちなどの暴行については、罰金500万ウォン（約50万円）の略式命令が下った。また18年には、#MeToo運動のなかで別の2人の女優からセクハラ行為やレイプを訴えられた。コラムを書いた当時は「韓国映画に描かれる北朝鮮スパイの歴史」を振り返るためには本作が適切だと判断し、取り上げた。

❶ コリアン・ディアスポラ

『チスル』

韓国現代史最大のタブー「済州島4・3事件」への鎮魂歌

◎物語

1948年11月、米軍と韓国軍は済州島《チェジュド》に戒厳令を敷き「海岸から5キロ以上離れた中山間地域の島民は暴徒と見なし、無条件に射殺せよ」と命令を下した。村人たちはわけもわからないまま山奥へと逃げ、洞窟に身を隠しながら時間をやり過ごしていた。持ち寄ったジャガイモを分け合ったり、飼っている豚の心配をしたりと、他愛のない会話に興じる彼らだったが、本を取りに戻った少女スンドク（カン・ヒ）や、こっそり豚の様子を確認しに向かったおじさん（ムン・ソクボム）が殺されるなど、死の影は徐々に忍び寄ってくる。やがて捕えられた村人の一人が、命を助けてくれれば洞窟の場所を教えると裏切ったため、ついに洞窟は軍人たちに包囲されてしまう……。

原題：지슬

製作：2012年（日本公開：2014年）　韓国／白黒（パートカラー）／108分

監督・脚本：オ・ミョル　撮影：ヤン・ジョンフン

出演：ヤン・ジョンウォン、イ・ギョンジュン、ソン・ミンチョル、ホン・サンピョ、ムン・ソクボム、パク・スンドン、カン・ヒ悲しいことに、韓国の現代史にはいくつもの「虐殺」が刻み込まれている。そのほとんどは日本の植民地時代が終わり新たにアメリカが介入してくる中で生まれた、南北のイデオロギー対立を発端としたものであり、権力者の欲望と暴走によって多くの罪なき人々が犠牲となった。虐殺の多くは、事件から長い時間を経てようやく政府主導で真相究明が約束され、少しずつではあるが真実が明るみになっている。近年では「光州事件」を描いた『タクシー運転手〜約束は海を越えて〜』（チャン・フン監督、2017）『26年』（チョ・グニョン監督、2012）、「巨済島《コジェド》捕虜収容所の虐殺」をテーマにした『スウィング・キッズ』（カン・ヒョンチョル監督、2018）など映画の題材となることも多い。だがそれらの中でも、政府が公式に認めるまでもっとも時間のかかった事件が「済州島4・3事件」である。

「済州島4・3事件」とは、日本の植民地支配から解放された朝鮮半島が新たに米ソの覇権争いに巻き込まれ、南と北、左派と右派に分断される中で、済州島の島民たちが反共を掲げる当時の米軍政や李承晩《イ・スンマン》大統領によって〝アカ〟と見なされ、虐殺を受けたものである。韓国現代史上もっとも残酷で凄惨な虐殺と言われ、光州事件と同様、軍事独裁政権下では長きにわたって〝北朝鮮にそそのかされて起きた暴動〟とされてきた。民主化が進んだ90年代後半になってようやく、政府はこの事件を〝暴動〟ではなく〝虐殺〟と認めたが、それでも背景の複雑さや明らかになっていない部分の多さゆえ、いまだ映画化すら困難な題材なのである。だがそれでも、済州島でのこの虐殺を正面から本格的に描いた映画が存在する。それが『チスル』だ。

済州島出身のオ監督は、これまでも主に済州島にまつわる物語を映画にしてきた。代表作である『チスル』は、国内外で高く評価されたと同時に、韓国現代史の深い闇をテーマに据えた勇気ある試みが注目を集め、済州島での一般公開初日にはアン・ソンギやカン・スヨン、釜山《プサン》国際映画祭のキム・ドンホ名誉委員長ら、そうそうたる韓国の映画人たちが一堂に会したことも大きな話題を呼んだ。実話に基づいた『チスル』だが、映画では事件の原因や推移など、客観的な歴史的事実が語られることはほとんどない。監督自身「犠牲者に焦点を合わせたかった」と語っている通り、あくまで村人たちの目線で捉えているため、彼らが事情を飲み込めないままでいる以上、映画もまた必要以上の情報は伝えていない。だからこそ映画は、島民のほとんどが〝アカ〟ではないにもかかわらず、当時の歪んだイデオロギー対立の犠牲になり、わけもわからず殺されていったという歴史の残酷さ、理不尽さを浮き彫りにしていると言えよう。ただその中でも「4・3事件」を知る韓国人であれば己の知識と照らし合わせながら観ることができるが、日本人観客にとってはかなり難易度が高いように映るに違いない。そこで以下では、「済州島4・3事件」の全体像を大事なポイントとともにたどってみよう。

1945年8月15日以降、日本による植民地支配から解放され自由を得た喜びも束の間、朝鮮半島は瞬く間に北緯38度線を境に南北に分けられ、「南＝米軍」、「北＝ソ連軍」による「軍政」が開始された。同時に、南は李承晩、北は金日成《キム・イルソン》がそれぞれ米ソと結びついて基盤を固め、早くも「南／北」「右／左」の対立構造が形成されていったのである。南北問わず統一国家の建設を夢見ていた多くの朝鮮人たちはもちろん猛反発したが、実際にどのような国家を作るのかという問題においては、右派による資本主義国家、左派による共産主義国家、両者ともに一歩も譲らず膠着状態に陥ってしまう。親米反共主義者の李承晩はついに〝アカには話が通じない〟と南だけの単独政府樹立を主張したため、全国各地で反対運動が巻き起こり、左右は至る所で衝突、朝鮮半島はますます混乱を極めていった。

こうした状況の中、1947年3月1日に済州島で予期せぬ事故が発生する。「3・1独立運動」の記念式典終了後、群衆たちの警備・監視にあたっていた騎馬警察の馬に蹴られた子どもが大怪我を負ったのだ。応急処置もとらなければ謝罪のひとつもない警察の態度に対し、激怒した群衆が投石によって抗議すると、警察は暴動が起きたと勘違いして発砲、女性や子どもを含む6人もの死者が出てしまった。この事件をきっかけに済州島民たちの米軍政に対する印象は極度に悪化していったが、米軍政も警察側の対応は正当防衛だったとして責任追及はせず、逆に〝暴動〟の参加者の割り出しに躍起になった。3月10日、島民たちが各地でストライキに突入すると、米軍政は強硬鎮圧に乗り出した。この事件が発端となり、「済州島4・3事件」に繋がっていく。

強硬鎮圧の際に米軍政から派遣された警察の中に、悪名高い「西北《ソブク》青年会」（以下、西北）という極右団体がいた。北出身の彼らは、解放後、共産主義思想に異を唱えたことで「反動分子」と見なされ、家族を殺されるなどして南に逃げてきたのだ。〝アカ〟に対する憎悪に燃える彼らは李承晩にとって格好の手先となり、先頭を切って済州島に乗り込んでストライキ主導者たちの検挙と弾圧を行った。情け容赦のない彼らの暴力は民間人たちをも巻き込み、事態は悪化の一途をたどっていった。映画に登場する兵士たちの中にも北訛りの暴力的な人物が描かれているが、映画『1987、ある闘いの真実』でアカ狩りの先頭に立つ北出身のパク所長（キム・ユンソク）が、共産主義者に対する憎しみに動機づけられていたことを思い出すとわかりやすいだろう。こうして1948年4月3日、済州島ではついに左派を中心とする武装蜂起が起こり、右派やその家族を殺害する事件が勃発した。これが「済州島4・3事件」の始まりである。

米軍政は警察や軍、西北を増派し、さらに強硬な弾圧を繰り広げたが、平和的な解決を求める動きがまったくなかったわけではない。同じ民族同士の殺し合いは止めようと、軍の指揮官と武装隊の隊長による平和協議が進められ、一時は血を流すことなく事態が収拾される期待も高まった。だが結局、指揮官に反感を持っていた右派による左派への襲撃で交渉が決裂、軍の指揮官は転属させられてしまう。一方、国連に持ち込まれていた統一政府樹立のための「南北総選挙」は、人口比例による議席配分によって北側が不利になるという理由からソ連が受け入れず、実現には至らなかった。その結果、1948年5月10日、李承晩が当初から望んでいた通り、南だけの総選挙が実施された。だが済州島では武装隊が投票所を襲撃、3つの投票所のうち2つが破壊される選挙妨害事件が起こった。当然米軍政は激怒し、このときから済州島ははっきりと〝アカの島〟の烙印を押されることになる。総選挙後、韓国初の国会が構成され李承晩が初代大統領に選出、米軍政の時代は終わりを告げて、同年8月15日に韓国政府が誕生したのである。

こうして「反共」を大々的に掲げた李承晩政権によって、済州島の武装隊討伐と島民をアカに仕立て上げての「アカ狩り」作戦は一層エスカレートしていった。海と山からなる済州島で、武装隊は山間部に隠れて活動していたことから、政府は海岸線から5キロ以上離れた中山間地域、山岳地帯を通行禁止区域に設定、区域内に入れば暴徒と見なして無条件に射殺してよいという命令を下す、「焦土作戦」を決行した。この作戦は朝鮮戦争を経て休戦後まで続き、１９５７年に最後の武装隊員が逮捕されて「済州島４・３事件」はようやく終結したが、島の人口の約10%にあたる3万人近くの人々が犠牲になった。そのほとんどが武装隊とは縁のない一般島民であったことは言うまでもない。軍事独裁政権時代にはタブーとされてきたこの事件への真相究明の動きが本格化したのは、１９９８年に金大中《キム・デジュン》が大統領になってからである。選挙公約として犠牲者や遺族の名誉回復と真相究明を掲げた金大中は、２０００年に「済州４・３特別法」を成立させ、これを引き継いで２００３年には盧武鉉《ノ・ムヒョン》大統領が現役大統領として初めて国家暴力の事実を認め、犠牲者に対し正式に謝罪した。２０２１年2月には特別法の全面改正案が国会で成立し、事件から73年を経てようやく被害者への補償の道も開かれ、事件は初めて遺族に寄り添う方向を向いたのである。

以上が「済州島４・３事件」の全体像だ。実態はさらに複雑で、単純に善悪の分類ができない部分も多い。だが島民の多くは、夜に山から降りてきた隣人にご飯を分け与えたとか親しい知人を一晩かくまったといった、近所付き合いの延長に過ぎないささやかな親切によってアカの濡れ衣を着せられ、有無を言わさずに殺されてしまった。その悲劇は紛れもない真実である。済州島出身のオ・ミョル監督もまた、身近にそうした悲劇を抱えていただろう。だが監督は済州島の悲劇を声高に主張するのではなく、一見して静かに、あえて私的な物語としてこの映画を作り上げた。その狙いは何だったのだろうか。

本作は、漢字とハングルで記される4つの章から成り立っている。「神位（신위《シニ》）」「神廟（신묘《シンミョ》）」「飲福（음복《ウンボク》）」「焼紙（소지《ソジ》）」、これらはそれぞれ先祖を祀り、死者を慰める韓国の伝統的法事「チェサ」の儀式を意味している。チェサで行われる儀式に沿って構成された本作が意図しているのは〝犠牲者たちの鎮魂・慰霊〟と言えるだろう。では監督は、それぞれの章で何を描いたのだろうか。

1「神位」＝「魂を召喚する」

チェサでは白い紙に死者の名前を書き、供え物と一緒に壁に貼っておくと、魂がそこに降りてくる。映画の冒頭、冬を迎えた済州島にまるで神位に降りてくる魂のように村人や軍人たちが現れる。悲しい歴史の幕開けが暗示されると同時に、映画を通して犠牲者の魂を召喚し、鎮魂しようとする儀式としての映画の始まりが告げられる。

2「神廟」＝「魂が留まる場所」

神廟は先祖を祀る祠堂を示す。その象徴が、本を取りに行って軍人に捕らえられ、輪姦された末に殺されるスンドクだ。殺害された彼女の裸体は、島の中山間地域に広がるなだらかな稜線とオーバーラップし、その瞬間、島全体が神廟となる。静かだが力強いそのメタファーは、映画全体の白黒の映像と相まって、水墨画のような美しさを放つ。

3「飲福」＝「魂が残した食べ物を分け合って食べる」

チェサが終わると供え物を皆で分け合って食べるが、映画ではムドンの母を通して描かれる。身重の妻を抱えるムドンが、足が悪いからと一人家に残った母親を心配して家に戻ると、母は西北出身と思われる軍人に殺され家ごと焼き払われていた。ムドンは母が最期に残したジャガイモを洞窟に持ち帰り、何も語らずに皆に配って食べる。母が残したジャガイモは、飢えた村人を救う糧になる。

4「焼紙」＝「神位を焼きながら願いを訴える」

チェサの最後に行われる焼紙は、死者の名を記した紙を焼きながら、魂が天に向かって煙のように飛んでいくことを願う儀式である。ここに至ってようやく、監督が意図した「犠牲者の鎮魂」は無残に殺された島民だけではなく、激動の歴史の中で加害者にならざるを得なかった軍人たちの慰霊も含まれていたことに気づかされる。映画にも描かれたように、軍の内部には実際アカ狩りに反感を持つ者も多く、あまりにも容赦のない上官の命令に反発して逆に上官を殺すという事件も起きていた。ある意味では彼らもまた犠牲者であり、一人一人の死者に舞い降りる「神位」を「焼紙」していくラストシーンには、そうした監督の心の内が投影されているように見える。

本作のタイトル「チスル」とは、「ジャガイモ」を意味する済州島の方言である。「命の糧」の隠喩とも捉えられる本作において、チスルは村人同士が大事に分け合うだけでなく、軍人たちにとってもまた大事な食糧である。村人にも軍人にも死者に対しても分け隔てなく与えられるチスル(＝命)には、左も右もなく、人間の命はイデオロギーによって失われるべきではない──済州島出身の彼だからこそ到達できる境地がこの映画を作らせたと言えるだろう。済州島は、地理的な特徴や朝鮮とは異なる独自の文化や言語を持っている点、そして何より悲劇的な歴史の記憶を持ち、国内においても本土のスケープゴートを押し付けられてきた点において、沖縄と似ているところがある。沖縄の言葉を用いて沖縄で映画を撮り続ける高嶺剛という映画作家がいるように、オ・ミョル監督もまた、済州を撮り続ける作家であってほしい。監督は「僕にとって済州島は物語の宝箱」だという。彼にとって唯一無二の存在である済州は、次はどう描かれるのだろうか。

⑫ コリアン・ディアスポラ

『焼肉ドラゴン』

彼らが日本《ここ》にいる理由
家族史に見る「在日」の終わらないディアスポラ

◎物語

1969年、高度経済成長を達成し翌年に万博を控える大阪。空港近くの集落で小さな焼肉店「焼肉ドラゴン」を営むのは、太平洋戦争に動員され左腕を失った金龍吉（キム・サンホ）と、戦後済州島《チェジュド》での大混乱の中、日本に逃げてきた高英順（イ・ジョンウン）だ。龍吉は静花（真木よう子）と梨花（井上真央）、英順は美花（桜庭ななみ）をそれぞれ連れて再婚し、二人の間には長男・時生（大江晋平）が生まれ、6人で暮らしている。李哲夫（大泉洋）との結婚を控える次女・梨花は、幼少期の事故で片足が不自由な長女・静花を秘かに想う哲夫に不満を募らせ、クラブで働く三女の美花は、妻帯者の長谷川（大谷亮平）と不倫関係にあり、私立学校に通う末っ子の時生は、いじめが原因で失語症に陥っている。けっして平穏とは言えないが、仲間や常連客たちと明るく生きてきた一家に、ある日大きな悲しみが訪れる……。

原題：焼肉ドラゴン　原作：鄭義信作「焼肉ドラゴン」、2008年初演（演劇）
製作：2018年　日本／カラー／126分
監督・脚本：鄭義信　撮影：山崎裕
出演：キム・サンホ、イ・ジョンウン、真木よう子、井上真央、大泉洋、桜庭ななみ、大谷亮平カンヌ国際映画祭やアカデミー賞の受賞により、韓国映画の知名度を世界に高めた『パラサイト半地下の家族』（ポン・ジュノ監督、２０１９）。本作の出演者はそれぞれ躍進を果たし、新旧の出演作が注目を集めているが、中でも物語に決定的な転換点をもたらす家政婦を演じたイ・ジョンウンが、かつて日本映画に出演したことはもっと注目されていいだろう。数々の映画やドラマで味のあるバイプレイヤーとして評価されている彼女は、１９６０年代を舞台に在日コリアンの家族を描いた『焼肉ドラゴン』で一家の母親を演じていた。本作はれっきとした日本映画だが、日本にとってより身近な朝鮮半島出身の、いわゆる「在日」と呼ばれる人々の存在は避けて通れないテーマである。常に差別や偏見の対象となり、現在でもヘイトスピーチと闘いながらこの国で生きている彼らの背景を知ることで、在日に対する理解が少しでも進んでほしいと願う。

日本には大勢の在日が暮らしている。その呼び名は、それぞれの立場や信念、国籍などによって「在日朝鮮人」「在日韓国人」「在日朝鮮・韓国人」「在日コリアン」と様々だが、ここでは、韓国や朝鮮といった切り分けを乗り越えようと使われ始めた「在日コリアン」と表記することにしよう。だが一般的には「在日」と略して呼ばれることが多く、日本に住まう（＝在日）外国人は他にもたくさんいるにもかかわらず、「在日＝在日コリアン」という等式が成り立っている。それはやはり、帝国／植民地という特殊な歴史的事情が大きいと言えるだろう。

１９１０年の韓国併合から１９４５年の日本の敗戦までの植民地時代、大勢の朝鮮人が様々な理由から海を渡って日本にやってきた。朝鮮総督府の土地調査により土地を失った農民が日本に出稼ぎにやってきたり、労働者徴用の政策によって炭鉱や工場に送られたり、戦争末期には日本軍として徴兵されるなど、敗戦直後の時点でその数は約２００万にものぼっていたという。そのうち約１４０万人は朝鮮に帰っていったのだが、日本に生活の根を下ろしていたり、帰る場所をなくしたり、帰国船の出る場所までの交通費すら用意できないなど、これまた様々な理由から約60万人は日本に留まることになった。さらに一度は帰国しても、その後の南北分断や朝鮮戦争といった混乱により舞い戻った人々も含めて、戦後の「在日コリアン」が形成されていったのである。

だが、日本に支配されていた時代から解放され、民族教育を訴えつつ日本人と対等な立場に立とうとする朝鮮人たちを、日本政府は文字通り「厄介者」扱いした。１９４７年に実施された「外国人登録令」は、実質的には64万の在日外国人のうち60万を占めていた朝鮮人を日本社会から排除・管理するための法であった。その後、１９６５年の日韓基本条約によって在日コリアンの日本居住が認められたものの、納税などの義務は日本人と同じく課される一方で、戦争被害に対する請求権の対象からは外され、就職や教育において理不尽な差別を受けるなど、マイノリティとしての闘いと共存への模索を続けながら現在に至っている。

日本人にとっては大差ないように見えるかもしれないが、一般的に、65年の日韓基本条約を境に、それ以前から日本に暮らしている朝鮮人はオールド・カマーの「在日コリアン」、それ以後に日本にやってきた韓国人はニュー・カマーの「移民」と分かれており、在日コリアンは私のように留学生から「一般永住者」になった移民とは明らかに異なる歴史的文脈を持っている。では在日コリアンの歴史的文脈とはどのようなものだろうか。本作を手がかりに見ていこう。

鄭義信《チョン・ウィシン》監督は、劇団「新宿梁山泊」の主宰者として演劇界では名高い存在だが、映画では崔洋一監督作品で共同脚本を執筆するなど、主に脚本家として活躍してきた。元々戯曲として書かれた「焼肉ドラゴン」は、2008年に日韓共同で上演されて高く評価されると、その後も再演を重ねた鄭の代表作である。自身の戯曲の映画化に際し初めて監督も務めた彼の元には、人気俳優らが集い、在日コリアンの家族のしたたかな生き様を時にコミカルに、時にシリアスに描いている。本作は一見、普遍的なホームドラマのようでもあるが、一歩踏み込めばそこには激動の歴史が横たわっている。とりわけ、穏やかで優しい父親である龍吉が淡々と語る家族の歴史に登場する二つの事件「帰国船の沈没」と「済州島の虐殺」は、在日コリアンの過酷な歴史を物語るものである。

日本に来てひたすら「働いて働いて……」生きてきた龍吉は、戦争が終わり朝鮮半島に引き揚げようとしたものの、梨花が風邪を引いて船を一便遅らせたところ、前の船が沈没し全財産を失ったと語る。当時、機雷や強風、高波による帰国船の沈没事故は度々発生しており、特に不思議ではないのだが、中でももっとも悲劇的だったのが、1945年8月24日に起こった「浮島丸事件」だった。大勢の朝鮮人労働者を乗せて青森を出港し釜山《プサン》に向かっていた浮島丸が、米軍が海底に敷設した機雷と接触して爆発、沈没して朝鮮人524人と日本人乗船員25人が犠牲になったとされるものだ。だが韓国側は、日本政府が事件を隠蔽・矮小化したとして、実際は「自爆による沈没」「犠牲者は5000人以上」にのぼると主張しており、事件から75年以上が経った今でも日韓で大きな食い違いを見せている。船体は1954年に引き揚げられ、沈没した舞鶴の港には慰霊碑が建てられて毎年追悼式が行われている一方で、日本に安置された遺骨の返還問題も未解決のまま残っている。生存者の高齢化が進むなか、真相究明は今後ますます難しくなるに違いない。最近では市民団体が「浮島丸号の沈没は朝鮮人虐殺だ」と世界に向けて発信する計画が浮上するなど、事件の見直しを求める動きも活発化している。龍吉が乗ろうとした船が「浮島丸」かどうかは語られないが、少なくとも在日コリアンが生まれた要因の一つに「度重なる帰国船の沈没」があったことは確かである。

もう一つの「済州島の虐殺」とは、韓国現代史最大の悲劇「済州島4・3事件」を指している。植民地から解放された後、朝鮮戦争に至るまでの間、朝鮮半島ではアメリカとソ連の軍政が敷かれ、南の李承晩《イ・スンマン》と北の金日成《キム・イルソン》が米ソの力を背景に基盤を固め、激しく対立する日々が続いていた。朝鮮民族による新生独立国家を作るという夢は次第に遠のくなか、その夢がまだ残っていた済州島では、島民たちが反共を掲げる李承晩によって「アカ」と見なされ弾圧の対象にされていった。1948年にアメリカ主導で新政府が樹立されると、済州島では島内で対立を深めていた左派と右派のうち、左派による武装蜂起が起こり、1957年に最後の武装隊員が逮捕されて事件が終結するまで、その鎮圧の過程で実に多くの民間人が「アカ」にされ殺されたのである。全貌はいまだわかっていないが、政府の記録によれば少なくとも2万5000~3万人が犠牲になり、実はその倍以上が虐殺されたとも言われる。

　済州島の親兄弟や親戚が皆殺しにされ、村が丸ごと焼かれたと語るように、想像を絶する残酷な虐殺の結果、龍吉は帰る故郷まで失ってしまったのだ。元々朝鮮半島内での差別や貧困に苦しんできた済州島民たちは、植民地時代から日本に渡ってくる人の数が多く、とりわけ１９２２年に定期連絡船「君代丸」が開設されて以来、済州島―大阪間の渡航が急増したこともあって大阪には済州島出身の在日コリアンが多いと言われてきた。それが「４・３事件」によって虐殺の恐怖と混乱に陥ったことで、美花を連れて逃げてきた英順のように島民たちは安全な場所を求めて再び日本にやって来たのである。ちなみに、この事件の犠牲者や遺族の名誉回復と真相究明のための「済州４・３特別法」が２０００年に成立し、２００３年には当時の盧武鉉《ノ・ムヒョン》大統領が初めて国家暴力を認め、犠牲者に対して正式に謝罪をしている。

　龍吉家族のしたたかさは、こうした悲しく残酷な歴史に屈せず生き延びてきた生命力そのものであったかもしれない。そして「韓国には帰れない、帰らない」という強い意志ゆえに、龍吉は息子にもいじめに屈しない強さを求めてしまったのだろう。「焼肉ドラゴン」が終わりを告げた後、家族は帰国船に乗って北朝鮮を目指したり、韓国に渡ったり日本に残ったりと、それぞれの道を歩み始める。それはもちろん、自らの居場所を求めた選択の結果であるが、朝鮮半島から生まれたコリアン・ディアスポラが、さらに在日ディアスポラへと展開していく様を見ていると、歴史に翻弄されること、その計り知れない運命の重みを感じずにはいられない。

⑬ コリアン・ディアスポラ

『ミナリ』

アメリカは「夢」か「逃避」か？ さまよう韓国人たち

◎物語

舞台は1980年代のアメリカ。韓国系移民のジェイコブ（スティーヴン・ユァン）は、家族を連れてアーカンソー州の田舎に引っ越してくる。妻のモニカ（ハン・イェリ）とヒヨコ鑑定の仕事に従事しつつ、長年の夢である農場作りを実現するためだ。心臓に病気を抱える息子デビッド（アラン・キム）や長女のアン（ノエル・ケイト・チョー）ら、家族を顧みずに夢ばかり追う夫に妻は不満を爆発させ、新しい住処となったトレーラーの中で2人の喧嘩は絶えない。そこで彼らは、韓国からモニカの母スンジャ（ユン・ヨジョン）をアメリカに呼び寄せ、一緒に暮らすことにする。唐辛子の粉や漢方薬、ミナリの種をカバンいっぱい詰め込んでやって来た祖母は「ザ・韓国のおばあちゃん」であり、花札に興じて奇声をあげる祖母の姿に、デビッドは思い描いてきた「グランマ」とのギャップを感じつつも、徐々に心を開いていく。一方、ジェイコブはなんとか農場を成功させようと必死で仕事に励むのだが……。

原題：미나리／Minari
製作：2020年（日本公開：2021年） アメリカ／カラー／116分
監督・脚本：リー・アイザック・チョン 撮影：ラクラン・ミルン
出演：スティーヴン・ユァン、ハン・イェリ、ユン・ヨジョン、ウィル・パットン、スコット・ヘイズ、アラン・キム、ノエル・ケイト・チョー

『パラサイト　半地下の家族』（ポン・ジュノ監督、2019）が世界を席巻し、スタッフ・キャストがチョンワデ（大統領官邸）に招待されて、劇中に登場するジャンクフード「チャパグリ」を食してからちょうど1年。歴史上、金大中《キム・デジュン》（平和賞）をのぞいていまだにノーベル賞受賞者が現れていない韓国で、メディアが「ノーベル賞を一度に4つもらったのと同様」と騒ぎ立てたように、『パラサイト』旋風はそれほど非現実的なことであり、もう二度と見られないであろう光景のはずだった。ところが翌年、ブラッド・ピットが代表を務める〈PLAN B〉等の製作による「アメリカ映画」ではあるものの、監督やメインキャストは韓国系であり、「ミナリ（미나리＝セリ）」というタイトルも含めセリフの8割以上が韓国語である『ミナリ』がアカデミー賞6部門にノミネートされ、祖母役のユン・ヨジョンが助演女優賞を受賞すると、韓国は「韓国映画とも言える」作品の快挙に再び興奮のるつぼと化した。名誉なことはすべて「ウリ（우리＝我々）」を主語に語りたがる韓国人の特性も垣間見られるエピソードだが、いずれにしても韓国人にとって本作が「どこか別の国の物語」ではなく「自身の物語」として感情移入できる作品であることは確かである。

『ミナリ』が描いている「アメリカに移民した韓国人家族」は、決して珍しい存在ではない。韓国では朝鮮戦争後から現在に至るまで、アメリカに移民する者、移民したいと願う者が後を絶たないからだ。劇中で家族が移民した背景は詳しく語られないものの、単に「他国に移住する」だけでなく「祖国を捨てる」意味合いを持つ「移民」は、韓国社会の暗部を浮かび上がらせる存在でもある。監督自身の経験を元に、多大な苦労を重ねながらアメリカの片田舎に定着を試みる韓国系移民の家族を描いた本作は、その過程で浮かび上がる普遍的な家族愛や家族の絆が広く共感を呼んだと言える。チョン監督も「これは移民ではなく家族の物語」と語っており、映画の主題が「移民」ではなく「家族」に重きを置いていることも確かだ。だがやはり、本作が世界最大の移民大国であるアメリカで特に評価されたのは偶然ではないだろう。多くのアメリカ人は、自身や家族がかつて移民として経験した苦楽をこの韓国系家族に重ね合わせ、同じ移民としての自分たちのルーツに想いを馳せたはずだ。

移民の理由について、劇中でジェイコブは「韓国では暮らせなかった」と呟くのみだったが、そこにどのような過去が見え隠れしているか、韓国におけるアメリカ移民の歴史とその変遷から考えてみよう。

韓国政府の記録によれば、日本による植民地化の真っ只中にあった1903年、ハワイのサトウキビ農場に労働者として移住した朝鮮人たちが最初の移民とされている。当時の朝鮮人たちは、日本からの弾圧や経済的な貧困を理由に満州や日本に移住しただけでなく、中にはアメリカに渡った人々もいたのだ。こうして始まったアメリカへの移民は第二次世界大戦後になっても続き、とりわけ朝鮮戦争後から60年代にかけては、米軍と結婚してアメリカに渡る女性たちが後を絶たなかった。当時、米軍と何らかの「接点」を持ち得たのは米軍相手の「洋公主《ヤンゴンジュ》（売春婦）」だけという認識が蔓延しており、周囲から常に冷ややかな目で見られ後ろ指をさされたので、どのような立場であれ、米軍人と結婚した女性にとってはアメリカに渡るのが最善だったのである。米兵との結婚が今でもあまり良く思われないのは、そういった偏見や差別意識がまだ残っているからかもしれない。

70年代に入ると、アメリカに渡るのは人材養成のために国が選抜した国費留学生や、会社から派遣される駐在員が中心になっていく。彼らは正確には「移民」とは言えないものの、その多くがそのままアメリカでの定着を選んだために、政府の記録上は移民として分類される。韓国からすれば人材の流出にあたるが、当時の韓国が朴正熙《パク・チョンヒ》軍事独裁政権下であったことを考えると、韓国にはありえない「自由」をアメリカに求めた彼らの気持ちは十分に理解できる。そして、この時代にアメリカに渡ったのが優秀な「選ばれし者」だったことから、「アメリカに行くこと」に対する羨望の眼差しが生まれ、長きにわたって続いていく。海外旅行が自由ではなかった時代、国外に出ることはある意味「特権」でもあったのだ。

そして80年代、「アメリカン・ドリーム」が本格化しアメリカへの移民が絶頂期を迎えた。本作の時代背景もまさにこの時期にあたるのだが、それを象徴するのがジェイコブ夫妻の仕事である「ヒヨコ鑑定」である。韓国では80年代「ヒヨコ鑑定士」という資格が人気を博し、ヒヨコがオスかメスかを鑑定するスピードと正確さを競い合う大会も開かれ、優勝者は新聞で大きく取り上げられた（ちなみに鑑定されたヒヨコは、卵を産むメスのみが選別され、役に立たないオスはそのまま廃棄される）。いささか滑稽にも見えるこの資格がこれほどまでに人気だったのは、「アメリカ移民の近道」として大々的に宣伝されたからに他ならない。小さな手と器用さ、正確さ、真面目さが必要とされるヒヨコの性別鑑定には、大柄なアメリカ人よりもアジア系の方が適格だったようで、韓国はそこに目を付けたのだ。当時、私の知り合いにもヒヨコ鑑定士になってアメリカに渡った人がいた。彼女は高校卒業後、大学に進学せずに鑑定士の資格を取りアメリカの養鶏場に就職して海を渡ったのだが、軽度の知的障害を抱えながらも、恐るべき集中力によって現地でとても成功したらしい。後から彼女の「稼ぎがいい」という噂を聞いた母が、私の姉に向かって「あなたも資格を取っておけばよかった」と悔しそうに言ったのをよく覚えている。

私の両親がまさにそうだったのだが、当時の韓国には、アメリカという国は韓国にいたら決して味わえないような成功を実現してくれる美しい国、というイメージがあったのだ。実際韓国語ではアメリカを「美国《ミグク》」と書き表す。１９８７年の民主化宣言によって海外旅行が自由化されると、今度は就職移民のみならず不法滞在が急増する事態を生んだ。不法滞在移民は、偽装結婚して永住権を得たのちに離婚し、韓国にいる家族をアメリカに呼び寄せるというパターンがもっとも多いが、このあたりの事情はアン・ソンギ主演の『ディープ・ブルー・ナイト』（ペ・チャンホ監督、１９８５）に詳しいので、機会があればぜひご覧いただきたい。

だが80年代のアメリカ移民は、単にアメリカン・ドリームに浮かれていただけではない。80年代はまた、１９７９年の朴正熙暗殺後に台頭してきた全斗煥《チョン・ドファン》率いる新軍部による、軍事独裁継続の時代であったことも忘れてはならない。80年に起こった光州事件は、実際に多くの韓国人が「韓国を捨てる」要因ともなったし、今現在、光州事件で犠牲を被った証言者の中には、アメリカやカナダへの移民が少なくないのだ。もちろんジェイコブのセリフから彼の事情を特定することはできないが、彼らが軍事独裁から逃れてアメリカにやってきたという可能性は十分に考えられる。

90年代以降は現在に至るまで、アメリカに移民してすぐに事業を始められる十分な財産を持った「投資移民」が中心を占めるようになった。だがここで一つ単純な疑問が生じる。軍事独裁が終わって民主化が実現し、これまでのように激動の歴史に振り回されることがなくなった今、韓国に住み続けることになんら心配はないはずなのに、なぜ移民は止まないのだろうか。数年前、韓国のテレビショッピングで「カナダへの投資移民」を販売したところ、あっという間に完売したことが大きな話題となったが、チャンスがあれば韓国を離れたいという意識が根強いのはなぜなのだろう。

この疑問を考える一つの例として「遠征出産」なるものを紹介しよう。これは、出生地主義を掲げるアメリカの特性をうまく利用したもので、臨月ギリギリの妊婦たちが団体でアメリカに赴き、そこで出産をすることで、アメリカで生まれた子どもに市民権が与えられるという戦略だ。そこまでして子どもにアメリカ国籍を持たせようとする韓国の母親たちの頭にあったのは「兵役」という義務である。よく知られているように、韓国人男子には「兵役」の義務があり、私の時代は2年半、今でも1年6ヶ月という兵役が課される。だが韓国とアメリカの二重国籍を持っていれば、兵役前にアメリカ国籍を選択することで兵役を逃れることができるというからくりになっている。どうにかして我が子を軍隊に行かせず、より楽な人生を送らせてあげたいという親心が生み出した技とも言えるが、我が子だけは行かせたくないが他所の息子の兵役逃れは許せないというのが、歪んだ韓国ナショナリズムの興味深い部分でもある。

２００２年、当時韓国で人気を誇っていたユ・スンジュンというミュージシャンが、散々兵役を遅らせた挙句、アメリカで叶えたい夢があるとの理由で韓国国籍を捨て、アメリカ国籍を選んだというニュースが韓国を駆け巡った。彼が遠征出産の申し子であるかは別として、二重国籍を有していた彼が兵役逃れのためにアメリカ国籍を選んだことは明らかであり、国中の大バッシングに発展、政府は彼に入国禁止を言い渡すまでに至った。あれほど人気者だった彼だが、二度と韓国で活躍する姿は見られなくなったばかりか、その後に法律まで変わり、今では二重国籍による兵役逃れができない仕組みになっている。

わかりやすい兵役をめぐる問題はさておき、いずれにしても儒教的な縦社会の韓国では、少しでも人より上に立つことが「より良い人生を保証する」ことを意味し、そのもっとも明確な方法が「アメリカ移民」という選択だったことは間違いない。現地で実際に成功を収めるかどうかにかかわらず、アメリカに行くことそれ自体が一種の「身分の上昇」を意味していたからである。韓国ドラマや映画の中で、在米韓国人が常に憧れの対象として描かれてきたのも、そうした韓国社会を反映したものである（ジェイコブを演じたスティーヴン・ユァンは、『バーニング　劇場版』では裕福な在米韓国人を演じていた）。どうやら韓国人のアメリカ移民の背景には、歴史や軍隊の制度だけでは片づけられない、根深い「韓国的な事情」が潜んでいるようだ。

最後に、私の大好きな詩人ファン・ジウが1983年に発表した「鳥たちもこの地を去って飛んでいく」という詩を紹介して終わりにしよう。軍事政権下の韓国では、映画館で本編が始まる前に必ず国歌が流れ、観客は起立してスクリーンに映る観光名所の映像を見なければならなかった。その映像は鳥たちが空に向かって飛び立つ場面で終わり、それと同時に観客たちは席について映画の始まりを待つのだが、飛び立つ鳥と対照的に席に座る観客の様子を、この詩人は「独裁から逃れてこの地を去りたいのに、留まり続けることしかできない現実」の風刺として表現したのである。韓国で現在まで続くアメリカ移民の現象は、長く続いた辛い歴史が無意識に抑圧され、韓国を離れたい欲望として表れていると言えるかもしれない。

「ミナリはどこにでもよく育つ」というユン・ヨジョン演じる祖母の言葉通り、一度移民をしてしまえばどうにかこうにか、韓国での暮らしよりはマシな人生が待っている。韓国人は今でもそう信じているのではないだろうか。

⑭ コリアン・ディアスポラ

『ミッドナイト・ランナー』

民族の再会から他者の排除へ　韓国映画は朝鮮族をどう描いたか

◎物語

肉体派のギジュン（パク・ソジュン）と頭脳派のヒヨル（カン・ハヌル）は警察大学の同級生。二人はある晩、女性との出会いを求めて遊びに行ったクラブからの帰り道で、若い女性が拉致され車で連れ去られる現場を目撃する。二人は早速、学校で習った捜査の知識を総動員し、チャイナタウンにある犯人のアジトにたどり着く。犯人たちは、若い女性の卵子を集め、不妊治療の病院に不法に売りつけるといった犯罪に手を染めた朝鮮族だった。彼女たちを助けようと立ち向かう二人だったが、逆に捕まって監禁され、辛うじて脱出するも、他の捜査が詰まっているからと警察からは後回しにされてしまう。正義感と使命感に燃える二人は、ついに自分たちの手で女性たちを救出しようと計画を立てる。

原題：청년경찰
製作：2017年（日本公開：2018年）　韓国／カラー／108分
監督・脚本：キム・ジュファン　撮影：チョ・サンユン
出演：パク・ソジュン、カン・ハヌル、パク・ハソン、ソン・ドンイル

「ディアスポラ（Diaspora）」という言葉がある。「離散」を意味し、何らかの形で祖国を離れ、新しい土地に定着して生きる人々を総称する言葉だ。韓国の近現代史には、日本に住む在日コリアンや中国の朝鮮族、旧ソ連のカレイスキー（高麗人）など、朝鮮半島にルーツを持つディアスポラが多数見受けられる。その背景には、日本による朝鮮の植民地支配の歴史がある。日本統治下での弾圧や貧困、戦争への徴用などをきっかけに、多くの朝鮮人が日本へ、中国へ、そして旧ソ連へと散らばって行ったのだ。世界のどの民族のディアスポラもそうであるように、彼らは定着した新しい土地で、様々な差別や偏見と闘いながらマイノリティとしての歴史を築き、現在もなお逞しく生き続けている。いつかは祖国に帰りたいという思いを持ちつつも、移住した先の土着文化と自らの固有文化を融合させた第三の文化を形成し、文化的多様性を担うグローバルな存在でもある。例えば中国語と韓国語を流暢に話す朝鮮族には、日本や諸外国に留学して更に言語を習得し、世界を股にかけて活躍する優秀な人も多い。

ところが人気俳優が主演し、韓国で大ヒットを遂げた青春アクション映画である『ミッドナイト・ランナー』には、物語を成り立たせる上で欠かせない「悪役」として朝鮮族が描かれている。監督が「二人の青年の友情と熱い正義感、警察幹部候補としての使命感を通して、就職や経済的な面で苦しんでいる昨今の韓国の若者たちに勇気と希望を与えたかった」と語るように、犯罪捜査と青春を上手く掛け合わせ、男性コンビが大活躍するいわゆる「バディもの」である本作は、スカッとさせるアクションや笑いと涙を誘う物語が好評を得た。一世を風靡したドラマ『梨泰院クラス』や映画『パラサイト　半地下の家族』（ポン・ジュノ監督、2019）でのキム家・長男の友達役の記憶も新しいパク・ソジュンと、ドラマ『ミセン』『麗』などに出演し、日本でも人気の高いカン・ハヌルという若手俳優の共演や、警察大学という珍しい舞台設定もヒットに一役買ったと言えるだろう。韓国の警察大学は、警察組織の初級幹部を育成するための国立大学で、卒業後には日本の警部補にあたる「警衛」として任用される。学費無料で警察公務員としての将来が保証されるため、競争率の非常に高い難関大学だ。日本の防衛大学のイメージに近いかもしれない。

だがその一方で、「朝鮮族」の描き方をめぐっては上映禁止を求めて訴訟にまで発展するトラブルが起こった。日本語字幕には訳されていないためピンとこないかもしれないが、犯罪グループのメンバーが「凶悪な犯罪を起こす朝鮮族」であり、「彼らが暮らすソウルの下町、大林洞《デリムドン》は犯罪の温床」という設定が差別的で誤解や悪いイメージを与えかねないとして、在韓朝鮮族団体が猛反発したのだ。訴えは退けられ上映中止には至らなかったものの、韓国の若者に勇気と希望を与えたいという若手監督の素朴な願いは、皮肉にも差別的でステレオタイプ化された朝鮮族イメージをもたらしてしまったのである。

私自身、主役の二人が友情を育んでいく様子を描く前半では、どこか照れくささを覚えながら微笑ましく見ていたのだが、犯人グループを追いかけて乗り込んだタクシーの運転手の「ここは朝鮮族の街だ。犯罪が頻発して真っ昼間でも怖くて出歩けない。治安も悪く、警察すら入らない」というセリフを聞いて、またかと呆れてしまった。大林洞がチャイナタウンであることは事実だが、日本の横浜中華街と同様、むしろ観光名所としていつも賑わっている。映画の後半になると、完全に「主人公＝正義」と「朝鮮族＝悪」という二項対立の構図になり、独特な訛りのある朝鮮族の韓国語が過剰に耳に残る（韓国語がわからなくても、耳を澄ましてみるとイントネーションの違いがわかると思う）。

だが実は、朝鮮族のこのような描写は本作が初めてではない。『哀しき獣』（ナ・ホンジン監督、２０１０）、『新しき世界』（パク・フンジョン監督、２０１３）、『コインロッカーの女』（ハン・ジュニ監督、２０１５）そして『犯罪都市』（カン・ユンソン監督、２０１７）など、近年の韓国映画は「朝鮮族犯罪映画」とも言える流れが生じており、これらの映画を通して作り上げられた悪いイメージがそのまま「朝鮮族嫌悪」となって朝鮮族全体に向けられてきたのだ。本作も含め右に挙げた映画は、作品としての出来や評価とは別に、朝鮮族の表象において強い影響力を持っているため、これでは朝鮮族団体が怒るのも当然だろう。

映画の影響も大きかったとはいえ、「우리《ウリ》 민족《ミンジョク》（我が民族）」という言い回しが大好きなはずの韓国人は、なぜ他民族ではない「朝鮮族」をここまで嫌悪するようになってしまったのだろうか。まずは朝鮮族の歴史的な成り立ちを紹介しよう。

朝鮮族は、主に中国の東北３省（遼寧・吉林・黒竜江）に居住する少数民族としての朝鮮人を意味する。この地域への朝鮮人移住の背景には二つの歴史的変動があり、一つは１８８１年に清朝が実施した封禁政策の解除である。清朝発祥の地であるこれらの地方に、清は長い間外国人を入れないようにしていたのだが、漢人や朝鮮人による不法移住が続いたため、解除せざるを得なくなったのだ。とりわけ朝鮮人の場合は、長く続いた凶作による飢餓や貧困から逃れる目的が大半だった。もう一つは1910年の日韓併合後、日本の植民地支配から逃れるための朝鮮人の大量流出だ。東北3省は旧満州に当たる地域で、特に抗日闘争の拠点としても重要な役割を果たしたことで知られるが、1945年の独立後も中国の解放闘争や朝鮮戦争の混乱の中、半島に戻れない朝鮮人が多く残ったままだった。そして1955年、中国の少数民族優遇政策のもと、延辺朝鮮族自治州（吉林省）が成立し、朝鮮の言語や文化、伝統を守りながら現在に至るまでディアスポラとして生活している。

韓国が朝鮮族との「再会」を果たしたのは、まだ中国と韓国の間に国交がなかった1979年のこと。文化大革命の後、中国政府が人道政策の一環として、中国内の朝鮮族に韓国訪問を許可したのだ。当時朝鮮半島をめぐって、日本・韓国・中国・北朝鮮の間で「地域平和のため」人的交流の必要性が共通認識されたことも後押しとなり、まずは中国政府によって厳選された数の朝鮮族が韓国を訪問した後、1988年のソウルオリンピック開催や1992年の中韓国交回復によってその数は急増した。およそ70万人が韓国に帰国しているが、現在も中国に暮らす朝鮮族も、いまだ180万人ほど存在している。

以上のような経緯で朝鮮族は再び朝鮮半島に戻り、韓国人として暮らすようになったのだが、その数が増えるにつれて次第に犯罪者も出始めた。犯罪者は朝鮮族全体のごく一部に過ぎないが、何か起こるたびにメディアが大きく取り上げ、まるで朝鮮族そのものに問題があるかのような悪いイメージが作り出されていった。インターネットで「朝鮮族」を検索すると、瞬く間に「殺人」「組織暴力」「臓器売買」「結婚詐欺」「オレオレ詐欺」といったワードが後に続く。とりわけ私が驚愕したのは、韓国公共放送KBSのお笑い番組だった。映画『哀しき獣』に登場する朝鮮族マフィアのコスプレをしたお笑い芸人たちがオレオレ詐欺を繰り広げる、というコントがほぼ1年間にわたって毎週放送されたのだ。しかも、年間でもっとも優れた番組を表彰する「KBS芸能大賞」のお笑い部門で、このコントが「最優秀アイディア賞」を受賞するという始末だった。朝鮮族の当事者や2世、3世の子どもたちがどんな思いをするか、そんな当たり前の想像力すら持てないこの公共放送の徹底した無神経ぶりに、私は心の底から失望した。

こんな状況を生んだ責任は、犯罪ばかりをクローズアップして報じてきたメディアにあると断言できる。韓国に暮らす70万人の朝鮮族を潜在的な犯罪者として扱うのはあまりに理不尽だ。にもかかわらず、メディアが量産したステレオタイプを無批判に取り込み、その再生産に加担した映画の責任も無視できない。韓国映画は一体いつになったら本当の意味で朝鮮族を「描ける」ようになるのだろうか。在日コリアンの中から崔洋一や李相日といった監督が輩出されたように、後の世代を待たなければいけないのだろうか。

韓国に留学した際に受けた朝鮮族に対する日常的な差別を『日本人のための「韓国人と中国人」

――中国に暮らす朝鮮族作家の告白』（舘野晳訳、三五館、1998。原題の直訳は『韓国はない』）に記した作家・金在国は、韓国での差別がむしろ「中国人である自分に気づかせてくれた」といい、「私の名前はキム・ジェグク（韓国語読み）ではない。ジン・ザイグォー（中国語読み）だ」と言う。彼のみならず、恐らく多くの朝鮮族にとって韓国との再会は「同じ民族同士の喜び」から、「他者という失望」へと変容しているだろう。だがそれでも、再び「再会の喜び」を手にする日への希望は持っていたい、と思う。

その後日本でも、『未満警察　ミッドナイトランナー』と題し、本作をリメイクしたドラマが放送された。若手アイドルを主演に起用したこのドラマでは、悪役は日本の文脈に即した存在が充てられ、「朝鮮族」なるディアスポラの存在は当然ながらそこにはなかった。

監督論①

チャン・リュル

あらゆる境界を越えて東アジアを周遊する

「映画は境界を乗り越える」と言われる。特定の国や地域で、特定の言語を用いて作られたローカルな映画が、世界からグローバルな共感をもって受け入れられ普遍性を獲得していく過程を、作品を称えてこう表現する。映画の持つローカル性(国・地域や言語)は「どこの映画なのか」という、映画の帰属を決定づけるもっとも基本的な要素である。グローバルな枠組みでの映画製作が当たり前となった昨今では、作品に「国籍」をつけること自体がナンセンスとも考えられているが、それでも映画に与えられるローカル性は、ある種の宿命的な、生来的な縛りとも言える。

ところがそういった縛りをものともせず、映画におけるあらゆる境界を軽々と乗り越えてしまう監督がいる。中国・吉林省出身の朝鮮族3世であるチャン・リュルだ。朝鮮半島にルーツを持つディアスポラとして、中国で小説家となり大学で教えたのち、映画監督となって韓国・日本・中国を行き来しながら活躍している「東アジアな監督」であるチャン・リュルの歩みは、『重慶』(2007、中国)、『裡里』(2008)・『慶州 ヒョンとユニ』(2014)・『群山:鵞鳥を咏う』(2018、以上韓国)、『福岡』(2019)・『柳川』(2021、以上日本)と、舞台となる地名を冠した作品を並べてみると一目瞭然だ。

これらの作品は国家の境界を越えているのはもちろんのこと、その境界を無効化して東アジアに共通する一つの「映画的領域」を作り出している。国籍や国家という煩わしい境界に束縛されることなく、ディアスポラにしか持ち得ない自由さを持ち合わせたチャン・リュルがカメラの向こうに描いた世界こそ、真に境界を乗り越えた映画と言えよう。では、チャン・リュルの映画的領域はどのように作られているだろうか。いくつかの代表作を通してたどってみよう。

『キムチを売る女』（２００６）は中国の大都市近郊を舞台に、無許可の移動販売でキムチを売って生計を立てながら息子と暮らす朝鮮族女性スニを描き、中国における朝鮮族の存在を浮かび上がらせた作品だ。朝鮮族男性に裏切られ、中国人警察官にレイプされた後、スニは息子に教えるためのハングルの本を破り捨て、キムチに猫いらずを入れて中国人警察官を毒殺しようとする。朝鮮族であることの象徴とも言える「ハングル」と「キムチ」を捨てるという行為は、中国社会のマイノリティである朝鮮族、かつ女性であるという二重の抑圧から自らを解放させようとする、スニの主体的な宣言と捉えられる。こうして朝鮮族女性とは何か、という自らの存在に関わる問いを強烈な抵抗を通して投げかけた後、スニは当てもなく歩き出し、それまでの「居場所」から遠ざかっていく。果たして彼女はどこに向かい、どこにたどり着くのだろうか。スニの行く先を想いながらカメラと一緒にその後ろ姿を追おうとすると、スクリーンは突然暗転し、観客は彼女の足音だけを耳にしながら映画が終わる。真っ暗なスクリーンから静かに響くその足音が象徴するのはまぎれもなく、居場所を持たない（あるいは与えられていない）ディアスポラという存在である。

このエンディングはまた、音（サウンド）を巧みに生かすことで「脱境界」の概念をも表現している。視覚においては、障害物で視界を遮られると向こう側を見ることはできないが、音には壁を越えて伝わっていくという拡張性がある。ホラーやサスペンス映画に見られる、観客に音だけを聞かせて見えない部分を想像させ、恐怖心を煽る手法は音の拡張性を生かした良い例だが、何も映らないスクリーンと、スクリーンの向こうから聞こえてくるスニの足音は、まさに境界を越えて拡張していく「脱境界」のメタファーのように思える。チャン・リュルは、スクリーンを暗転することで足音の拡張性を高め、脱境界的なディアスポラとしてスニの新たなアイデンティティを生み出した。その意味でスニは監督自身のペルソナとも考えられるのであり、彼女の足音は、チャン・リュル自身の旅の始まりを告げるものでもあった。

『キムチを売る女』の後、チャン・リュルがフィルモグラフィを通して見せた歩みは、脱境界的なディアスポラそのものである。中国から旅立ったチャン・リュルが、韓国の「慶州」から「群山」、そして日本の「福岡」を経て「柳川」に至るその歩みは、空間の移動であると同時に、空間を構成する時間——過去、現在、未来と、その絶え間ない反復——の移動であり、「中国朝鮮族」に刻み込まれた東アジアという空間と、そこで積み重ねられてきた歴史という時間への旅に他ならない。だからこそチャン・リュルの映画的領域において、境界はそもそも意味を持たずに解体される。スニの足音から転じたチャン・リュルの旅は、それぞれの作品の主人公がみな「旅人」であることからも明らかだ。そして旅人たちは、旅先の土地で過去と現在を行き来しながら、未来（映画の終わり）へと進んでいく。

『慶州』でパク・ヘイル演じるチェ・ヒョンは、韓国人として中国の北京大学で教鞭をとり、中国人女性と結婚している。彼は先輩の訃報に接して韓国を訪れ、春画をめぐる先輩との思い出を探して韓国南部の古都、慶州を訪れる。ヒョンは気ままに町を歩き回り、昔の彼女を慶州に呼んで過去を召喚する一方で、茶屋の主人ユニ（シン・ミナ）と出会い、太古に作られた古墳の見える部屋で、ユニもまた亡くした夫との過去に立ち返っていく。チャン・リュルはそんな物語に、躊躇なく韓国語と中国語、日本語を組み込んでいく。なにしろヒョンは、それらすべての言語が話せる、まさに東アジア的な存在として描かれるのだ。ヒョンによって慶州は、韓国の古都から東アジアの映画的領域として再構成されていく。『群山』ではさらに拡張し、日本（福岡）との時間（歴史）の中で朝鮮半島から生まれたもう一つのディアスポラ、在日が登場する。先輩の元妻ソンヒョン（ムン・ソリ）と一緒に群山へ旅に出たユンヨン（パク・ヘイル）が泊まる民宿の主人（チョン・ジニョン）は福岡出身の在日であり、彼には日本語を話し、日本の童謡を歌う自閉症の娘（パク・ソダム）がいる。さらに映画の後半で、旅行に至る経緯が時間を遡って描かれると、ユンヨンの実家には朝鮮族のメイドと偏見に満ちた父親がおり、町では偽者の朝鮮族が権利擁護のデモを呼びかけるなど、映画の空間はまたしても脱境界の空間として構成されていく。もはやこの世には境界など不要で、人間は結局、心理的な意味も含めて誰もがディアスポラな存在ではないかとさえ思えてくる。

日本人形を媒介に『群山』との繋がりが暗示される『福岡』では、ついに言葉の壁（境界）までもが無効化した東アジアの映画的領域が立ち現れる。大学時代に福岡出身の同じ在日女性を愛した二人の男（クォン・ヘヒョ、ユン・ジェムン）が、パク・ソダム演じる謎の少女によって28年ぶりに福岡で再会する本作で、『群山』までは登場人物がその言語に通じているために理解できた言葉（韓・日・中）は、異なる言語を発しても「なぜか互いに通じ合える」ことになっている。脱境界に加えて脱言語化の作用も取り入れた設定は、中国人を主人公にした『柳川』でさらに決定的となる。かつての兄の恋人を探して中国から柳川にやってきたトン（チャン・ルーイー）と兄のチュン（シン・バイチン）は、チュアン（ニー・ニー）との再会を通して過去と現在を行き交い、死という結末へ向かっていく。ここでも言葉は、チュアンと居酒屋の女将がそれぞれ、中国語と日本語を発しながらも通じ合える越境のメタファーとして描かれるが、本作はさらに「英語」まで加わって、チャン・リュルの映画的領域が東アジアにすらとどまらず拡張していくことを予感させる。

そして、これらの作品を語る上で欠かせないのが、植民地朝鮮の詩人、尹東柱《ユン・ドンジュ》だ。中国・吉林省の明東村で生まれ、延禧《ヨニ》専門学校（現・延世《ヨンセ》大学）を経て日本に留学、立教大学から同志社大学に編入した彼は多くの抒情詩を残したが、その詩が抗日的な感情を隠喩しているとして逮捕・拷問され、敗戦目前の1945年2月に福岡の刑務所で27歳という若さで亡くなった。韓国では教科書に詩が載り、「抵抗詩人」として誰もが知る国民的な存在だ。チャン・リュルは尹東柱の生涯をまるでなぞるかのように追いかけるだけでなく、作品の中で彼の詩を引用したり、登場人物が記念館を訪れたりと、何かにつけて言及する。だがそれによって得られるものとは何か。中国・韓国・日本で生きた尹東柱は、吉林省とソウルには記念館が、京都の同志社大学には詩碑が建てられており、東アジアにまたがるその「歴史性」は明らかだ。そんな歴史的存在を取り入れることで、チャン・リュルの映画的領域に映画の主人公たちの時間と並行して、東アジアの歴史が重なってくるのである。チャン・リュル映画における脱境界的でディアスポラな旅は、主人公たちの個人的な記憶（個人史）への旅として描かれつつ、それが最終的には東アジアの空間と時間（歴史）への旅でもあることを、「尹東柱」という文脈を通して明らかにし、旅の意味を拡張させているのだ。

　祖父の故郷である韓国南部の義城《ウィソン》を初めて訪れたときの心境について、監督は「祖父がこんな田舎を離れてどうやって満州まで歩いていったのか。僕は経験すらしていないその記憶が頑なに僕と繋がっていることに気づき、涙が出た」と語る。その言葉は、チャン・リュルが脱境界的でディアスポラな存在としての「中国朝鮮族」に刻み込まれた空間と時間、拡張されていく歴史を描いてきたことの何よりの証である。

第2章

軍事独裁から見る韓国現代史

朴正熙政権
全斗煥政権

1948年8月15日の建国以来、韓国の現代史は「独裁史」と言っても過言ではないほど、長い間独裁権力の横暴と暴力に虐げられてきた。前近代的な王様気取りの独裁者李承晩《イ・スンマン》、軍事独裁者の朴正熙《パク・チョンヒ》から全斗煥《チョン・ドファン》、盧泰愚《ノ・テウ》に至るまで、半世紀近くにわたる独裁に次ぐ独裁の時代を経て、ようやく本格的な民主化への出発点に立ったのは、1990年代に入ってからである。そして韓国映画は、独裁下では語れなかった、独裁政権の邪悪な本質に向き合い始めた。民主化に対する韓国人の熱望は、「済州島4・3事件」や「光州事件」、「6月抗争（6・10民主化闘争）」に象徴されるように、独裁のさなかにも絶えず湧き上がっていたことが自由に描けるようになったのだ。

⑮ 朴正煕政権

『国際市場で逢いましょう』

それでも「あの時代は良かった」？ 独裁時代と父親たちに贈るノスタルジア

◎物語

朝鮮戦争の最中、興南《フンナム》から避難する混乱のなかで、少年ユン・ドクス（青年期以降はファン・ジョンミン）たち家族は離れ離れになり、ドクスは母（チャン・ヨンナム）や弟、末妹とともに釜山《プサン》・国際市場にたどり着く。休戦で朝鮮半島が南北に分断され故郷に戻れなくなったドクスたちは、そのまま釜山に住み着き、やがて家族を養うようになったドクスは、弟の学費のため親友のダルグ（オ・ダルス）と一緒に鉱山労働者として西ドイツに出稼ぎへ。そこで看護師をしているヨンジャ（キム・ユンジン）と出会い結婚すると、今度は戦争中のベトナムに出稼ぎに出向いて大けがを負う。家族のために自分を犠牲にするドクスの苦難は続くのだった。

原題：국제시장

製作：2014年（日本公開：2015年） 韓国／カラー／127分

監督：ユン・ジェギュン 脚本：パク・スジン 撮影：チェ・ヨンファン

出演：ファン・ジョンミン、キム・ユンジン、オ・ダルス、チョン・ジニョン、チャン・ヨンナム、ラ・ミラン、キム・スルギ、ユンホ

1400万人以上の観客を動員し、韓国映画興行史の上位に輝く『国際市場で逢いましょう』。一人の男の人生を描きながら朝鮮戦争やベトナム戦争など韓国現代史を盛り込み、ややもすると地味になりがちな構成にもかかわらず、家族のために自らを犠牲にする父親像に同世代の観客はもちろん、その背中を見て育った子ども世代からも共感を得て、空前の大ヒットとなった作品である。監督自身は本作を「あくまでも私の父の物語」であるとし、政治的な解釈に対しては距離をとっていたが、公開当時に本作をめぐる政治的な議論が巻き起こったことも興行的には追い風になった。本作を何度も見たという当時の朴槿恵《パク・クネ》大統領が主人公の愛国精神を評価し（彼女の父親である朴正熙《パク・チョンヒ》大統領時代を描いているので当然だが）、映画『弁護人』（ヤン・ウソク監督、2013）を冷遇した保守派メディアが「あの時代の苦労があったからこそ今の韓国がある」とこぞって取り上げた一方で、映画の半分を占める朴正熙軍事独裁時代を「美化した」との批判が一部の評論家から上がったのだ。同じ時代を「ノスタルジア」と感じるか「悪夢」と捉えるかは人によって異なるが、民主化を求めて軍事独裁と闘ってきた人々にとっては、本作は時代を「美化」したとしか見えなかったようだ。

いずれにしても、本作が多くの観客に感動を与え支持されたのは確かである。それはおそらく、激動の歴史に抗うこともできず、ただ目の前の生活と家族のために身を粉にして尽くしてきた無数の平凡な父親を合わせた「父親像」に対し、観客一人一人がそこに自らの父を見出したからではないだろうか。私自身も例外ではない。私の父は10歳で朝鮮戦争を経験し、若き主人公が当時の西ドイツへ出稼ぎに出たように、私が幼い頃にはイランやサウジアラビアに出稼ぎに出て長いこと留守にしていた。今は亡き父の人生は、死ぬまで家族のために捧げられたと言っても過言ではない。劇中で妻ヨンジャが主人公ドクスに向かって「あなたの人生なのに、なぜあなたがいないの？」と涙ぐむ場面があるが、そのまま父に聞かせたいと思った。何度もドクスに父の姿が重なって見えたのだ。

本作は、韓国人なら誰でも知っている①興南撤収、②西ドイツへの出稼ぎ、③ベトナム戦争、④離散家族探しという、４つの歴史的な事件を背景にしている。韓国現代史を繋ぐこれらの出来事について解説していこう。

「興南撤収」は朝鮮戦争の悲惨さを語る上で欠かせない出来事である。朝鮮戦争時、仁川《インチョン》上陸作戦の成功により破竹の勢いで北進していた米軍と韓国軍は、中国軍の参戦によって一気に劣勢に追い込まれた。米・韓軍は北朝鮮の北東にある港町、興南に集結して海路で撤収しようと作戦を立てるも、そこへ30万人近くの避難民たちが押し寄せたのである。彼らを見殺しにはできないと、軍は船から武器を降ろし避難民を乗せ、それによって１９５０年12月15日から24日までの10日間で、10万人の命が救われた。だがその混乱の中で、ドクスのように家族と生き別れになった人も数多く存在した。ラストシーンでドクスの孫娘が歌う、１９５３年の大ヒット曲「굳세어라《クッセオラ》 금순아《クムスナ》（頑張れ！クムスン）」はまさに興南撤収の様子を歌ったものである。「興南撤収で離れ離れになったクムスンよ、僕は今、釜山の国際市場で商売をしているんだ。君はどこにいる？　また会う日まで頑張ろうね」

といった、大切な人と離れ離れになった悲しみを描いた歌詞で多くの人々の涙を誘ったこの歌は、後に映画やドラマにもなり、「クムスン」の名はどんな逆境にも負けずに頑張る女性のシンボルとなった。本作はいわば、クムスンの男性版物語と言ってもいいかもしれない。ちなみに文在寅《ムン・ジェイン》大統領の両親もこの時に米軍の船で避難し、避難先の巨済島《コジェド》で文大統領が生まれたという。

「西ドイツへの出稼ぎ」は、朴正熙政権下の1963〜77年に行われた「鉱山労働者・看護助手の西ドイツ派遣」にあたる。「失業問題解決と借款契約」の建前のもと延べ2万人が稼いだ外貨は、韓国経済に少なからず貢献したが、内実は朴政権が打ち出した「経済開発計画」のための資金を、西ドイツから借りる代わりに労働者を派遣するというものだった。当時西ドイツは戦後復興によりめざましい経済発展を遂げていたものの、炭鉱や看護・介護の分野で人手不足に陥っており、開発のための資金を欲していた韓国と、お金と労働者の交換という取引を行った形だ。アメリカが支援していた政権をクーデターで倒したことで当初アメリカの信用を得られず、国交のなかった日本を頼ることもできなかった韓国にとって、西ドイツからの提案は渡りに船であった。すぐに鉱山労働経験者を対象に募集をかけたのだが、なぜか大学生たちが殺到して世間を驚かせた。外国への渡航が自由ではなかった当時、どんな形であれ西欧の地を踏むことは若者にとって大きな憧れだったに違いない。映画でドクスは帰国するが、実際は渡航者の6割以上が現地で進学や商売を選択し定着した。これが在独韓国人の出発点であり、その結果、現在もドイツには韓国人のコミュニティが残っている。

1964〜73年、朴政権はアメリカの求めに応じて「ベトナム戦争」に参戦した。建前は「南ベトナムの自由民主主義を守るため」とされたが、延べ32万人もの兵士を送り込んだ朴政権の真の狙いは、アメリカから「戦闘手当」として支給される莫大な額のドルだった。構造自体は西ドイツの場合と同じだが、ベトナム戦争で引き換えられたのは多くの兵士が流した血や彼らの命であり、その資金で建設されたソウルと釜山を結ぶ京釜《キョンブ》高速道路は、表向きは「国土開発の象徴」であったが、その裏では「血の高速道路」と揶揄された。朝鮮戦争で日本経済が朝鮮特需に湧いたからだろうか、朴政権は劇中に登場する「現代建設《ヒョンデ》」をはじめ多くの会社を巻き込んで、軍事物資の輸送や戦闘施設の建設で「ベトナム特需」を狙った。ドクスは兵士としてではなく、ベトナム特需で一儲けを企む会社の技術者としてベトナムに赴くが、戦闘に巻き込まれ重傷を負って帰国する。それでも彼は、命をかけて稼いだお金で叔母の店を守り、妹の結婚資金を用意できて「よかった」と満足するのだ。

韓国の公共放送局「KBS」では1983年6〜11月のおよそ半年間、『離散家族をさがします』なる番組が放送された。朝鮮戦争で生き別れになり、互いの生死すらわからずにいる家族の再会を放送の力で実現しようとしたもので、この番組を通して1万世帯以上の離散家族が30年ぶりの再会を果たすことができた。2015年にはユネスコの世界記憶遺産にも登録されたこの放送によって、劇中のドクスもまた興南撤収で生き別れた妹マクスンと再会し、観客の涙を誘う。放送当時、中学2年だった私は番組にはまったく興味がなかったが、両親がテレビの前でまるで自分のことのように笑ったり泣いたりしていた光景はよく覚えている。1985年に実現した南北の離散家族再会にも、この番組が大きな役割を果たしたと言われる。だが再会の裏では思わぬ悲劇も起こっていた。30年ぶりに再会したはいいものの、離れていた間に生じた「格差」が問題となったのだ。裕福な兄と再会した貧乏な弟が金ばかりせびる、再会した息子が暴力的な人間になっていたため両親の方から連絡を絶つ、といった事件が度々起こった。再会後の問題については、イム・グォンテク監督の『キルソドム』（1985）に詳しいが、結果的にこの番組は「朝鮮戦争の爪痕が残る韓国を舞台に、KBSという監督のもと離散家族が主役を、多くの国民が脇役を演じた壮大なスケールのメロドラマ」だったと言えるだろう。

こうして4つの歴史的な出来事を振り返ってみると、「歴史の美化」という批判は頷けるように思える。本作には、経済開発を最優先にして国民を犠牲にした「開発独裁」の影は微塵も見当たらない。西ドイツやベトナムでは、実際には「国民の犠牲」と引き換えに「金」を手にしたも同然なのに、本作では主人公が大金を得る「チャンス」としてしか描かれない。「あのチャンスがあったからこそ家族を守ることができた」と満足気に過去を振り返るドクスには、そんな歴史を疑問視する視点が決定的に欠けている。……と批判している私でさえも、観ていてどうしても父の姿を思い出し何度も涙が出そうになったことは否定できない。そしてそんな父の姿に、1979年10月27日の朝、前日に起きた朴正煕暗殺のニュースをラジオで聞きながら号泣していた「朴正煕信奉者としての父」が重なるのも、やはり否定できないのである。

⑯ 朴正熙政権

『7番房の奇跡』

法は公正なのか? 独裁時代の暗黒司法史と死刑執行停止のいま

◎物語

1997年、知的障害を持つイ・ヨング（リュ・スンリョン）は、駐車誘導の仕事をしながら幼い娘イェスン（カル・ソウォン）と二人で暮らしている。イェスンが欲しがっていたランドセルを買いに行く途中で出会った少女が突然の死を遂げ、居合わせたヨングは誘拐殺人を疑われ逮捕されてしまう。

収監された刑務所7番房の面々に最初はいじめられるヨングだったが、房長（オ・ダルス）を助けたことで信頼を得る。娘に会いたいヨングのため、仲間たちは聖歌隊の慰問を利用して父娘を再会させるが、アクシデントから帰りそびれたイェスンは、密かに7番房で一緒に生活することに……。一方、自身もヨングに命を救われた刑務所課長（チョン・ジニョン）は、ヨングの罪に疑問を持ち、事件を調べる中でヨングが冤罪であることを知る。刑務所総出でヨングを応援し裁判に備えるが、迎えた公判でのヨングの証言は、練習とはまったく異なるものだった……。

原題：7번방의 선물

製作：2013年（日本公開：2014年） 韓国／カラー／127分

監督・脚本：イ・ファンギョン 脚本：キム・ファンソン、キム・ヨンソク

撮影：カン・スンギ

出演：リュ・スンリョン、パク・シネ、カル・ソウォン、チョン・ジニョン、オ・ダルス、パク・ウォンサン、キム・ジョンテ、チョン・マンシク、キム・ギチョン

韓国でポピュラーな言い回しの一つに、「세상에《セサンエ》 이런《イロン》 법은《ポブン》 없다《オプタ》（世の中にこんな法はない）」というものがある。例えば濡れ衣を着せられたり納得し難い状況に直面したときに、「こんな理不尽なことを許す〝法〟が世の中にあるわけがない！」と悔しさや理不尽さを強調するための表現だ。由来はわからないが、韓国の歴史からその背景を読み解くことは可能かもしれない。それは、法の名の下で不当な判決を繰り返し「冤罪」の犠牲者を数多く生み出してきた、韓国司法における負の歴史である。

帝王的独裁を敷いた初代大統領の李承晩《イ・スンマン》から、最も長く政権を維持した朴正煕《パク・チョンヒ》、光州事件を首謀した罪を最後まで否認したまま2021年に亡くなった全斗煥《チョン・ドファン》とその後継者盧泰愚《ノ・テウ》まで、韓国で長く続いた軍事独裁時代には、権力者の命令が法に優先され、彼らの意向に合わせて法が利用されていた。警察・検察の拷問による虚偽自白や証拠捏造、それに対する司法の黙認、法ではなく権力に従った判決など、当時の政治・社会的構造そのものが冤罪とその被害者を作り出してきたのだ。受け入れがたい不当な判決を受けるたびに、被害者や遺族をはじめ多くの国民は、「世の中にこんな法があるはずない！」と憤慨してきた。そしてそれがいつしか一つのことわざのように定着していったのではないだろうか。少なくとも法の執行において、法に基づいた公正な判断ではなく、司法が権力者の顔色を判決の尺度にしてきた歴史があることは事実である。

『7番房の奇跡』はファンタジーを交えながら冤罪を描いた映画である。知的障害を持つ社会的弱者が、権力によって殺人犯に仕立て上げられ、娘を守るために自らを犠牲にするといった泣かせる映画の典型とも言える本作は、「お涙頂戴の新派」「感動を強制してくる」といった批判が少なからずあったものの、1280万人という驚きの観客動員を記録する大ヒットとなり歴代興行ランキングの上位に入ると同時に、主演のリュ・スンリョンは一躍スターになった。本作で描かれる純粋な親子の愛情、刑務所内の友情が観客の共感を誘ったことは間違いないが、それ以上に、この映画が「死刑と冤罪」を描いている点、そして悲劇的な結末を迎えるこの物語が「実話」に基づいている点を見逃してはならない。ここでは映画の元になったという実話や、「韓国史上最悪」と言われる裁判について紹介し、死刑制度自体は残っているものの、刑の執行は停止されて事実上死刑が廃止されている韓国の現状が、どのようにもたらされたかを辿ってみたい。

本作の元になった事件とは、1972年、春川《チュンチョン》で起こった「春川女児レイプ殺人事件」である。貸本屋にテレビを見に行く（テレビの普及率が低かった当時は、お金をとってテレビを見せる貸本屋が多くあった）と家を出た10歳の少女が何者かに誘拐、レイプされて殺されたのだ。幼児に対する残忍な犯行ゆえ社会を震撼させたこの事件は、さらに被害者が警察署長の娘だったこともあって、警察は犯人逮捕に総力を挙げた。難航する捜査に対し当時の大統領朴正熙は、警察の家族が殺されることは国家権力に対する侮辱だと激怒、10日以内の犯人逮捕を厳命したのだ。軍事独裁政権下、絶対的であった朴の命令に追い詰められた警察がとった手段は、犯人を「捕まえる」のではなく「作る」ことだった。証拠や目撃者を「捏造」した警察は、満を持して貸本屋の店主、チョン・ウォンソプを犯人として逮捕、彼が一切の犯行を自白したと発表した。その後の裁判でチョンは、自白は拷問によるものであり、警察が証拠として提出した血液型は自分とは異なると無実を主張したが、それらは徹底的に無視された挙句、無期懲役の判決が言い渡されたのである。

犯人逮捕後の過程で、警察、検察、裁判官たちの眼中に「法の下で保護されるべき人権」は微塵もなかった。彼らの眼に映るのは、朴の「顔色」のみだったのだ。チョンは15年の服役後、模範囚として仮釈放されたが、己の無実を証明しようと何度も再審請求をしたもののその都度退けられた。2007年「真実・和解のための過去史整理委員会（過去史委）」が再調査に乗り出し、裁判所に再審を勧告してようやくやり直し裁判が認められ、もちろん「無罪」の判決が下された。だが殺人犯のレッテルを貼られ、本人のみならず家族までもが社会からの厳しい非難と差別の中で生きなければならなかった歳月と、踏みにじられた人生は二度と取り戻せない。真犯人は明らかにならないままであり、権力の手下になった司法が招いた悲劇として記憶されている事件である。

本作は、物語の大枠において実際の事件を採用しているが、最終的な判決は無期懲役から「死刑」に変更している。それによって悲劇的な効果がより高まり、観客の涙を誘っているわけだが、そこにはもう一つ、死刑制度の在り方を問いかけるメッセージが込められているように思われる。なぜなら、物語が「1997年」に設定されているからだ。

韓国では1997年を最後に死刑の執行が停止されており、国際人権団体「アムネスティ・インターナショナル」からも「実質的死刑制度のない国」に分類されている。民主化が進んだ90年代後半、この事件のような冤罪による被害、中でも人の命を奪う「死刑」（軍事独裁時代はとりわけ権力の暴走による理不尽な死刑が多発した）には慎重になるべきだという議論が高まって以来、死刑廃止の賛否をめぐってはいまだ世論が対立している状態である。こうした議論は、朴政権時代に実際に死刑宣告をされた金大中《キム・デジュン》元大統領が、在任中に死刑廃止を主張してから始まったとされている。そして廃止論者がその根拠として言及する代表的な裁判が、「司法殺人」の代名詞ともなっている「人民革命党事件」である。略して人革党事件とも呼ばれるこの出来事は、１９６４年と74年にＫＣＩＡが「北（朝鮮）のスパイ」を捏造したことで、無実の人々が死刑になったという独裁政権の最も汚い手口が露呈した事件である。

１９６４年といえば、翌年に控えた日韓基本条約の締結に反対する学生デモが、連日全国各地で繰り広げられていた。それに対して朴政権は非常戒厳令を敷き、大々的な鎮圧に乗り出すと、ＫＣＩＡはデモの混乱に紛れて「北の指令を受けて人民革命党を組織し、国家をかく乱しようとしたアカ（共産党員）たちを検挙した」と発表、ジャーナリストや大学教授、学生らを拷問し、彼らが存在すらしない「人民革命党」の党員で国家の転覆を企んだと自白させたのだ。あからさまな捏造と凄まじい拷問に、さすがの検察も起訴を断念しようとしたが、ＫＣＩＡは逆らうことのできない相手であり、事件を担当した検事は4人中3人が自ら辞職する結果となった。その後、捏造の疑惑と拷問に社会は強く反発、結局「捏造された主犯」たちは懲役1～3年の実刑を受けたが、そうでなければ間違いなく死刑になっていたことだろう。だがこれは序の口に過ぎなかった。それから10年後、韓国史上最悪と言われる2回目の人民革命党事件、いわゆる人民革命党再建委員会事件の裁判が彼らを待っていたのだ。

1972年、永久独裁を目論んだ朴は憲法まで改悪して「維新体制」を宣言する。三権分立などお構いなしですべての国家権力を一人の独裁者に集中させた維新体制は、国民の自由と民主主義を踏みにじる前近代的なものだと当初から反発は大きく、中でも大規模な学生デモは独裁政権にとって何よりの「脅威」だった。抑え込むためには手段を選ばないKCIAは74年、またしても「学生デモを背後で操っているのは北のスパイ」とでっち上げ、KCIAの筋書きに合わせて、10年前「人民革命党党員」に捏造された被害者たちを含む新たな「北のスパイ」が引きずり出されたのである。かつて「人民革命党党員」に仕立て上げられた被害者たちは、10年の時を経て、今度は党を再建して学生デモを背後で操り、国家転覆を狙ったとして再びKCIAによって「北のスパイ」の汚名を着せられたわけだ。裁判では事件の「主犯」に指名された8人に死刑が言い渡され、当然上告するも大法院（最高裁判所）が棄却し、刑が確定。そして信じがたいことに、刑の確定からわずか18時間後の75年4月9日に死刑が執行され、8人の尊い命が奪われたのである。驚くべき速さでの死刑執行は、家族にすら知らされなかったという。独裁者に逆らえばこうなるという見せしめのような仕打ちであった。

あまりに短時間のうちに行われた独裁政権の蛮行は、国内外からおびただしい非難を招いた。アムネスティ・インターナショナルは抗議声明を出し、国際法律家委員会（ＩＣＪ）はこの死刑を「司法殺人」と認定、執行日の4月9日を「司法暗黒の日」と宣言するに至った。人民革命党事件をめぐる裁判と判決は、韓国の消えない汚点として世界に記憶されることになったのである。事件はその後、２０００年に当時の金大中政権が立ち上げた「疑問死真相究明委員会」（先述の「過去史委」は盧武鉉《ノ・ムヒョン》時代の名称で、両者は同じような位置づけ）が、再調査によって捏造による冤罪事件であることを発表、犠牲者たちの再審が行われて２００７年、８人は無罪となった。その死から30年以上が経って彼らの名誉は回復されたが、権力のスケープゴートにされて奪われた命を思うと、その空しさが晴れることはない。

このように、冤罪と死刑をめぐる2つの歴史的事件を教訓として、韓国では97年以来死刑執行が停止されている。映画『7番房の奇跡』は、刑務所を舞台に父と娘のあり得ない奇跡が展開するファンタジーではあるが、最終的に「死刑の執行」が2人に決定的な別れをもたらし、成長した娘は自分自身で父親の名誉を取り戻す。そこには、韓国の悲しい歴史とその転換点となった「１９９７年」という数字が埋め込まれており、作り手たちの強いメッセージを見出すことができる。

映画の終盤、刑務所内で仲間が作った気球に乗り込んだヨングとイェスンは、そのままフワフワと空高く舞い上がっていく。観客の誰もが、なんとかこのまま2人を脱出させてあげたい、と思ったに違いない瞬間、刑務所の壁にロープが引っ掛かり2人は元の場所に戻されてしまう。観客がどんなにヨングの無罪を望んでも、間違った裁判で理不尽な判決が出ても、「悪法も法だ」という言葉がある通り、法は守られなければならない。気球の場面はそのことを象徴的に描いている。だからこそ、私たちは法が「正常に」機能しているかを常に監視しなければならない。独裁時代が終わったとはいえ、「権力」が厳然と存在する限り、いつどんな巧妙な手法で彼らが再び「法」を乗っ取るか知れないからだ。今の韓国で死刑は執行されていないが、制度そのものはなくなっていない。「世の中にこんな法はない！」と叫びながら死んでいく人が、二度と現れてはならない。

『ＫＣＩＡ 南山の部長たち』

正義心か、ジェラシーか 独裁者を撃ち抜く弾丸が意味するもの

◎物語

１９７９年10月26日、大韓民国中央情報部（ＫＣＩＡ）部長のキム・ギュピョン（イ・ビョンホン）は、パク大統領（イ・ソンミン）を暗殺した。この事件の40日前、大統領に切り捨てられ恨みを抱いていた元ＫＣＩＡ部長のパク・ヨンガク（クァク・ドウォン）が、亡命先のアメリカで国会の聴聞会に出席、世界に向けてパク大統領の悪政の実態を暴露し、波乱を巻き起こしていた。怒り狂ったパク大統領の命令でアメリカに渡ったキムは、回顧録を執筆中だというヨンガクから原稿を奪い、出版を阻止しようとする。一方、キムを差し置いて大統領に取り入ろうとする警護部長のクァク・サンチョン（イ・ヒジュン）も、事態を収拾するために動き出す。しかし、キムとクァクはことあるごとに衝突し、大統領への忠誠争いは次第にエスカレートしていく……。

原題：남산의 부장들

原作：金忠植（鶴眞輔訳）『実録KCIA―「南山と呼ばれた男たち」』講談社、1994

製作：2020年（日本公開：2021年） 韓国／カラー／114分

監督・脚本：ウ・ミンホ 脚本：イ・ジミン 撮影：コ・ラクソン

出演：イ・ビョンホン、イ・ソンミン、クァク・ドウォン、イ・ヒジュン、キム・ソジン

軍事クーデターによって韓国の大統領に就任し、18年という長きにわたってその地位に君臨し続けた朴正熙《パク・チョンヒ》は、1979年10月26日、実質的〝ナンバー2〟であったKCIAの部長、キム・ジェギュによって暗殺された。朴の死は韓国中に衝撃を与え、ヒステリックな悲しみをもたらした。多くの国民が誰彼なしに街に飛び出して慟哭し、その様子はテレビを通して中継されたものだ。一方で暴圧的な長期独裁の終焉に、喜びの「万歳」を（密かに）叫んだ人も少なからずいた。当時小学校4年生だった私にとっては、朴の死そのものよりも、「閣下！」と目の前で泣き叫ぶ父の姿のほうが遥かにショックだった。そんな大人たちの異様さに違和感を覚えつつも、朴の徹底した反共教育で育った私は、このどさくさに紛れて北朝鮮が攻めてくるのではないかと本気で恐怖に慄いたのをよく覚えている。

だが国の混乱ぶりに乗じて登場したのは北の人民軍ではなく、全斗煥《チョン・ドファン》率いる新軍部だった。全は、朴暗殺の犯人たちを素早く逮捕すると、「大統領になりたいという誇大妄想に囚われたキム・ジェギュが犯した内乱目的の殺人事件」と発表した。そして裁判から死刑までをあっという間に終わらせて早々と事件の終結を宣言、朴に代わって権力を掌握していく。以来韓国では、全の発表が朴正熙暗殺事件にまつわる「定説」とされてきたが、この事件をキム・ジェギュの「誇大妄想」だけで片づけるにはあまりにも謎が多かった。十分な調査を経ないまま肝心のキムが死刑となり、彼が

「なぜ暗殺に至ったのか」は明らかにされないまま、時間の経過とともに様々な噂が飛び交うようになった。例えば「キムが政権内での権力争いに敗れた」という説や、「朴の悪政への反感から殺害を計画した」という説、中には当時の核開発計画に反発したアメリカが画策したという、米韓関係の悪化を踏まえた具体的な説もあった。暗殺直後、キムが米軍基地に逃げ込んだという噂もあり、〝アメリカ黒幕説〟は長らく消えなかった。真相究明を目論んだ書籍がいくつも書かれたが、自らの手で終わらせたはずの事件に対する注目の再燃を嫌ったからか、全政権下では発売を禁止され、結果的に民主化が進む90年代まで出版を待たなければならなかった。

そんな中、１９９０年に「東亜《トンア》日報」で始まった連載が世間の大きな関心を集めた。それまで実態がほとんど表に出ていなかった軍事政権下でのＫＣＩＡの部長たちに焦点を合わせ、権力の暗部に迫る内容で、２年にわたる連載後には『남산의《ナムサネ》 부장들《プジャンドゥル》（南山の部長たち）』という題名で出版され、ベストセラーになった。ちなみに、ＫＣＩＡの本部がソウル中心部の「南山《ナムサン》」という山にあったため、南山はＫＣＩＡの通称として使われている。今ではソウルの観光スポットになっているが、独裁政権下で数々の拷問が行われていたことから、当時は国家権力による〝暴力の象徴〟として悪名高い場所だったのだ。この本でとりわけ注目されたのは、膨大な資料と取材に基づき、朴暗殺に至るまでのキムの心境の変化を具体的に描き出している点である。本書を原作にした『ＫＣＩＡ　南山の部長たち』について、事件の背景や人物同士の関係に触れながら紹介したい。

本作の特徴は、これまで「ただの殺人者」とレッテルを貼られてきたキム・ジェギュの人間性に重きを置き、「キム・ギュピョン」という架空の人物に彼の感情や内面の動きを丁寧に落とし込んでいる点にある。とはいえ、近年の韓国映画に多く見られる「ファクション」（歴史的事実に想像力によるフィクションを混ぜたジャンル）としてではなく、原作者が「8割は忠実な再現」と太鼓判を押すほど、事実に寄り添う姿勢をとっている。また、最近は「朴による独裁を終わらせた英断」とキムの暗殺を再評価する動きも出てきているが、映画はキムを英雄視することなく淡々と描く。キムを演じたイ・ビョンホンもまた、「自分は政治的な要素に興味がないので、ひたすら人間としてのキムを演じることに集中した」と語っている。ただし映画では実名を用いず、「朴大統領」さえも「朴正熙」と呼ぶことがないのは、ここで描かれていること自体も本当かどうかわからない、真実はいまだ明らかではないということを示すためではないかと思われる。

それでは以下で、本作を構成している大きな二つの事件を中心に見ていこう（括弧内は役名）。

一つ目は、KCIA部長のキム・ジェギュ（キム・ギュピョン）と、警護室長のチャ・ジチョル（パク・サンチョン）の対立の発端として描かれる、元KCIA部長キム・ヒョンウク（パク・ヨンガク）事件である。キム・ヒョンウクはもともと、朴正熙によるクーデターにも参加していた腹心の部下であり、命令遂行のためには手段を選ばない人物だった。拷問や捏造による多くの犠牲者を出し、その手口があまりにも汚かったので政権内部からも批判されたほどである。朴政権維持の功労者であったにもかかわらず、あまりにも多くを知り過ぎてしまったために、次第に朴正熙からも疎まれるようになった。こうした冷遇によって不満が募り亡命したヒョンウクが、朴政権の実態をアメリカで告発したのは本作で描かれている通りだ。とりわけ朴正熙が激怒したのは、政権の暗部を詳細に記述した原稿（韓国では『キム・ヒョンウク回顧録』として1985年に出版）だった。

自分に忠誠を誓った部下に暴露本を出されるのは皮肉なものだが、キム・ヒョンウクにとっては金銭的な目的のみならず、朴正熙の報復から自らを守る最後の手段でもあったのだろう。キム・ジェギュ以外にも何人もの政府関係者が出版を思いとどまらせようと説得を試みたが、彼は応じなかった。焦った朴政権は今度は暗殺を画策、本作では緊迫感たっぷりの攻防が前半のクライマックスとなっている。だが実際には、長年にわたりキム・ヒョンウクは「パリで行方不明になった」としか伝えられていなかった。暗殺されたのだろうと臆測だけが広がる中、2005年に元KCIA要員と名乗る人物が突如現れ韓国社会を驚かせた。政治週刊誌の記者が半年にわたって説得し、ようやくインタビューにこぎつけたというその人物は、「私がパリでキム・ヒョンウクを拉致し、養鶏場で殺した」と告白したのだ。本作はその証言を元にしている。

事件から26年後に証言者が現れた背景には、2005年に韓国で発足した「真実・和解のための過去史整理委員会（過去史委）」という組織の存在が挙げられるだろう。植民地時代から朝鮮戦争、軍事独裁と目まぐるしい歴史をたどった韓国では、権力による人権蹂躙や暴力、虐殺、疑問死があとを絶たなかった。どれほど多くの人が理不尽な死を遂げ、その事実が時の権力者によって隠されてきたことだろう。「過去史委」はそんな歴史を再検証し、権力の横暴を認め、犠牲者たちの名誉回復と補償という目的で設立され、一定の成果を挙げている。そして過去史委が検証の対象として挙げた中に、「キム・ヒョンウク行方不明事件」も含まれていた。この元KCIA要員の協力のもと、「過去史委」とともに真相究明に取り組んだ国家情報院（KCIAの後身）が出した結論は、養鶏場ではなく「山に捨てて枯れ葉で隠した」という最初の証言とはやや異なるものだった。フランスとの外交問題を避けるために韓国側が配慮したとも言われており、新たな疑問が残りはしたものの、少なくとも長年「行方不明」とされてきたキム・ヒョンウクが、「キム・ジェギュの命令で拉致され、殺された」という事実は明らかになったのである。朴政権時代のKCIAは、国家という名のもとでは殺人も簡単に正当化する、恐ろしい集団だったのだ。

二つ目の事件は、本作の中心でもあるキム・ジェギュによる「朴正煕大統領暗殺事件」だ。彼自身が多くを語らないまま死刑となり、様々な説が飛び交う中で現在最も真実に近いといわれているのが、「警護室長のチャ・ジチョルとの権力争い（朴正煕への忠誠争い）に負けつつあったことへの憤り」と、「朴正煕の独裁に対する反発」の二つである。二人の対立の背景には、朴政権成立時のクーデターに参加していたチャ・ジチョルと、不参加だったキム・ジェギュという出発点の違いが大きく影響しているとされる。クーデターに貢献し、朴正煕に最も近い位置にいると自負していたチャ・ジチョルは、警護室長の権限を越える行為を平気で行い、朴正煕もそれを黙認していた。また軍人としての階級も年齢も上だったにもかかわらず、チャ・ジチョルは基本的なマナーを微塵も示さなかったため、キム・ジェギュのプライドはズタズタにされたという。側近二人が大統領の寵愛をめぐって衝突するなど幼稚にも見えるが、当時、彼らの仲の悪さは国民の間でも知られていたというからよっぽどだったのだろう。朴正熙はまた、国会議員の3分の1を大統領が任命できるという信じがたい憲法の改悪も行っているのだが、キム・ジェギュがその制度によって政界入りしたという経緯も、チャ・ジチョルとの関係に影を落としていたと思われる。

さらに、私たちにとってより身近なエピソードに次のようなものがある。朴正熙の娘で韓国の前大統領、朴槿恵《パク・クネ》が、親友チェ・スンシルを国政に介入させたとして大スキャンダルとなった事件は記憶に新しいが、朴槿恵はかつて、チェ・スンシルの父親で宗教団体の教祖であったチェ・テミンと親密な関係にあった。娘を心配した朴正熙がキム・ジェギュとチャ・ジチョルにチェ・テミンの調査をさせたところ、キム・ジェギュが一刻も早くチェ・テミンを排除すべきだと進言したのに対し、チャ・ジチョルはチェ・テミンを擁護するような報告をした。結局朴正熙はチャ・ジチョルの意見を採用したわけだが、未来の朴槿恵がチェ・スンシルによって意のままに操られることを思うと、どうやらキム・ジェギュが正しかったと考えてよいだろう。このような積み重ねによって、キム・ジェギュは朴正熙に対して不満を募らせていったようだ。そんな彼の感情の起伏を絶妙に表現しているイ・ビョンホンの演技は必見である。

もう一つの動機とされる「朴正熙独裁への反発（正確には〝うんざりしていた〟というニュアンス）」は、裁判でのキム・ジェギュの陳述から推測されたものだ。短い裁判ではあったが、そこで彼は民主主義を破壊している独裁を終わらせるために暗殺に及んだと主張し、自分の行いを「10・26革命」とまで称した。それに対し、自らの行為を正当化する言い訳にすぎないという批判もあるものの、この時期の朴正熙は、野党代表だった金泳三《キム・ヨンサム》（後の大統領）を議員から除名しようとして国民の怒りを買ったり、不当な労働環境の改善を求める女性労働者たちを暴力的に鎮圧して死亡事件に至ったりと国内外からの批判に晒されていた。中でも、劇中に登場する釜山《プサン》と馬山《マサン》で起こった大規模な反政府デモとそれに対する武力的な鎮圧は、朴正熙暗殺を覚悟させる決定的な理由になったともいわれ、キム・ジェギュの主張も十分に理解できる。

本作には描かれていないが、朴正熙は女優やモデルなど大勢の女性たちを自分の性欲解消のために犠牲にしていたことが今では事実として知られており、その数は数百名にのぼると言われている。こうなるとキム・ジェギュによる暗殺は正当な行為のようにも思われ、実際に再評価する動きもある。しかし、本作は決して暗殺への正当性を与えず、またそれを批判することもしていない。彼の感情や行動の変化を丁寧に見せることで、「なぜ殺したか」を観客に問いかける。私的な感情によるものなのか、国家への正義心がさせたことなのか、その判断は観客に委ねられたまま映画は終わる。だが人間というものは複雑な生き物であり、その行動の裏には様々な要素が絡み合っているものだ。暗殺の要因を限定したり単純化せずに描いた本作は、その意味で非常に誠実な姿勢を貫いていると言えるだろう。朴正熙という人物は、経済発展への貢献よりもはるかに多くの悪行を成してきたにもかかわらず、保守派とその支持層はいまだに「朴大統領閣下時代は良かった」と口にしてはばからない。2020年、第2期がスタートした「過去史委」において、韓国現代史上、最大の影響力を誇った朴正熙の時代に埋もれた真相が一つでも多く究明されることを期待して待ちたい。

⑱ 全斗煥政権

『タクシー運転手～約束は海を越えて～』

韓国現代史上最悪の虐殺「光州事件」の真相に挑んだ劇映画

◎物語

1980年ソウル。タクシー運転手のマンソプ（ソン・ガンホ）は、あちこちで繰り広げられる学生デモに悪態をつきながら街を走っていた。ひょんなことからドイツ人記者ピーター（トーマス・クレッチマン）を光州まで乗せる仕事を聞きつけたマンソプは、大金に目がくらみ喜び勇んで向かうものの、光州への道路はなぜか軍人によって遮断され、検問を逃れなんとか光州にたどり着くと、そこにはデモ隊と軍隊が衝突する異様な光景が広がっていた。引き返そうとするマンソプだが、ピーターはカメラを向けて街を撮影し始める。ピーターと対立しつつも、大学生ジェシク（リュ・ジュンヨル）や同業のタクシー運転手（ユ・ヘジン）と知り合う中で、次第に事の重大さに気づいていくマンソプ。一人家で待つ娘を心配し、一度はソウルへ戻ろうとするマンソプだったが、光州での実態が捏造されて報道されている事実を知り、再び光州へと車を向かわせる。

原題：택시운전사

製作：2017年（日本公開：2018年） 韓国／カラー／137分

監督：チャン・フン　脚本：オム・ユナ　撮影：コ・ラクソン

出演：ソン・ガンホ、トーマス・クレッチマン、ユ・ヘジン、リュ・ジュンヨル、パク・ヒョックォン、チェ・グィファ、オム・テグ、チョン・ヘジン、コ・チャンソク

２０２０年、韓国では１９８０年5月に起こった光州事件からちょうど40年という節目の年を迎えた。本来ならば記念式典や関連イベントが開催されるはずが、コロナ禍で中止が相次ぐなか、４月末に大きな注目を集める裁判が開かれた。被告は全斗煥《チョン・ドファン》元大統領、光州事件の「主犯」とも言える人物である。全は２０１７年に出版した『全斗煥回顧録』の中で、相変わらず「光州事件はアカによって煽られて起きた反乱」「ヘリからの銃撃は真っ赤なウソ」といった記述を繰り返し、事件の犠牲者に対する名誉毀損だとして市民団体から提訴されたのだ。裁判でも予想通り容疑を否定し主張を貫くその姿には、自らが指揮した虐殺への反省も、犠牲者や遺族への謝罪も毛頭見られなかった。そこには、不当な裁判だと逆ギレしている元権力者の醜悪な本性しかなかった。

韓国では２０１７年5月、朴槿恵《パク・クネ》大統領の弾劾・罷免に伴い、文在寅《ムン・ジェイン》が大統領に就任し、10年ぶりに進歩派政権が誕生した。進歩派政権はこれまでも光州事件の真相究明に力を入れてきたこともあり、前政権下では公開が厳しかったであろう光州事件を題材にした映画が、文政権下で公開されたこと自体は不思議ではない。光州事件を扱った映画は、数は少ないものの これまでにも存在したが、完成度は別としてどうしても重苦しさが先に立ってしまい、ヒット作品が生まれにくかった。ところが『タクシー運転手〜約束は海を越えて〜』は観客動員１２００万人以上という大ヒットを記録しただけでなく、日本でも大きな注目を集め、それまで韓国映画をあまり観なかった観客にも届く結果となったのだ。では40年という月日が経った今でも、「まだ終わっていない」事件として韓国国民の関心を集め続けている「光州事件」とは一体何だったのか。そして本作の大ヒットの要因は何だったのだろうか？

光州事件は１９８０年5月18日から27日にかけて、韓国南部の都市、光州で起こった反軍事独裁・民主化闘争運動である。その端緒は、１９７９年10月26日の朴正煕《パク・チョンヒ》暗殺事件にまで遡る。朴の暗殺をきっかけに全斗煥による軍事クーデターが起こり、それに対する抵抗として光州事件は始まったのだ。

暗殺から2ヶ月後の12月12日、全と盧泰愚《ノ・テウ》（後に全に続いて大統領になる）らが率いる軍の組織がクーデターを起こして実権を掌握した。18年間に及んだ朴の独裁政権が終わり、いよいよ韓国にも民主化の春がくると思われた矢先だったこともあって社会全体の反発は大きく、とりわけ大学の冬休みが明けた80年4月以降は、大学生や労働者たちのデモが全国に拡大していった。全率いる新軍部は、5月17日に集会の禁止や報道の事前検閲、大学の休校など戒厳令の拡大措置を発令、翌18日には他の大学と同じく光州の全南《チョンナム》大学でも学生と戒厳軍が対峙した。だが光州では、突然戒厳軍が棍棒で手当たり次第に殴り始め、学生は次々と連行された。過剰な暴力に市民らが止めに入ると、軍は一般市民に対しても暴力を振るい、こうして市民を巻き込んだ光州事件が始まったのだ。

19日、市民によるデモが大きくなるにつれて戒厳軍も兵力を増やし、ついには市民に向けて発砲を開始した。この発砲を命じたのが誰かという問題は、現在でも大きな争点となっている。国民を守るための軍がその国民に向かって発砲することは、憲法で定めるところの「大反逆罪」にあたるわけで、軍トップだった全が命令を下したことは間違いないものの、冒頭で述べた通り全自身がいまだ否定し続けているのが現実だ。20日には軍の銃撃に対抗して市民も武装を始め、組織化して軍の撤退と民主化を要求する声明を発表する。しかし軍による統制で孤立状態に陥っていた光州の声が外部に届くことはなかった。

劇中でピーターは20日に光州に入り、命がけで撮影したフィルムを持って21日に脱出するが、光州ではその後も、道庁を拠点に市民軍たちが戒厳軍に対して応戦し続けた。膠着状態を打開しようとした戒厳軍は、大勢の兵力に加えて戦車をも光州に送り込み、ついに27日、道庁で最後まで抵抗した市民軍はほとんどが射殺され、光州事件は「北朝鮮に煽られたアカによる反乱」として終結した。この日に道庁でどれだけの市民軍が殺害されたかも明らかになっていないし、光州事件全体を通じての犠牲者数も不明のままだ。ピーター（実際はヒンツペーター）が持ち出したフィルムによって事件の映像が報道され、韓国は国際社会から批判されるものの、言論統制によって当時国民が真実に触れることはなかった。

韓国ではその後も長きにわたり、徹底して事件を捏造する新軍部に対して真相を究明しようとする闘いが続いた。そしてついに軍事政権の終焉とともに発足した金泳三《キム・ヨンサム》政権下の１９９５年、光州事件を検証するための「5・18特別法」が成立した。光州事件は「5・18民主化運動」と正式に名づけられ、「アカによる反乱」などではなく「戒厳軍の鎮圧に対して、民主主義のために光州の学生・市民らが命をかけて立ち向かった歴史的事件」と定義されて、5月18日は光州民主化運動の国家指定記念日となった。全斗煥と盧泰愚は虐殺の罪を問われて死刑を言い渡され（後に特別赦免）、軍による虐殺を司法が認めたことで、光州の犠牲が無駄でなかったことが証明された。２０１１年には、事件の関連史料がユネスコの世界記憶遺産に登録され、犠牲者・遺族への補償や行方不明者の捜索は今なお続けられている。

以上が事件の全体像だが、そもそも当時各地でデモが起こっていたにもかかわらず、なぜ光州だけがこのような事態に陥ったのだろうか。その背景には、朴正熙政権時代に作られた根強い「地域差別」が存在している。

１９６３年以来続いていた軍事独裁政権だったが、70年代前半、彼には手強い政敵がいた。金大中《キム・デジュン》である。軍事独裁打倒の先頭に立ち、国民からの熱い支持を受けていた金に対抗するため、朴は金をアカに仕立て上げ、金の出身地であった全羅道《チョルラド》（光州を含む地方）の連中もアカだという間違った認識を広めていった。「全羅道出身者とは付き合うな」という差別意識は国全体に浸透し、テレビドラマに登場する汚れ役は決まって全羅道の方言を喋っていたものだ。全もまたこの地域差別を利用し、アカたちの反乱を制圧した自分こそが大統領にふさわしいのだと見せつけようとした。光州事件の隠蔽は、政府による統制だけではなく、光州なら起こってもおかしくないという、外側の人間の「やっぱりね！」という誤った認識が、光州をスケープゴートに仕立ててしまったのである。

こうして当時ほとんどの国民は、軍事政権の捏造通り光州事件をアカによる反乱だと信じ切ってしまったのだ。そして時が流れ、軍事政権が幕を下ろし、徐々に事件の全貌が明らかになるにつれて、人々は軍事政権への怒りと同時に、事件から目を逸らしてきた己の愚かさを恥じ、事件の犠牲者に対する罪悪感に苛まれるようになっていった。いまさら光州事件を自分が語るのは図々しい……そんな複雑な思いを多くの人が抱いていたところに本作が登場し、マンソプという主人公が姿を現したのだ。マンソプは知識も教養もない一般「庶民」と呼べる存在であり、当初学生デモにも全く理解を示していなかった。そんな彼が外側から光州に入り、少しずつ真相に近づきながら権力者の横暴に目を覚ましていく姿に、私を含め多くの韓国人は己を重ね合わせ、自分と同じ目線を持つマンソプに感情移入することができた。本作の大ヒットの背景には、多くの韓国人に共有されていた歴史を巡る国民的心情があったと考えられる。

最後に、映画にまつわる後日談を紹介しよう。ピーターのモデルとなったドイツ人記者ヒンツペーターは光州事件を世界に知らしめた実績を評価され、2003年に権威ある言論賞を受賞、その時のスピーチでタクシー運転手キム・サボクに言及したことが映画製作のきっかけになった。本作はほとんどが実話に基づいているが、ピーターに嘘の名前を告げ、彼の受賞を街角でそっと見守るマンソプというラストは、作り手の温かな想像力によるものであり、映画の最後では再会が叶わないままヒンツペーターが他界した事実が語られていた。ところが、映画の公開後にキム・サボクの息子と名乗る人物が現れたことによって、サボクの消息が明らかになったのだ。それによると、実際のサボクはマンソプのような庶民派運転手ではなく、外国人相手の観光ガイドを専門にしていた「ホテルタクシー」の経営者であり、早くから政治活動に参加、光州にも強い使命感を持って向かった人であることがわかった。そして、光州事件から4年後の1984年、既にがんで亡くなっていたことも。2人が再会できなかった理由ははっきりしないが、いずれにしてもヒンツペーターが必死でサボクを探していた時、サボクはもうこの世に存在していなかったことになる。

この報道を聞いて、私は少しばかりがっかりしてしまった。マンソプのようなキャラクターを期待していたのに、実はそんな「エラい」人だったのかと。だがそれと同時に、映画の力を実感したのも事実である。タクシー運転手の正体がわからなかったことで、ソン・ガンホ演じるマンソプが誕生し、彼だったからこそ多くの観客が映画に惹きつけられたのだから。本作が韓国国内に限らず、日本をはじめ外国でもヒットした要因もそこにあるに違いない。本作はこれからも末長く愛されて然るべき映画だと思う。

『弁護人』

仕立てられた「アカ」のために闘った人権弁護士　盧武鉉《ノ・ムヒョン》大統領前史

◎物語

1980年の釜山《プサン》、高卒の弁護士ソン・ウソク（ソン・ガンホ）は、金儲けのために税務関係の仕事ばかりを請け負い、周囲からは冷たい目で見られていた。ある日、かつて世話になった食堂の女将・スンエ（キム・ヨンエ）から息子のジヌ（イム・シワン）がある事件に巻き込まれ裁判を控えていると聞く。息子を助けてくれというスンエの頼みを断り切れず、一緒に拘置所へ面会に行ったウソクは、そこで拷問を受けて満身創痍になっているジヌの姿にショックを受け、事件の弁護を引き受けることにする。国家権力との壮絶な闘いを通して、俗物だったウソクは大きく変化を遂げていく。

原題：변호인
製作：2013年（日本公開：2016年）　韓国／カラー／127分
監督・脚本：ヤン・ウソク　脚本：ユン・ヒョンホ　撮影：イ・テユン
出演：ソン・ガンホ、キム・ヨンエ、オ・ダルス、クァク・ドウォン、イム・シワン、ソン・ヨンチャン、チョン・ウォンジュン、イ・ソンミン、イ・ハンナ、リュ・スヨン文在寅《ムン・ジェイン》大統領が閣僚に指名した2019年8月からおよそ2ヶ月の間、韓国社会を真っ二つにし、賛否両論の中心に立っていたチョ・グク法相が辞任した。韓国では、大統領が指名した閣僚候補者が国会の聴聞会で資質や政策へのヴィジョンを検証される仕組みがあり、実はこれまでも多くの候補者たちが〝プライベートな疑惑〟に対する野党の追及に耐え切れず、聴聞会直後に自ら辞退してきた。もちろん最終任命権は大統領にあるため、稀にではあるが聴聞会での判定にかかわらず大統領が任命を強行することもあり、チョ・グクの場合がこれにあたる。彼は聴聞会後も様々な疑惑に晒されたが、野党の猛攻やメディアの一方的な報道を驚くほど淡々とした態度で受け流していた。そんなチョ・グクの姿に、国民の関心は次第に〝プライベートな疑惑〟から、彼が文大統領と共に提唱している〝検察改革〟へと移っていった。検察改革とは何を意味するのか、なぜこれほどまでの攻撃を受けながら、彼は粘り強く耐えているのだろうか。

そんな中、一本の映画が再び話題を呼んだ。日本では任期終了後に検察の追及を受けて自殺した人物として知られる、盧武鉉元大統領をモデルにした『弁護人』だ。6年前の映画がなぜ今さら？と思うかもしれないが、盧武鉉こそがチョ・グクや文大統領に先駆けて、検察改革を試みた史上初の大統領だったからである。盧元大統領の改革は、検察側の組織的な反発を打ち破れず挫折したうえ、当時は国民からも、検察を政治から分離するという改革は理想的だが実現性が薄いと疑問視されたのだが、あれから16年が経ち、検察改革を目指して奮闘するチョ・グクの姿に忘れかけていた元大統領がオーバーラップしたのである。

細かい部分で設定やエピソードにフィクションを交えているが、本作の大筋は盧元大統領の実話である。映画は87年の民主化運動での逮捕で終わっているため、国家との闘いから政治に身を投げ大統領に上り詰める経緯は描かれていないが、俗物弁護士から人権弁護士への変化を通して、その後の政治家としてのイメージが確立されていく様がよくわかる作品になっている。

劇中でウソクが弁護を引き受ける釜読連事件《プドクリョン》とは、韓国現代史上の重要な出来事として知られる「釜林事件《プリム》」を指している。1981年、釜山で読書会に参加していた大学生や教師、会社員ら22名が、令状もないまま突然公安当局によって逮捕、拷問、起訴されたものだ。当時の軍事独裁政権は、国家保安法違反の名目で、確たる理由もなく国民に次々と「アカ」のレッテルを貼り、不当な逮捕や暴力的な弾圧を繰り返していた。釜林事件でもその不当性は明らかであり、国家権力を傘に終始一方的に進められる裁判で、公安検事（国家保安法違反事件を担当する検事）を相手に次々と論破していくウソクの姿は、ソン・ガンホの熱演と相まって観客の涙を大いに誘った。そしてこの映画をきっかけに、2009年に自ら命を絶った盧元大統領の再評価が進むこととなった。だが本作において特に印象的なのは、韓国社会に根深くはびこる「アカ」という存在ではないだろうか。

同じ民族同士が殺し合った朝鮮戦争以降、北朝鮮と対峙してきた韓国にとって最大の統治理念となった「反共産主義」（反共）だが、実際は権力に抗う者を弾圧するための道具として度々利用されてきた。とりわけ1960年代から90年代はじめまで続いた長い軍事独裁政権下では、共産主義者はもとより、反独裁や民主化を叫ぶ学生や活動家たちを「アカ」に仕立て上げることで、拷問をはじめ情け容赦のない仕打ちが正当化されていた。反共のスローガンの下、時の独裁者たちは権力維持のために、彼らにとって都合の悪い存在にためらいもなくアカのレッテルを貼り、人間としての尊厳も権利も奪ってきたのである。

権力側によるこうした理不尽な仕打ちが、映画ではふんだんに描かれている。友人たちと読書会を開いただけで逮捕されたジヌは繰り返し拷問され、公安のチャ・ドンヨン警監（クァク・ドウォン）は何としてでもジヌを「アカ」に仕立てようと自白を強要する。拷問の恐怖と心身の疲労から、ジヌは反国家的行為を認め自白、検察側はそれを証拠に裁判を進めようとするが、ウソクはやり口の強引さ、不当さを次々と暴いていく。

ジヌが持っていた本のイギリス人の原作者が、ソ連に滞在したことがあるというだけで「不穏書籍」と決めつける検察に対し、ウソクはイギリスの外務省から原作者が「共産主義者ではない」ことを証明する文書を手に入れる。そして、同書がソウル大学の推薦図書だった事実を指摘し、ならば国家のエリートたちは皆アカではないかと言い放つ彼の姿に、観客は高揚感を掻き立てられるが、国家権力はそう簡単に負けを認めはしない。それでも7年後、人権弁護士としてますます勢いづくウソクの姿と、彼の想いが確実に根を張っている様子がラストでは確認できる。

盧元大統領は弁護士時代、このような経験を通じて莫大な権力を振るう検察の弊害や理不尽さを、

身をもって噛み締めたのだろう。だからこそ彼は検察改革に取り組んだに違いないし、側近らにも「検察を権力から自由にさせたい」と漏らしていたそうだ。人権弁護士から大統領となった盧元大統領の、人間中心の哲学、脱権力の姿勢、庶民的な言動は多くの国民に愛され、韓国歴代大統領の中では唯一「노《ノ》・사《サ》・모《モ》」（〝盧武鉉を愛する人々の会〟という意）というファンクラブが存在したほどである。観客動員1100万という大ヒットの背景には、このような「人間・盧武鉉の魅力」へのノスタルジアとともに、80年代を一緒に闘い抜いた386世代（80年代に大学に入った、60年代生まれの、1990年代当時30代だった世代を示す）からの支持や彼を死に追いやった横暴な検察への怒りなどがあるといえるだろう。そんな盧元大統領にとって、文大統領は政治的同志であり親友でもあった。盧政権下で要職を務め、同じ志を持つ文大統領が、盧元大統領が成し得なかった検察改革を目指すのは当然であり、研究者の立場から長年にわたって検察改革を主張してきたチョ・グクを、多少の人間的瑕疵はあるにせよ、重用しようとしたのも十分に理解できる。

かつての朴槿恵《パク・クネ》元大統領絡みのスキャンダルもあり、日本ではチョ・グクの家族を巡る報道にばかり注目が集まるのも無理はないが、盧元大統領からチョ・グクに至る流れを振り返ってみると、今回の彼の辞任には正直もったいないという思いを禁じ得ない。ただし、チョ・グクは「人権保護捜査規則の制定」や「検察組織の縮小」など最低限の手は打ってから辞任した。盧元大統領から受け継がれた検察改革はまだスタートしたばかりである。

『1987、ある闘いの真実』

二人の大学生の死が導いた独裁の終焉と民主化への一歩

◎物語

1987年1月、警察の拷問を受けてソウル大学の学生パク・ジョンチョル（ヨ・ジング）が死亡した。証拠隠滅のため、内務部・対共捜査所のパク所長（キム・ユンソク）は当日中の遺体の火葬許可を検察に要請する。だが当直だったチェ検事（ハ・ジョンウ）はこれを拒否、司法解剖を命令する。ショック死と発表する警察に対し、新聞記者らは解剖を担当した医師との接触に成功し、拷問死であることを突き止めて大々的に報道する。

所長から罪を着せられた部下によって、刑務所で事件の真相を知った看守ハン・ビョンヨン（ユ・ヘジン）は、収監中の元記者イ・ブヨン（キム・ウィソン）にこっそり事件の真相についての告発文を書かせる。ビョンヨンは民主化活動に協力しており、指名手配中の運動家キム・ジョンナム（ソル・ギョング）とも繋がっていたのだ。ビョンヨンの姪のヨニ（キム・テリ）が大学のサークルで出会った先輩イ・ハニョル（カン・ドンウォン）は、デモに参加した際に催涙弾が直撃し命を失う。二人の学生の死により、一般市民の怒りも爆発、独裁打倒と大統領直接選挙への改憲を要求する「6月抗争」が幕を開けるのだった。

原題：1987
製作：2017年（日本公開：2018年）　韓国／カラー／129分
監督：チャン・ジュナン　脚本：キム・ギョンチャン　撮影：キム・ウヒョン
出演：キム・ユンソク、ハ・ジョンウ、ユ・ヘジン、キム・テリ、カン・ドンウォン、パク・ヒスン、ソル・ギョング、イ・ヒジュン、キム・ウィソン、キム・ジョンス、オ・ダルス

現在の韓国の政治・社会体制は「87年体制」と呼ばれる。1987年は長年にわたる軍事独裁を国民の力で倒し、民主化の土台を勝ち取った記念すべき年であり、その後も試行錯誤を重ねながら着実に民主化を進めて今に至るからだ。60年代、朴正熙《パク・チョンヒ》から始まった軍事独裁は彼の暗殺後も全斗煥《チョン・ドファン》によって受け継がれ、国民に重くのしかかっていた。光州事件で幕を開けた80年代は、全率いる新軍部との闘いの時代だったと言っても過言ではない。

『1987、ある闘いの真実』は、80年代を通して続いた軍事独裁との闘いに大きな変化が訪れる1987年を、様々な立場から描き出した群像劇である。700万人を超える観客たちの共感と支持を得て大ヒットし、日本でも『タクシー運転手～約束は海を越えて～』（チャン・フン監督、2017）との連続性の中で、隣国ではこんな歴史が紡がれていたのかと、驚きや感動をもって観られた。本作の主要登場人物はヨニを除く全員が実在するが、ユ・ヘジンが演じた刑務所の看守ハン・ビョンヨンのように、ハン・ジェドンとチョン・ビョンヨンという2人の人物を、名前を合わせて1人のキャラクターに仕立てたケースもある（なおハンはメディアからの取材にも応じているが、チョンは今でも一切のインタビューを断り続けている）。その中でも「6月抗争」の導火線となったのは、大学生の存在である。社会の様々な階層の人々が弾圧を受けながら軍事政権に命がけで抗った80年代、その中心には常に大学生たちがいた。

韓国の学生運動は、植民地時代の1919年に朝鮮人留学生たちが東京で起草した「2・8独立宣言」が最初と言われる。それが契機となって、直後には歴史的にも有名な「3・1独立運動」が起こった。日本による植民地支配下において学生たちは幾度となく「抗日」運動を起こしたが、1945年の独立後、今度は李承晩《イ・スンマン》政権の腐敗に立ち向かい、60年の「4・19革命」では政権打倒に成功した。どんな時代であっても学生たちは、常に自分たちに暴力的な権力を振るう相手と対峙し、恐れずに立ち向かっていったのだ。

1960~80年代の朴正熙から全斗煥政権下では、独裁政権を倒して民主化を実現することが学生たちの目標となった。アカに認定され、拷問を受け、時には死に至っても彼らは怯まなかった。無数の市民が虐殺された光州事件（1980年）の真相究明を求めると同時に、光州事件には実はアメリカが加担していたのではないかという疑いから、80年代には韓国各地でアメリカ文化院放火、大使館占拠といった反米運動が盛んになった。一方で学生たちは、社会を変えるためには大学生というエリートだけの運動では不十分であり、もっと大衆的な広がりが必要だとして、労働者や農民たちへの啓蒙活動にも勤しんだ。大学生の身分を隠して工場に偽装就職をし、経済的な理由から進学をあきらめた同世代の若者に向けて勉強会を開き、労働環境改善のための闘いに導いたり（工活=工場活動）、夏休みを利用して人手の足りない農家を手伝い、農村が抱える問題を農民と一緒に議論して連帯を強めていった（農活=農村活動）。そうした中で軍事独裁や光州事件の知識も広まっていったが、学生たちのこうした活動を、政府はすべて「アカ」と決めつけて弾圧した。

「6月抗争」はパク・ジョンチョルという一人の大学生の死から幕を開けるが、彼こそがまさに当時積極的に学生運動に参加していた人物であった。パクは85年、ソウルのアメリカ文化院占拠によって逮捕されて以来、警察から「悪質なアカ」として監視されており、農活や工活も積極的に行ったために1年近く刑務所に収監された。そして釈放直後に、同じく当局から目をつけられていた先輩をかくまった疑いで逮捕・拷問されたのだった（彼が黙秘を貫いて庇ったその先輩が、後に転向して保守派の政治家を目指した人物であることは何とも悲しい現実である）。このように1987年に起こった民主化への大きなうねりは、突然起こったのではなく、80年代に盛んだった学生運動の帰結として捉えるべきものである。

「6月抗争」は、パク・ジョンチョルとイ・ハニョルという2人の大学生の死なくしては起こり得なかった。わずか半年の間に2人の学生を死なせてしまったという事実が、それまで運動に興味を示さなかった人々を駆り立てた。そして映画の最後にデモに加わるヨニのように、ハニョルの死がノンポリ学生たちを立ち上がらせるきっかけともなった。とりわけ印象的なのは、催涙弾を撃たれた直後のハニョルを捉えた写真である。エンドロールに登場する実際の写真を見ると、映画での再現性の高さにも驚かされるが、ロイター通信の韓国人記者によって撮られたこの写真は国内外のメディアで報道され、6月抗争の象徴となった。

光州で生まれ育ったハニョルは、中学2年の時に起きた光州事件の惨劇を目の当たりにし、大学進学後は学生運動に身を投じるようになったという。劇中でヨニが誘われたサークル説明会で光州事件の映像が密かに上映されたように、当時の大学生たちは、違法に入手した光州の映像を新入生に見せて〝教育〟し、事件の真相究明を求めていたが、光州出身であればその思いは人一倍強かったことだろう。エンドロールに映し出されたおびただしい人々の光景は、ソウルだけでも100万人以上が参加したというハニョルの「国民民主葬」である。

6月抗争までの一連の出来事を緊張感たっぷりに描き出した本作だが、特に評価されるべきは、権力側とそれに対抗する民主化運動側双方の人物を忠実に描いている点であろう。出演者を見ると主演級の俳優を贅沢に起用したように見えるが、たとえ登場時間が短くとも、歴史上の重要人物を演じることに対する意気込みが一人一人の演技から伝わってくる。唯一架空のキャラクターであるヨニは、『タクシー運転手』のマンソプ同様、観客が感情移入しやすいごく普通の女子大生として描かれている。ヨニは労働運動の過程で裏切りに遭い酒に溺れて死んだ父への想いから、叔父の活動や学生運動に対して冷ややかな態度をとっていた。しかし叔父の逮捕やハニョルの死をきっかけに目覚めた彼女がデモ隊の車両に上り、そこから見た民主化を求める人だかりを映すラストショットには、誰もが思わず目頭を熱くするに違いない。

このように映画がすべて語り尽くしていると言っていい力作なのだが、本作における最大の悪役であり映画の支柱とも言えるパク所長については、もう少しその背景を解説しておきたい。彼は徹底した反共主義者だが、意外にも出自は今の北朝鮮である。映画の冒頭で彼を「脱北者」と説明する字幕が出るが、この呼び名は94年の金日成《キム・イルソン》主席の死去後に大量発生した北朝鮮からの脱出者を指すことを考えると、正確にはパク所長は「越南者」と位置付けられる。彼はかつて、家族同然の仲だったにもかかわらず共産主義思想に染まった北朝鮮の人民軍兵士に家族を惨殺された過去がある。47年に韓国へ逃れてからは、その復讐とばかりに対共捜査所で「アカ狩り」の先頭に立ってきたのだった。李承晩、朴正熙、全斗煥と歴代の大統領に仕えて表彰され、特に拷問で腕を発揮したという彼によって、一体どれだけの人が犠牲となったのだろうか。韓国での「アカ」は共産主義者だけではなく「政権に抗う者」を意味しており、不当に存在を消された者の数は計り知れない。

だがそんなパク所長も身を滅ぼす時を迎えた。パク・ジョンチョルに拷問死の疑惑が浮上すると、彼は苦し紛れに「机をバンと叩いたら、ウッと言って死んだ」と言い逃れしようとした。新聞の一面に載ったその記事を見て、当時高校3年生だった私でさえもバカバカしいと感じたのを覚えている。この事件で失脚した彼は裁判で有罪となり、2008年に死亡している。映画では、彼の出自や憎しみの背景をきちんと描いた上で、名優キム・ユンソクが北朝鮮訛りでその存在感を見せつけ、見事に映画の中心として機能していた。

余談ではあるが、本作出演者の中には、実際の事件と深く関わっている人物もいる。パク所長の直属の上司にあたる治安本部長を気弱に演じたウ・ヒョンは、イ・ハニョルと同じ延世《ヨンセ》大学の出身で、学生運動の仲間でもあった。ハニョルの葬儀で彼の遺影を抱いている若き日のウ・ヒョンを写した写真は、今では歴史の1ページとなってその姿を刻んでいる。また、全斗煥の最側近である国家安全企画部部長を演じた俳優ムン・ソングンの父は、民主化運動の指導者として有名なムン・イクファン牧師である。本作のエンドロールで、運動により命を落とした学生や労働者たちの名前を涙ながらに叫んでいた人物だ。ムン・ソングンもまた、俳優でありながら進歩派の政治家として活躍した時期もあった。実際には運動側の立場にあった彼らが、映画では権力側の人物を嫌味なほどうまく演じている様は、俳優としての実力を感じさせると同時に、闘争の内実と権力側の本質をよく知る彼らだからこそと言えるだろう。

最後にもう1点、1987年をめぐる歴史について注釈を加えておきたい。映画のラスト、ヨニが目にする壮大なデモの光景は「6月抗争」の始まりを告げる出来事なのだが、そこで叫ばれていた「護憲撤廃」についてだ（ちなみにこの場面に響くシュプレヒコールを先導する女性の声は、監督の妻で韓国を代表する女優ムン・ソリの声である）。1987年は全斗煥大統領の任期が終了し、年末には大統領選を控えた年だった。そこで大きな論点となったのが大統領選の制度である。もともと韓国の大統領選は国民による直接選挙だったのだが、朴正煕が改憲を強行、自らの追従者で固めた組織から大統領を選ぶという間接選挙に変えた上、任期の制限もなくしたために、憲法上は死ぬまで大統領を続けられる仕組みになってしまった。これが悪名高い「維新憲法」である。維新憲法に対する国民の猛反発を知る全斗煥は、憲法に手を加え「1期のみ7年間」と任期を変更はしたものの間接選挙そのものは変えず、自らの後継者である盧泰愚《ノ・テウ》に大統領を継がせようとしていた。だが民主化勢力にとっては間接選挙そのものが問題であり、それが続く限り独裁は断ち切れないとして、「憲法」を「守る」のではなく、「直接選挙」に「変える」ことを望んだのだった。

6月抗争の末、政府はついに大統領直接選挙への改憲を含む要求を受け入れ、「6・29宣言」を発表した。韓国が国民の力で民主主義を勝ち取った瞬間である。だが、その後に行われた大統領選挙の結果は残念極まりないものだった。与党側の候補者盧泰愚に対して、野党側は統一候補を立てることに失敗、金大中《キム・デジュン》と金泳三《キム・ヨンサム》の2人が立候補したことで票が割れ、結果盧泰愚が当選するという、全斗煥が望んだ形になってしまったのだ。中途半端な形で実現された民主化をさらに推し進めるため、学生を中心に民衆は、その後もしばらく闘い続けることになる。それでもなんとか民主化の道へと突き進んできて30年以上、進歩と保守の対立で極端な二分化の様相を度々露呈している韓国では近年、「87年体制」の原点に立ち戻り、ともに闘った記憶を呼び戻して今の政治を見直そうとする動きもある。本作もその一つと捉えつつ、今後の政治の動向を見守りたい。

監督論②

イ・チャンドン

作品に見る光州事件と1980年代韓国現代史

小説家としてその名を高めたのち、映画へと活躍の場を移して、文化観光省大臣（2003〜04）を務め、プロデューサーとして新進監督たちに映画を作る場を提供しながら、これまでに6本の長編を生み出しているイ・チャンドン。小説家時代、彼に対する韓国文壇の評価は「歴史的現実に置かれた人間を存在論的に探究する作家」というものだった。実際、彼の小説では、分断という朝鮮半島の現実、軍事独裁が続いた1980年代韓国と政治的弾圧による多くの犠牲が主なテーマとして描かれてきた。その原点にあるのは、ドキュメンタリー『イ・チャンドン　アイロニーの芸術』（アラン・マザール監督、2022）で監督自身が語っているように、1980年5月18日に起こった光州事件に対して抱え込んだ罪悪感である。戒厳令によって封鎖され大学構内に入ることができなかった当時大学4年生のイ・チャンドンは、光州で民衆が国家による暴力の犠牲になっているその瞬間、何も知らずに親友の家で花札に興じ、酒を飲んで憂さ晴らしをしていたという。その後も長い間、事件の詳細を知ることのないまま生きてきた多くの国民と同じような罪悪感を、イ・チャンドン自身も多かれ少なかれ共有してきた。

こうしたイ・チャンドンの歴史認識は、小説のみならず映画にも受け継がれていくことになる。ここでは、イ・チャンドン映画の中で直接的に歴史に言及した唯一の作品『ペパーミント・キャンディー』（1999）を起点に、監督が映画に何を描いてきたかを韓国現代史の観点から見ていくことにしよう。

『ペパーミント・キャンディー』は、現在から過去に遡る構成を通して、「帰りたい」と叫びながら今まさに自殺しようとしている主人公のヨンホ（ソル・ギョング）が、人生に疲弊し自己嫌悪に陥っていく過程を描いている。映画に描かれる1999年、94年、87年、84年、80年、そして79年という年号は、その多くが韓国現代史における大きな転換点を意味している。これらの歴史と映画の中の出来事を時系列に沿って並べ替えてみると次のようになる。

1979年10月、朴正熙《パク・チョンヒ》大統領が暗殺され、18年続いた軍事独裁がようやく終わりを告げた（かに見えた）。国民が抱いた民主化への純粋な希望は、工場の同僚たちとの朗らかなピクニックやスニム（ムン・ソリ）とのほのかな初恋として描かれる。80年5月、光州で兵役についていたヨンホは、わけもわからないまま光州事件鎮圧に駆り出され、鉢合わせた女子高生を威嚇しようと放った銃弾が誤って彼女を死に追いやってしまう。以来ヨンホは、光州での罪悪感を抱えて生きていくことになる。84年、アメリカ大使館襲撃事件が起こり、学生運動に反米という大きなアジェンダが加わった。刑事になったばかりのヨンホは、アカとして連行された労働運動家たちへの拷問に戸惑いながらも手を染めていく。87年、パク・ジョンチョルとイ・ハニョルという二人の若者の死を契機として民主化運動が大きな広がりを見せ、国民がついに民主化を勝ち取った年、権力側の人間としてすっかり暴力も板についたヨンホは、明らかにパク・ジョンチョルを連想させる若者を拷問する。94年、警察を辞めたヨンホは、かつて自分が拷問した相手と偶然気まずい再会を果たす。そして99年、ミレニアムの変わり目を前に浮かれている世間を尻目に、20年前のピクニックと同じ場所で、己の人生に幕を下ろす。

光州事件の経験を罪悪感として抱え込んだヨンホが、警察に入り学生や労働者への拷問を繰り返す姿は、自らの罪悪感を隠蔽する、あるいは否定したい気持ちの裏返しであり、その結果、彼の人生は疲弊していったのである。

『イ・チャンドン　アイロニーの芸術』で何度も「純粋」という言葉を口にするイ・チャンドンにとって、韓国における純粋さの原点とは明らかに「1979年秋」を示している。そしてそれ以降、80年、84年、87年……という歴史の節目を通して、その純粋さがどう破壊されてきたかを描く。小説を書くきっかけがそうであったのと同じように、映画作家に転身したイ・チャンドンもまた、この時代を振り返らない限り、原点である光州事件を描かない限り、この世界で生きていくことはできないと考えたのではないだろうか。フィルモグラフィの中で唯一、歴史を直接描いた本作には、映画作家としてのイ・チャンドンの覚悟と原点が詰まっている。そして次作『オアシス』(2002)からは、そうした歴史がメタファー(隠喩)となって作品の中に組み込まれていくことになる。

周囲に迷惑ばかりかけている厄介者の主人公ジョンドゥ(ソル・ギョング)と、重度の脳性麻痺を患うコンジュ(ムン・ソリ)とのラブストーリーである『オアシス』において、二人の関係性は一見、ラブストーリーをより純粋にドラマチックに際立たせるための装置であるようにも思える。だが、1979年秋、川べりに寝ころびどこかを見つめながら涙を流す、純粋だった頃のヨンホのクローズアップで終わる『ペパーミント・キャンディー』の残像を、同じ俳優によって演じられる本作に見るとき、二人の関係性は一気に1980年代という歴史のメタファーと化してしまう。

厄介者のジョンドゥに注がれる軽蔑のまなざしや、家族からも疎まれるその様子は、80年代に純粋さ(民主化)を求めて闘った「学生運動家」たちに対する周囲の見方を思い起こさせる。そして、非常に聡明にもかかわらず、肉体的な不自由さゆえに家族からも隣人からも人間扱いされず、障がい者であることを都合よく利用されるだけのコンジュが、誰もその本質を見抜けないまま都合よく使っていた「民主主義」そのものを体現していると考えるならば、ジョンドゥだけがコンジュの本質を理解し通じ合う様は、まさに学生運動家と民主主義の関係性に他ならない。ジョンドゥとコンジュの恋愛を正常と捉えられない周囲の無理解は、そのまま民主主義を求めて闘い続ける学生運動家への無理解へと繋がり、我々観客も含めて、彼らの関係をどのように破壊していくかが映画の物語となっていく。

逮捕されたジョンドゥが警察署から逃げ出しコンジュ（民主主義）の元へと向かう姿は、当時の多くの学生運動家たちを連想させる。ジョンドゥはコンジュのため、最後に彼女がもっとも怖がっていた木の枝を切り落とすのだが、そんなジョンドゥの姿は周囲の目には変態にしか映らない。まるで学生運動家たちが思想的変態となじられたのと同じように。私たちがジョンドゥとコンジュを見る目が間違っているのか、二人が我々を見る目が間違っているのか、その答えは言うまでもない。我々が間違っているのだ。刑務所からジョンドゥがコンジュにあてて「すぐに帰ってくる」と送る手紙と、それを信じて部屋の掃除をして待つコンジュの姿に、二人がすぐには再会できないであろう絶望だけではなく、二人がやがて再会を果たすであろう「民主主義の実現」という希望をも見出せるかは、我々観客が二人の純粋さに気づくかどうかにかかっている。

こうして『ペパーミント・キャンディー』における直接的な歴史性は、『オアシス』では非常に高度な歴史の隠喩へと変化していると言える。

以降、『シークレット・サンシャイン』（2007）と『ポエトリー アグネスの詩』（2010）において、前者では「許し」とは何か、許しとはどうあるべきかという本質的主題を、後者では許しの方法論的回答を提示することで、80年代の大勢の犠牲者に対して韓国社会がどうすべきかというメッセージが発せられている。イ・チャンドン自身が持っている光州事件に対する罪悪感を原点に、歴史の暴力とそれによって破壊された純粋さ、破壊の過程で生まれた多くの犠牲者、彼らに対してどのように「許し」を乞うべきかは、韓国社会全体が抱える大きなテーマであり、『ポエトリー』で提示された、被害者に寄り添い、自身を重ね合わせて語るという一つの方法論に至るまで、イ・チャンドンの作品には韓国現代史を見つめる監督自身の眼差しが入り込んでいるのである。

現時点での最新作『バーニング　劇場版』（2018）は、歴史に対して一つの句読点を打ったイ・チャンドンが、新たに韓国社会を見つめ直し、格差の問題や若者の未来に対する不安、依然として純粋な意味での民主主義とは程遠い現実を描いた作品である。だが振り返ってみると、『バーニング』のジョンス（ユ・アイン）は、監督デビュー作である『グリーン・フィッシュ』（1997）の主人公、マクトン（ハン・ソッキュ）とあまりに酷似していることに気づく。国家主導の新都市開発を背景に、その開発が当時どれだけの犠牲を強いていたかを、一人の青年を通して象徴的に描いた『グリーン・フィッシュ』に始まり、社会に適応できずに疎外されていく人間と、人間を取り巻く歴史を見つめ続けるイ・チャンドンは、現代韓国を全方位的に眺望する作家なのだと言えよう。

第3章

韓国を分断するものたち

格差
儒教的男性社会
マイノリティ

民族を二つに引き離した南北分断から、儒教的伝統や旧習による男女の性差別、富の偏りが生んだ貧富の格差まで、韓国社会には数多くの「分断」が存在する。우리《ウリ》（我々）という共同体的言い回しを何よりも好む韓国人たちが、なぜこんなにも分断を作り出し、自らをその中に閉じ込める構図を反復・再生産しているのだろうか。一方で、韓国社会がその分断によって浮き彫りになる自画像から目を逸らさず凝視しようとしてきたのも、また事実である。韓国映画はそのような凝視の一つの装置であったし、これからもそうであり続けるだろう。分断は現象であって、決して本質ではないと信じながら。

21 格差

『パラサイト　半地下の家族』

韓国社会の格差を浮き彫りにする三つのキーワードから見えてくるもの

◎物語

ソウルの半地下の部屋に暮らすキム一家は、全員が失業中。ある日、名門大学に通う友人の紹介で、長男のギウ（チェ・ウシク）が、ＩＴ企業のパク社長（イ・ソンギュン）の娘ダヘ（チョン・ジソ）の家庭教師になった。それを皮切りに、キム一家は次々とパク社長の家に「就職」することになる。ギウの妹ギジョン（パク・ソダム）は、社長の息子ダソン（チョン・ヒョンジュン）の美術教師に、母チュンスク（チャン・ヘジン）は家政婦に、父ギテク（ソン・ガンホ）は社長の運転手に。こうして、出会うはずのない社会の頂点と底辺に位置する家族が出会ったとき、事態は思わぬ方向へと転回していく。

原題：기생충

製作：2019年（日本公開：2020年）　韓国／カラー／132分

監督・脚本：ポン・ジュノ　脚本：ハン・ジンウォン　撮影：ホン・ギョンピョ

出演：ソン・ガンホ、イ・ソンギュン、チョ・ヨジョン、チェ・ウシク、パク・ソダム、イ・ジョンウン、パク・ミョンフン、チャン・ヘジン

２０１９年、カンヌ国際映画祭でのパルム・ドール受賞をはじめ、翌年のアカデミー賞では作品賞、監督賞、脚本賞など主要４部門を受賞して、世界中で快進撃を続けたポン・ジュノ監督の『パラサイト　半地下の家族』。ポン・ジュノ監督はこれまでも常に「反権力の眼差し」を持ちながら、様々なレベルで「韓国」という国を映画の中に描いてきた。では果たして『パラサイト』からはどんな「韓国」が見えてくるだろうか。本作は監督自身によって〝ネタバレ厳禁〟の箝口令が敷かれていたため、映画の公開に合わせて公開されたこの文章も、映画の核心部分は回避して書かれている。そのような制約を受けて、ここでは監督があらかじめ提示していた三つのキーワードを手がかりに考えてみよう。映画を観ると納得できるその三つのキーワードを掘り下げることで、スリリングなエンターテインメント作品でありながら、韓国という国をありありと見せつけるポン・ジュノ作品の魅力に迫りたい。

階段

ポン・ジュノは本作における「階段」について、次のように語っている。

「この映画には階段がたくさん出てくるので、スタッフみんなで〝階段映画〟と呼んでいた。それぞれ自分はどの階段が一番好きかを語り合う、階段コンテストなるものも開いたりしたんだ。階段といえば、やはりキム・ギヨン監督の『下女』（１９６０）からは多大な影響を受けているよ」

確かに本作では、大事な場面では必ずと言っていいほど階段が登場する。監督が言及している『下女』という映画は、〝韓国映画界の怪物〟と呼ばれたキム・ギヨン監督の代表作である。一見平和な中流家庭に、一人の下女（家政婦）がやってきたことから、家族が下女によって脅かされ破滅していく様を描き、当時大きなセンセーションを巻き起こして、下女役の女優は「悪女」とバッシングを受けるほどだった。観客にショックと恐怖を与えたこの映画において、大きな役割を果たすのがまさに「階段」である。

映画に登場する階段は昔から、しばしば身分の「上昇」と「転落」を象徴するものとして使われてきた。『下女』で不自然なほど家のど真ん中に置かれた階段も同様で、主人を誘惑し妊娠することで「妻」の地位を奪おうとする下女が階段を上がっていく場面、野心を達成できなかった下女が階段から転がり落ちて死に至る場面など、物語が大きく動く時に必ず画面に映る階段は、まさに映画の主役であった。とりわけ、足の不自由な娘の部屋が階段の上にあるという異様な設定ゆえ、足を引きずりながら階段を行き来する娘を何度も観客に提示し、必然的に階段の存在とその不気味さを観客に強く意識させながら、キム・ギヨンは人間の欲望、社会的身分の上昇と転落の物語を、階段を舞台に展開した。

『パラサイト』における階段は、同じソウルとは思えない格差のある二つの空間を繋ぐ。ソン・ガンホ演じるギテクたち家族は、階段のはるか上の世界で見た夢が泡のように消える瞬間、果てしなく長い階段を落ちなければならず、ついには最悪な現実を目の当たりにする。本作においても階段はまさしく、「上昇」したギテク一家を現実に突き落とす「転落」の装置となっている。『下女』に影響を受けたと語る『パラサイト』の階段が、物語においてどのような役割を果たすのか、是非注目したいポイントである。

におい

においという極めて曖昧でデリケートなものについて、ポン・ジュノは次のように語る。

「においはこの映画の最も重要なモチーフだが、そもそもにおいのことは親密な間柄でも言いづらい、攻撃的で無礼なものと言えるだろう。この映画では大きな画面を通して、私的で内密なところにまでカメラを向けているので、ためらうことなくにおいの話ができた。実際のところ、生きる空間がそもそも違う金持ちと貧乏は互いのにおいを嗅ぎあう機会がない。家庭教師や家政婦、運転手といったこの映画に出てくる仕事での状況が、互いのにおいに触れる唯一の機会ではないだろうか」

階段が視覚的に空間の上下を決定しているのに対して、においそのものは目に見えないものの、セリフや演技、演出によって、同じ空間にいるパク社長とギテクの関係を「軽蔑と屈辱」の中に追い込んでいく。だが、監督が「最も重要」と語るにおいとは、邦題にもなっている「半地下」の独特なにおいだと言える。

私自身、大学4年生の時に半年間、半地下の部屋で自炊生活をしたことがあるので、そのにおいをよく覚えている。においを言葉で表現するのは難しいが、湿気とカビ、それを防ぐための「ナフタリン」が混ざって放つ奇怪なにおいだ。ナフタリンとは防臭・防虫効果があるとされる化学物質で、そのまま商品名になって売られている。近くで嗅ぐと鼻を刺すような強烈なにおいがして、ひと昔前までは公衆トイレでもよく見かけたが、最近は家庭用のみ出回っているらしい。これらの入り混じったにおいが服や布団についてしまうと、自分では気づかぬうちに周りから「臭い」と言われ、それがなんとも言えない屈辱感となるのだ。

そもそも日本にはあまりない「半地下の部屋」という珍しい形態の部屋は、韓国ではソウルを中心とする首都圏でよく見られるものだ。日本でも人口の東京一極集中が社会問題となっているが、ソウルは面積が東京の3分の1ほどにもかかわらず、人口は東京とほぼ同じであり、東京以上に住宅不足が深刻化している。そこで不動産屋や家主らが考え出したのが「半地下」だった。ソウルの場合、エリアによって建物の階数制限があるのだが、半地下は法律上は地下として扱われるため、制限の対象にはならない。つまりその分、業者側は部屋数を増やして貸すことができるという点で、半地下は住宅不足を解決するための民間の知恵だったわけだ。半地下なので日当たりは悪く、排水など水回りの設備は劣悪な場合が多いが、家賃が安いのでニーズは高い。最近では一人暮らしの高齢者の孤独死や、地方から上京した苦学生の〝青年貧困〟が新たな問題として浮上している。

マナー

「半地下」と「におい」は、ギテク一家がソウルの最貧困層であることを象徴するキーワードであるが、「マナー」について監督は次のように述べる。

「社会の二極化や、経済・社会的な問題に結びつけなくても、金持ちのことを幅広く語りたいという思いがあった。最近考えるのは互いのマナーの問題だ。金持ちにしろ貧乏人にしろ、重要なのは人間の尊厳を傷つけていないかどうかではないだろうか。寄生か共生かの分かれ目は、そこにあるように思う」

「人間の尊厳」という言葉から私は、韓国経済を指して度々批判的に使われてきた「賎民資本主義」という用語を思い出した。これはドイツの社会学者マックス・ヴェーバーが、労働と生産を通して利益を得るのではなく、高い利息で金を貸して利益を得ようとする高利貸し業者を批判して使った概念である。ここで問題視されているのは、労働によって生じた利益を福祉や投資などの形で労働者に還元するという経済的倫理観からかけ離れた、高利貸したちの拝金主義である。

拝金主義が蔓延すると、「金＝権力」「金さえあれば何でもできる」といった考え方がまかり通り、人間の尊厳は踏みにじられる。とりわけ韓国は、金を必要とした軍事政権と、金稼ぎに有利な政策を望んだ一部の財閥との癒着が経済の土台になっており、そこには人間の尊厳などという概念はさらさらない。権力を得るための金稼ぎ、権力を維持するための拝金主義しかない「賎民資本主義」としての韓国を表すわかりやすい例として、大韓航空のいわゆる「ナッツ・リターン事件」が挙げられる。2014年12月、アメリカ発韓国行きの大韓航空機内において、乗客として席に座っていた同社副社長チョ・ヒョナが、客室乗務員のマカデミア・ナッツの提供の仕方に激怒。離陸準備のために搭乗ゲートから離れていた機体を搭乗ゲートに引き返させ、該当乗務員を機内から降ろさせた。韓国を代表する財閥「韓進《ハンジン》グループ」の一員である彼女の、その社会的立場を利用した横暴な振る舞いが、国内外を問わずに問題視されたばかりか、2018年にはチョ・ヒョナの実母、イ・ミョンヒによる系列会社の社員や自宅のリフォームを担当した作業員、運転手などへの暴行・暴言が次々と明らかになった。他者への尊重など毛頭ない彼らの振る舞いは、「人間の尊厳」を踏みにじった賎民資本主義的金持ちの横暴だったのである。

こうした賎民資本主義の下での貧富の二極化は、貧乏人にとってはとうてい乗り越えられない「壁」のようなものでもある。パク社長の会社名が、イングランド出身のロックバンド「ピンクフロイド」の名曲「another brick in the wall」から取ったであろう「another brick」なのは、金持ちと貧乏人の間の「壁」を秘かに表しているのかもしれない。映画のなかでパク社長は何度も「度を超す／超さない」といったセリフを口にするが、その「度」こそが「壁」にほかならない。パク社長とギテクの間に、果たして「人間の尊厳」は存在するのだろうか。ここにも「におい」が大きく関わってくることになる。

これらのキーワードをめぐって韓国では、映画評論家のみならず経済学者から精神科医、寄生虫学者まで、様々な分野の専門家による分析がメディアの紙面を飾った。ネット上でも観客同士の熱い論争が繰り広げられたのは言うまでもない。そしてその議論は、朝鮮半島をめぐる東アジアの外交的力関係にまで広がりを見せていった。階段によって区切られた空間の構図や「北朝鮮のニュースキャスターの真似ごっこ」の場面からは、確かに北朝鮮との関係を考えさせるものがあるだろう。これだけ多様な反応をもたらしていること自体が、本作が評価される何よりの証拠である。

最後にささやかなウンチクを一つ紹介しよう。ギテクの娘ギジョンが、不思議なリズムの歌に乗せて、偽りの身分を自分で確認するように復唱する場面があるが、それは韓国人なら誰もが知っている「독도는《トクトヌン》 우리땅《ウリタン》（独島〈竹島〉は我が領土）」という歌だ。日本人には少しデリケートな話題かもしれないが、この替え歌の使用に政治的な意図はまったく感じられない。ポップで親しみやすく、替え歌にまでなってしまうほど韓国人に馴染んでいる歌を軽やかに使ってみせる、ポン・ジュノ監督はやはりユーモアのバランスもピカイチである。

『国家が破産する日』

政経癒着の帰結としての「IMF通貨危機」、それがもたらした分断社会

◎物語

OECD（経済協力開発機構）への加盟を実現し、ついに先進国の仲間入りを果たしたと国全体が浮かれていた1997年の韓国。しかし水面下では経済破綻が確実に迫っていた。通貨危機の兆しを察した中央銀行「韓国銀行」の通貨政策チーム長ハン・シヒョン（キム・ヘス）を中心に、政府は遅ればせながら国家の破産を防ぐべく、密かに対策チームを立ち上げる。一方、独自の分析で状況を把握した金融コンサルタントのユン・ジョンハク（ユ・アイン）は、危機こそチャンスと主張し投資家たちを集める。そんな社会の動向を知る術もない町工場の社長ガプス（ホ・ジュノ）は、大手デパートとの大口契約締結に大喜び、現金ではなく手形取引であることに一抹の不安を抱きつつも事業の拡大に乗り出す。対策チームでは危機への取り組み方を巡り、シヒョンと財務局次官パク・デヨン（チョ・ウジン）が激しく対立、反対するシヒョンを振り切ってデヨンは強引にIMFへ救済を要請する。専務理事（ヴァンサン・カッセル）が交渉のために来韓し、韓国の運命はIMFの手に委ねられる……。

原題：국가부도의 날

製作：2018年（日本公開：2019年） 韓国／カラー／114分

監督：チェ・グクヒ 脚本：オム・ソンミン 撮影：チェ・チャンミン

出演：キム・ヘス、ユ・アイン、ホ・ジュノ、チョ・ウジン、ヴァンサン・カッセル、キム・ホンパ、オム・ヒョソプ、ソン・ヨンチャン、クォン・ヘヒョ、チョ・ハンチョル、リュ・ドックァン

〝国家の破産〟――信じられないことだが、これは1997年、韓国が実際に経験した「IMF通貨危機」という歴史的出来事を指している。実際には、IMF（国際通貨基金：国際金融、為替相場の安定化のための機関）の介入によって破産は免れたものの、韓国の社会経済は大打撃を受け、国民の多くがその後の生き方を変えざるを得なくなった。そんな四半世紀前の歴史を題材にした『国家が破産する日』は、物語自体は決して難しくはないのだが、専門用語が盛り込まれた台詞がスピーディーに交わされるため、まずはこの歴史的事件について細かく振り返っておこう。

危機の発端は東南アジア諸国の経済危機にあった。東南アジアの経済が悪化し、その延長で韓国経済にも危機を覚えた外国人投資家たちが資本回収に着手したのだ。この事態によって、韓国では直ちに為替の暴騰と株の暴落が発生し、企業に致命的な打撃を与えた。なかでも、外国資本に頼って事業を拡大してきた企業にとっては、死亡宣告も同然だった。その代表例が本作にも登場する韓宝《ハンボ》グループの破産である。しかもこのグループは、事業に関する意思決定の90％を占いに頼ってきたという信じがたい実態まで明らかになり、世界の笑いものになった。

だが韓国の金融危機はそれだけが原因ではない。劇中でははっきりと語られないものの、軍事独裁政権時代から平然と行われてきた、政治と経済の癒着という韓国の「体質」が招いた側面も大きいのだ。企業は独裁権力に賄賂を渡し、政権はその見返りとして、企業が借りたい放題に銀行から融資を受けられるといった利権を与えた。企業はその利権を利用して銀行から莫大な融資を受け、その一部をまた政権に還元する……。この悪循環の構造に安住してきた韓国の体質そのものが、しまいには自らを経済破綻の危機に追い詰めたのである。長い軍事独裁の末に発足した、国民が待ちに待った民間（いわゆる「文民政府」）による金泳三《キム・ヨンサム》政権さえも、この悪循環を断ち切ることはできなかった。韓宝グループから莫大な賄賂を受け取ってグループへの利権を手回ししたのは、他でもない金泳三の息子、キム・ヒョンチョルだったのだから。彼は韓宝破産の責任を問われて逮捕され、韓国社会に大きなショックを与えた。政経癒着という誘惑には文民政府でも打ち勝てなかったというわけだ。まさに「韓国型賎民資本主義」の当然の帰結と言える。

こうして企業が次々と倒産し、手形が不渡りになって国中が混乱に陥る中で政府はＩＭＦに助けを求めたのだが、末期の金泳三政権など眼中にないＩＭＦは、大統領選挙の候補者たちに「当選した場合はＩＭＦの指示に従う」という誓約書を書かせたのち、韓国の要請に応じた。そしてＩＭＦの指導による経済の構造改革の下、財政が悪化した企業の破産と、そこに道連れのように巻き込まれる下請け業者の破産の連鎖の結果、街には失業者が溢れ自殺者が急増、「ＩＭＦ自殺」という悲しい流行語まで生まれた。このような悲惨な状況は映画の終盤で端的に描かれているが、ＯＥＣＤへの加盟で先進国の一員になったという幻想に酔っていた韓国は、加盟からちょうど1年後、奈落の底に落ちてしまったのだ。

さて、その後の韓国はどうなっただろうか。最悪の状態にあった韓国の新しい大統領になったのは金大中《キム・デジュン》だった。かつて軍事政権が目の敵にした進歩派の代表的存在であった金大中は、政経癒着の悪循環を断ち切る一環として、現代《ヒョンデ》や大宇《テウ》といった財閥の子会社への分離・独立を進め、リストラの手続きを簡素化する指示を出した。また国民の間では「金《きん》集め運動」が起こった。国民が政府に金を差し出し、政府はそれを元手にドルを買ってIMFからの借金を少しでも返そうとしたのだ。この時に集まった金は22億ドルにも上りIMFを驚かせたが、韓国ではこの運動を「第2国債報償運動」と呼んだ。1907年、経済的優位性を背景に植民地政策を露骨化していた日本に対して、借金を返そうと起こった「国債報償運動」にちなんだのである。

国を挙げての努力が功を奏し、2001年、韓国は4年ぶりにIMFの管理から離れることができた。だがその代償として労働者の解雇がたやすくなり、非正規雇用が増えて雇用が不安定になったり、消費促進の一環としてクレジットカードの審査を緩和し乱発したことで、個人の借金が増加しクレジットカード自殺が横行した。これらは現在もなお韓国が抱える社会問題となっている。以上が、IMF通貨危機と呼ばれる韓国現代史の大枠である。

映画に話を戻そう。「実話（fact）」に「虚構（fiction）」を加味した造語である「ファクション」というジャンルの根底には、現実を反映するリアリズムを重視してきた韓国映画の特徴があるのだが、それ以上に、韓国の近現代史がいかに理不尽な矛盾とともにあり、いまだ解決されない多くの問題を抱えているかを物語っているとも言える。このジャンルは、同時代には語れなかった歴史の実態を民主化が進んだ今だからこそ振り返ることができると同時に、歴史的な事件にフィクションを加えて再構成することで、〝あり得たかもしれない〟現実を歴史の教訓として伝える効果も持ち合わせている。ある日突然目の前に迫ってきた、国家破産の危機とＩＭＦによる救済という実話をもとに、歴史の現場に居合わせた「対策チーム」と、危機を利用して成功した「投機師」、逆に大きな犠牲を払った「町工場の社長」という全く異なる立場の人間を描いた本作もまた「ファクション」である。投機師と町工場の社長は、実際に危機によって大きな影響を被った代表的な立場であり、両極端な彼らを描くことで映画がより立体的になっていると言えよう。だが本作における最もフィクショナルな点は、リーダー役のキム・ヘスの凛々しい姿が印象深い、対策チームの存在である。

製作側は、ＩＭＦ危機に際して政府内に「非公開対策チーム」があったという新聞記事から物語のヒントを得たと述べているが、当時の関係者による証言から、実際はそんなチームは存在しなかったことが明らかになった。当時の政府は破産を防ぐための奮闘などしてはおらず、大統領選挙を目前に控えて戦々恐々とするのみだったのだ。映画では、平気で民衆を切り捨て自らの保身しか考えない政権中枢の男性陣や、アメリカをバックに傲慢な態度で一方的な経済介入を求めてくるＩＭＦの担当者に対して、一般庶民の生活が破綻するとして一人立ち向かっていく女性チーム長が非常にかっこよく描かれているが、それは大いなるフィクションであり、「立ち向かった人がいてほしかった」という大衆の願望が反映されたものであろう。

そんな対策チームが、ＩＭＦの介入を回避するための最後の手段として、交渉内容を暴露するために緊急記者会見を開く場面がある。その場では多くの記者が集まり事態は好転するかに思えたが、翌日の新聞では会見の内容が一言も触れられておらず、政府からの圧力が想像できた。当時の報道を見ると、ＩＭＦによる救済が明らかになってからは、「朝鮮戦争以来の国難」と危機を防げなかった金泳三政権を叩く内容が目立つものの、それ以前はメディアも「韓国経済、心配無用」「危機は過剰反応」といった呑気な姿勢を見せていたので、ある意味ではメディアも共犯関係だったと言える。

さて、最後に私自身の経験についても触れておきたい。なぜなら、私もまたＩＭＦ危機によって人生を大きく変えられた人間の一人であり、映画には登場しないが私のような「一介のサラリーマン」が当時どのような目に遭ったのかも、一つの重要な証言だからだ。私は１９８８年、作家を夢見て大学の国文学科に進学した。だが軍事政権打倒やオリンピック反対のデモによって大学生活は破綻し、ならばさっさと兵役を済ませてしまおうと1年生の冬休みに志願入隊した。当時韓国では、就職できない学科のトップに国文学科が君臨しており、また貧乏だった私に作家の夢を見続ける余裕はなく、復学後は死に物狂いで就職活動のための勉強に専念した。そして10社以上の試験に落ちた末、96年に私はかろうじて損保会社に就職した。そして97年秋、社会人になり充実した生活を送っていた私の日常を一瞬で粉々にしたのが、ＩＭＦという「爆弾」だった。

当時、ＩＭＦの管理下に置かれた金融監督院による徹底した会計監査により、達成できるはずのない命令を与えられた会社はまず「給料の支給停止」という措置に出た。ただし本当に給料を支払わないと犯罪になるので、社員の同意を得た上で、社員は会社から給料を「借りる」形で現金を受け取り、会社にとっては「支出」ではなく「貸出」になるため会計上の資産は減らないという手段を講じたのだ。あり得ないことだと思われるだろうが、一銭ももらえないよりはマシだと私も含めて多くが同意した。そして会社が次に打った手が「希望退職者の募集」だった。会社自体が外国企業に売られるとの噂があり、そうなれば退職金ももらえずにリストラされると取り沙汰されていたため、早期退職すれば退職金に6ヶ月分の給料を上乗せして支給するという話に私は飛びついた。

そして98年、3年勤めた会社を辞めて将来設計も何もなくなった私は、好きだった日本映画を勉強しようと留学を決意、後先は考えずにとりあえず日本行きの飛行機に乗ったのだ。しばらくして会社は噂通りイギリスの保険会社に売られたが、その会社もすぐに韓国から撤収したため、最後まで粘っていた社員も失業の憂き目に遭った。IMFは韓国という国家の未来を変えただけでなく、その中で右往左往するしかなかった多くの「普通の」人々の未来をも大きく変えてしまったのだ。

映画のラストは、不動産投機やドルの買い溜めで「成金」になったユンと、なんとか生き延びた町工場の社長ガプスの今を映し出す。富める者はますます富み、貧しい者は永遠に貧しいままであるその格差は、「一生懸命働く者が報われない」と指摘される韓国社会の分断を象徴し、「誰も信じるな」と叫ぶガプスのセリフは、その間に横たわる不信を物語っている。ファクションとしてのこの作品が訴えているのは、まさにそのセリフに凝縮している。乗り越えなければならないのは「経済危機」だけではない。その危機が生み出した人と人の間の「不信」が、20年以上経った現在も依然として蔓延していることへの警鐘にほかならない。

人殺しは夕方やってきた マルレーン・ハウスホーファー短篇集

マルレーン・ハウスホーファー著　松永美穂訳

本体2,100円＋税　978-4-86385-621-9

文学ムック「たべるのがおそい」vol.4収録の「さくらんぼ」「雌牛事件」「フォン・ガイエン氏の夜の出逢い」ほか、かなしみにユーモアをまぶした切なく心あたたまる作品集。

大山の中でたった一人、壮絶なサバイバル闘争を繰り広げる女性を描いた長篇小説『壁』で、世界を震撼させたマルレーン・ハウスホーファー。多くのフェミニスト、作家たちに影響を与えた彼女の、知られざる短篇小説名作集がついに邦訳！

死んでから俺にはいろんなことがあった

リカルド・アドルフォ著　木下眞穂訳

本体2,100円＋税　978-4-86385-603-5

ポルトガルの作家が移民の置かれた立場の悲哀を不条理かつユーモラスに描く傑作長編。

郵便配達をしていた俺は故郷の「くに」から逃げてきた。妻のカルラと幼い息子とともに「島」で不法滞在している。買い物をした帰りに乗っていた地下鉄が故障し、右も左もわからない場所で降ろされた一家。なんとか家にたどり着こうと画策するが、すべてが裏目に出て——。周囲から存在を認められず、無視され続ける移民の親子は、果たしてどうなるのか？

ピロスマニ　放浪の画家と百万本の薔薇

ギオルギ・ガメズ著　児島康宏訳

本体2,000円＋税　978-4-86385-620-2

私の絵はジョージアには必要ない　なぜならピロスマニがいるからだ——パブロ・ピカソ
ティムラズ・レジャバ駐日ジョージア大使推薦！！

ピカソが絶賛し、ジョージアでは国民的人気を誇る放浪の画家ピロスマニ。彼がモデルとなった名曲「百万本のバラ」は歌手・加藤登紀子によって日本でも大ヒット、現在も歌い続けられている。
女優マルガリータとの運命的な出会いと失恋、別れ。失意のうちに世捨て人として孤独に人生を終えたピロスマニの人生が甦る感動のグラフィックノベル。

含羞の画家オチ・オサム—美術集団「九州派」の先駆者—

越智順子、片山恭一

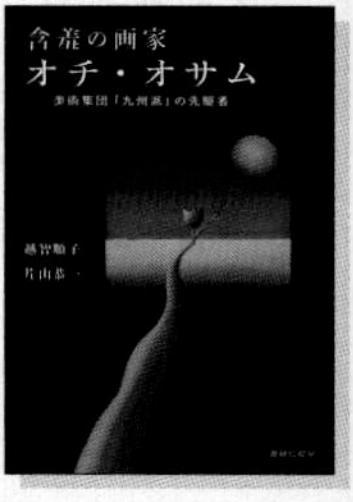

本体2,000円＋税　978-4-86385-615-8

オチ・オサムの球体と桜井孝身の眼　きらめく感性と天才的発想
二人のきずなが世界の「九州派」(1950～60年代)へと導いた。

福岡を拠点とする前衛美術集団「九州派」の主要メンバーオチ・オサム(桜井孝身と共に主導)。地方から東京に打って出るというその激しく熱い活動の原点はどこにあったのか。オチ・オサムの伴走者であり同時代を鋭くみつめた越智順子の、知られざるオチ・オサム像と、長年ことばを交しあった思想家・森崎茂(2023年1月没)を通して語る片山恭一によるオチ・オサム論。

短歌ムック「ねむらない樹」vol.11

本体1,500円＋税　978-4-86385-614-1

特集＝第6回笹井宏之賞発表／榊原紘／
わたしの短歌入門／2023年の収穫アンケート

第6回笹井宏之賞　大賞　白野「名札の裏」
巻頭エッセイ　奥田順平（カライモブックス）「底抜けの善人」
特別寄稿　我妻俊樹「水の泡たち（完全版）」
吉田雅史「ヒップホップ短歌試論」

ブンバップ　川村有史

本体1,800円＋税　978-4-86385-619-6

第3回笹井宏之賞永井祐賞受賞！

みんなして写真のなかで吸う紙のたばこ　爆発前のSupreme

これ、新感覚です。友達の日記を覗き見してるようでクセになります。
——SUSHIBOYS（ラッパー）

短歌で生きた音を響かせるには、文体を一から自分でつかみ直すしかない。そう感じさせる一冊である。　——永井祐（歌人）

逸脱のフランス文学史
ウリポのプリズムから世界を見る　塩塚秀一郎

本体1,900円＋税　978-4-86385-613-4

『聖アレクシス伝』『狐物語』からパトリック・モディアノ、アニー・エルノーまで。新たな角度から提示されるフランス文学講義！

レーモン・クノーやジョルジュ・ペレックらによる前衛的な実験文学集団「ウリポ」言語に秘められた潜在的可能性を追求した彼らの営為を研究してきた著者が、「ウリポ」の視点からフランス文学史を新たに捉え直す。古典から現代作品まで25の名作でたどるフランス文学案内。

サメと救世主
カワイ・ストロング・ウォッシュバーン著　日野原慶訳

本体2,400円＋税　978-4-86385-616-5

サメに救われた少年には奇跡の力が宿りはじめる。
これは真実か、ただのイカサマか？

ハワイとアメリカ本土（メインランド）を舞台に、ある一家の波乱にみちた運命がつづられる。バラク・オバマのベストブックリスト（2020年版）にも選ばれた、ハワイで生まれ育った作家による渾身のデビュー長編。

『バーニング 劇場版』

「村上春樹ブーム」と「喪失」の90年代韓国を、現代の若者像に翻訳する

◎物語

作家を夢見るジョンス（ユ・アイン）は、宅配のアルバイト中に幼なじみの女性ヘミ（チョン・ジョンソ）と偶然再会する。まもなくヘミは、旅行中の猫の世話をジョンスに頼んでアフリカへと旅立ち、現地で出会った男性ベン（スティーヴン・ユァン）とともに帰国する。裕福だが素性のわからないベンと付き合う中で、ジョンスはベンからビニールハウスを焼く趣味があること、そして近日中にジョンスの家の近くのビニールハウスを焼くつもりであることを聞く。近所のビニールハウスを調べながら、ジョンスは同じ頃突然姿を消したヘミを探すうちに、ベンに対する疑念を募らせていく。

原題：버닝

原作：村上春樹「納屋を焼く」『螢・納屋を焼く・その他の短編』新潮社、1984

製作：2018年（日本公開：2019年） 韓国／カラー／148分

監督・脚本：イ・チャンドン　脚本：オ・チョンミ　撮影：ホン・ギョンピョ

出演：ユ・アイン、スティーヴン・ユァン、チョン・ジョンソ、チェ・スンホ、ムン・ソングン

『万引き家族』（是枝裕和監督、2018）が最高賞パルム・ドールを受賞し、日本中が盛り上がりを見せた2018年のカンヌ国際映画祭。コンペティションのラインナップには、イ・チャンドン監督の『バーニング　劇場版』も名を連ねていた。小説家出身で国際的にも高い評価を受ける、韓国を代表する映画作家の、8年ぶりの新作となった本作もまた、カンヌで国際映画批評家連盟賞を受賞するなど高く評価されたが、それ以上に話題を集めたのが、本作が村上春樹の短編「納屋を焼く」を原作にしていたことであった。世界的な人気作家であり、韓国でも老若男女を問わず幅広いファンを持つ村上の小説をイ・チャンドンはどのように映画化するのか、韓国メディアも製作当初から注目していた。

村上春樹が初めて韓国に紹介されたのは、『ノルウェイの森（노르웨이의《ノルウェイエ》 숲《スプ》）』が翻訳出版された1988年である。『ノルウェイの森』は村上の名を世界的なものにした出世作として知られているが、実は韓国では売れ行きが芳しくなかった。タイトルの元になっているビートルズの同名曲が韓国では長年発売禁止曲だったこともあり、「ノルウェイにある森についての本」という勘違いも多発して、このままではこの素晴らしい作品が葬られてしまうと危惧した出版社は、すぐに『상실의《サンシレ》 시대《シデ》（喪失の時代）』と題名を変えて再出版に踏み切った。するとたちまちベストセラーとなり、村上の名は一気に韓国中に知れ渡ったのである。

その後の展開は言わずもがなだが、ファンが爆発的に増え、既発表作品の翻訳出版が相次ぐ中、当時の若者に支持されていたアーティスト、イ・ソラが「村上春樹にハマっている」と発言し大反響を呼んだというエピソードも残っている。こうして『喪失の時代』は、若者たちの間で「洗練された文化アイコン」となり、「読まなければ話が通じない」と言われるほどの社会現象になった。〝春樹ブーム〟は90年代を通して冷めることなく続き、しまいには韓国の若手作家たちによる「盗作疑惑」まで持ち上がった。本人たちは、盗作ではないものの村上春樹独特の文体やスタイル、雰囲気といったものに多大な影響を受けたと認めたが、このように村上春樹は、韓国の読者のみならず同時代の作家にも新しいスタイルをもたらし、彼からの影響を公言する作家の中には、映画化もされた『영원한《ヨンオナン》 제국《ジェグク》（永遠なる帝国）』のイ・インファらがいる。

１９８０年代末、最後の軍事政権である盧泰愚《ノ・テウ》政権から民主化の「約束」を勝ち取った韓国では、90年代初頭、軍事政権という目の前の「敵」が消え、学生運動は壮絶な宴の後の虚脱感、喪失感に包まれていった。そんな中で登場したのが、80年代の「闘いの世代」とは一線を画す、90年代の「新世代」と呼ばれる若者たちである。この世代の一番の特徴は「イデオロギーより私が大事」という個人志向が強いことであった。80年代、国家との闘いに身を投じてきた世代が「個としての自分」を省察する余裕を持たなかったのに対し、90年代の新世代にとっては、内面の葛藤や人間関係など私的領域が生活の中心となった。80年代の闘いの世代は「喪失感」と、90年代の新世代は「個としての自分」と向き合っていたちょうどそこへ、村上春樹の『喪失の時代』が登場したのである。

韓国でのブームの背景には、時代が過渡期を迎えた時に「この喪失の時代をどう生きるべきか」の答えを提示してくれる存在を、若者たちがまさに必要としていたこと、そしてそれに伴う新たな価値観の模索があったと言えるだろう。

このように、一口に〝春樹ブーム〟といっても韓国には韓国ならではの文脈があったわけなのだが、ではイ・チャンドン監督は村上の原作を、どのように韓国の文脈に置き換えて映画化したのだろうか。映画では、人物構成や納屋（ビニールハウス）を焼くという原作のモチーフを生かしつつ、さらに原作にはない「謎（犯人）の解明」というサスペンスの要素を取り入れているが、それだけで終わらせないのがイ・チャンドンのすごさである。監督自身が言及しているように、映画では現在の韓国の若者たちが抱える無力感や怒りが、物語の展開に大きく関わっているのだ。若者たちが抱える現実を、映画では二つのメタファーから読み取ることができるように思う。

一つは「名前」である。原作では登場人物はすべて「私」「彼女」「彼」という代名詞で書かれ、名前を持っていない。それに対して映画では「ジョンス」「ヘミ」「ベン」という名前が与えられている。短編小説と長編映画の違いを考えると当然かもしれないが、この「名前を与える」ことこそが、物語の展開において非常に重要なメタファーとなるのである。原作は名前がないゆえに、世界中の誰もがそれぞれの生活や環境に合わせて物語を解釈できる。つまり原作が普遍性を獲得しているのに対して、映画では具体的な名前を与えることで「韓国」という文脈を付与している。そして、「ジョンス」「ヘミ」という、ありふれた名前と、「ベン」の間には、ある決定的な格差が横たわっている。「ベン」はいわゆる韓国人の名前ではなく、「Ben」と綴られる外国人の名前である。つまり、得体の知れない不思議な男「ベン」は、在米韓国人（または帰国者）と推測できる。

韓国には現在に至るまで、「在米韓国人」への憧れが根強く残っている。実際に成功したかどうかは別として、韓国人にとっては「アメリカン・ドリーム」を叶えた成功者そのものなのだ。数多くのドラマや映画で「在米韓国人」は、おしゃれで金持ちで社会的地位の高いキャラクターとして描かれてきた。高級マンションに住んで高級外車を乗り回し、パーティーと大麻の日常を送る「ベン」もまた例外ではない。「ベン」と名づけることで、彼について多くを語らずとも、韓国社会に根強く残る「羨望の眼差しを向けられる在米韓国人」のイメージを植え付けることができる。そんな「ベン」と、大学は出たものの就職もできず、小説も書けず、アルバイトをしながらトラブルメーカーである父親の裁判を見守る「ジョンス」との間には、到底乗り越えられない「格差」が存在している。それは、借金返済のために安っぽいダンサーのバイトをしながら空虚な日常を送る「ヘミ」（その空虚さは、彼女が習っているパントマイムに象徴される）も同様だ。

近頃、韓国の若者の間では、「금수저《クムスジョ》（金のスプーン）」「흙수저《フクスジョ》（土のスプーン）」という言葉がはやっている。それぞれ「金持ち」と「貧乏人」を意味し、経済的に困窮している若者たちが自嘲的に使うものだ。〝高嶺の花〟であるクムスジョ＝ベンと、ご飯すらろくに食べられないフクスジョ＝ジョンス。若者の失業率が最悪な状況に陥っている今の韓国社会に、「ベン」よりも「ジョンス」や「ヘミ」が圧倒的に多いのは言うまでもない。本作には「ベン」という象徴的な名前が入ること

で、3人の登場人物の間に明確なヒエラルキーが生まれ、原作には描かれなかった「名前」が、多くを語るメタファーとなっているのだ。

もう一つのメタファーは「分断」である。ジョンスの実家がある坡州《パジュ》は、北朝鮮との境界である38度線に最も近い田舎町だ。この町には北朝鮮からの「対韓国宣伝放送」が日常的に響きわたり、「分断」という現実が生々しく迫ってくる。坡州の町が自由に行き来できない南北の断絶を表しているように、先述した3人の間のヒエラルキーが決して乗り越えられない「分断」によって断絶していることを隠喩する。宣伝放送を聞いて他人事のように「面白い」というベン、「この世の果てのアフリカで感じた」絶望感を韓国の果てである坡州で思い出したかのように、上半身裸になってグレイト・ハンガー（生きる意味に飢えている人）のダンスを踊るヘミ、そんなヘミの内面には気づかずに「（男の前で裸になるなんて）売春婦のようだ」と怒るジョンスの間の「分断」は歴然としている。それ以上進むことのできない「境界線」という意味では、坡州という街はどこにも行き場のないジョンスの立ち位置を象徴しているともいえるだろう。追い詰められているジョンスに、ヘミの内面まで見る余裕などないのだ。

そんな分断の空間では、言葉もまた断絶される。相手の発する言葉の意味合いが伝わらないのだ。本作を本格的なサスペンスへ導く言葉「ビニールハウス」は、断絶のメタファーでもある。同じ「ビニールハウス」という言葉でも、ベンの言うそれとジョンスの捉えるそれにズレが生じることで、分断・断絶の意味合いはさらに強まることになる（まるで延々とズレるばかりの南北会談のように）。

ヘミとベンがジョンスの家に遊びに来た際にベンが語った「ビニールハウス」は、最初から意味深なニュアンスを含んでいたが、文字通りに受け取ったジョンスは、そのズレのために大切なもの(ヘミ)を失い、無力感からやがて強い怒りへと突き動かされていく。

同じ言葉に対する意味合いのズレがもたらす分断は、韓国社会に度々見られるものである。つい最近大きな関心を集めた慰安婦支援団体をめぐる問題がいい例だ。日本軍「慰安婦」だったイ・ヨンスが2020年5月に会見を開き、30年間共に活動してきた「日本軍性奴隷制問題解決のための正義記憶連帯」の前代表、ユン・ミヒャンに対して、寄付金の使途の透明性や活動の在り方などの問題を提起、その後も互いの主張は平行線をたどり、保守派・進捗派それぞれのメディアや論客が〝場外〟から参戦するなど、大きな騒動となった。彼らは「慰安婦」問題の解決という一つの指標を共有し、30年以上にわたって一緒に闘ってきた「同志」にもかかわらず、それぞれの名分と利害にズレが生じたために知らず知らずのうちに分断が生まれ、醜い暴露合戦の結果、大事なものを失ってしまったように見える。

映画のラストに描かれる、ベンに対するジョンスの復讐(それが現実であれ想像であれ)は、社会的格差と階層間の分断が生み出す無力感と怒りが、「象徴的な暴力」となって露呈したと言ってよいだろう。『パラサイト 半地下の家族』(ポン・ジュノ監督、2019)の結末にも共通するこの描写は、現在の韓国社会において格差と分断の問題がそれほど深刻であることを物語っている。本当に焼き払われるべきは「ビニールハウス」ではなく、韓国にはびこる「格差」や「分断」なのだ。

『はちどり』
少女の眼差しが晒す韓国儒教社会と暴力の連鎖

◎物語

1994年のソウル。餅屋を営む両親、姉のスヒ（パク・スヨン）、兄のデフン（ソン・サンヨン）と暮らす14歳、末っ子の女子中学生ウニ（パク・ジフ）は、勉強が苦手で学校も好きではないが、ボーイフレンドと仲の良いごく平凡な女の子だ。兄は優等生だがウニに対しては暴力的で、姉は不良に片足を突っ込んでいる。父（チョン・インギ）や母（イ・スンヨン）は末っ子のウニにあまり興味がないようだ。そんなある日、ウニが通う漢文塾に新しい講師がやってくる。初めて自分の気持ちを理解してくれる大人に出会ったウニは、ヨンジ先生（キム・セビョク）を大好きになるが、先生との日々は長くは続かなかった。聖水大橋《ソンス》の崩落事故が起こってから間もなく、ウニは突然姿を消した先生の行方を知ることになる……。

原題：벌새

製作：2018年（日本公開：2020年）　韓国＝アメリカ／カラー／138分

監督・脚本：キム・ボラ　撮影：カン・グクヒョン

出演：パク・ジフ、キム・セビョク、チョン・インギ、イ・スンヨン、パク・スヨン、ソン・サンヨン、パク・ソユン、チョン・ユンソ

post card

恐れ入りますが、切手をお貼りください

810-0041

福岡市中央区大名2-8-18
天神パークビル501

書肆侃侃房 行

フリガナ
お名前　　男・女　年齢　　歳

ご住所　〒

TEL(　　　)　　ご職業

e-mail：

※新刊・イベント情報などお届けすることがあります。　不要な場合は、チェックをお願いします→□
　著者や翻訳者に連絡先をお伝えすることがあります。　不可の場合は、チェックをお願いします→□

□注文申込書　このはがきでご注文いただいた方は、**送料をサービス**させていただきます。
※本の代金のお支払いは、本の到着後1週間以内にお願いします。

本のタイトル	冊
本のタイトル	冊
本のタイトル	冊

愛読者カード

□本書のタイトル

□購入された書店

□本書をお知りになったきっかけ

□ご感想や著者へのメッセージなどご自由にお書きください

※お客様の声をHPや広告などに匿名で掲載させていただくことがありますので、ご了承ください。

◀こちらから感想を送ることが可能です。

書肆侃侃房　http://www.kankanbou.com　info@kankanbou.com

コロナ禍で大きな打撃を受けた映画界。とりわけ、世界各国の多様で良質な映画を届ける、日本のアートシネマにあたる〝ミニシアター〟は、外出自粛による収益の減収、さらには長引く休館の対応により存続の危機に立たされた。一方で「SAVE the CINEMA」の署名運動が活発化し、「ミニシアター・エイド基金」のクラウドファンディングで前例のない金額が集まるなど、日常生活においてミニシアターが欠かせない存在であることを多くの人が再認識する機会にもなった。各地の映画館が再開した後も予防のため定員数を半減、また年配層の観客の減少など苦しい状況が続いたなか、1本の映画の盛況ぶりが大きな話題になった。韓国のインディーズ映画『はちどり』である。定員半減とは言え封切館では満席回が続出し、シネコンで拡大公開されるまでになった作品だ。

確かに世界各国の映画祭で受賞した注目作ではあったが、なぜこんなに地味で、名のある俳優も出演していない韓国映画が多くの人を惹きつけたのだろうか。1994年のソウルを舞台に、中学生の少女の視点から家族・友人・学校といった日常を描いた本作は、ごく個人的な世界観を持ってはいるものの、そこには確かに韓国社会のひずみや、その時代特有の空気が横たわっている。平凡な女子中学生の成長物語のように見える本作の背景に見え隠れする、この国に根づく「儒教思想」とそれに基づく様々な「暴力」の形を、私自身の記憶を手繰り寄せながら考えてみたい。

まずは、現在に至るまで依然として日常生活の隅々にまで染みついている、前近代的な儒教思想

からの影響だ。朝鮮王朝時代の５００年間という長い歳月、国家と社会を維持するための統治イデオロギーとして君臨してきた儒教の真髄は、「服従」である。王・師・親への服従（君師父一体）と、女の男への服従（男尊女卑、女必従夫）を軸に持つこの思想こそが、服従を美徳・道徳として洗脳に近い教育を徹底してきたのである。そうして形成される社会は、権力や金、社会的地位から年齢の差までもがものをいう、いわゆる「縦社会」である。そこでは「位階秩序（ヒエラルキー）」が何より重視され、ヒエラルキーを維持させるために必要とされたのが服従であった。だからこそ美徳や道徳云々と持ち上げてイデオロギー化に走ってきたし、こうした男性中心の縦社会のなかで女性に対する抑圧や排除は当たり前のように行われてきたのだ。５００年以上も人々の上に重くのしかかってきたこのイデオロギーがそう簡単に消えるはずはなく、むしろ韓国人の「集合的無意識」を形成していると言ってもいいだろう。女性の社会進出や活躍が珍しくなくなった今日でも、韓国社会における日常的な女性差別は根本的には変わっていない。つい最近は、息子にだけ財産を相続させた母親の家に娘が火をつけて焼いてしまうという事件が起こった。男尊女卑が生んだ「남아선호사상《ナマソノササン》（男児選好思想）」の無意識が、財産相続という形で立ち現れた悲劇と言える。

さて、服従の思想が支配する最小の集団といえば、そう、「家族」だ。家族のなかで父と息子（＝男性）の「階級」は、母や娘（＝女性）より格段に上だ。映画にも描かれているように、父への服従、息子の優遇は、風が吹いて水が流れるがごとく極めて自然なものである。とりわけ兄弟のなかでの息子の階級は絶対だ。そしてこの絶対的な階級は、ときには暴力をも承認してしまう。兄が妹を

「殴る」のは、家族内の位階秩序を保つために必要なものであり、ウニの母がいうようにあくまで「兄妹喧嘩」に過ぎない。ウニは兄から一方的に殴られ鼓膜まで破れたにもかかわらず、それは「暴力」ではないのだ。兄の暴力が父や母によって厳しく問われることはなく、家族間の暴力は「罪ではない」と、無意識のなかに内在化してしまっているのだ。

正直にいうと、本作を見ながら私は、まるで自分の家族を見ているかのような錯覚を覚えて恥ずかしくなった。ウニたちと同じく姉と妹に挟まれた3兄弟の長男である私は、生まれた時から家族でもっとも大切に扱われてきた。映画が始まって間もなく、突然訪ねてきた伯父の口から、彼の学費のために妹である母親が高校進学を諦めたエピソードが語られるが、私の家庭も経済的に余裕がなく、私だけが大学に進学した。姉や妹も（少なくとも私の目には）それを当然と思っているようだった。二人は高校卒業後、就職をして私の学費を助け、時にはお小遣いをくれることもあった。私にとってそれは当然のことだった。だが映画の中であまりにも「普通に」ウニを殴る兄のデフンの姿を観た瞬間、高校時代に2歳下の妹を、デフンと同じように殴っていた自分の姿が脳裏に蘇り、恥ずかしさと罪悪感に襲われた。当時の私にとって妹を殴ることなど朝飯前だった。私の暴力に対して彼女が何を感じていたかを確かめたことはない。だが映画の中でウニが代わりに答えてくれている。「死んでお化けになって、後悔しているアイツを天井から見下ろしたい」と。今では二人の大学生の母となった妹に、これから先も私は確かめることはできないだろう。

こうした根強く根深い前近代的な儒教思想は、何も韓国だけのものではない。朝鮮半島全体に広

く影響を及ぼしている。その一端を象徴する場面が、映画にも登場する金日成《キム・イルソン》の死去を伝えるニュース映像だ。全国民が一斉に、まるで両親を失った子供のように慟哭するその場面には、金日成を「어버이《オボイ》（父と母を意味する言葉）」と呼び、絶対的な服従を実践した北朝鮮の儒教的崇拝が現れている。この場面は、本作における家父長的背景のメタファーとしても読めるだろう。

続いて、漢文塾のヨンジ先生について。物語から、彼女はおそらく1980年代の民主化運動で先頭に立って闘った学生運動家だったのだろうと推測できる。家族の間で蔓延していた暴力、その暴力を暴力として認識できない社会に広まる弱者への暴力。ヨンジ先生はこれらの理不尽な暴力と闘ってきたのだろう。彼女がウニとウニの友達のために歌う歌は「切られた指」という有名なデモ歌だ。この歌は、80年代に学生運動の一環として行われた工場活動を想起させる。工場活動（工活）とは大学生たちが身分を隠して工場に就職し、同世代の若者たちが受ける労働搾取と闘ったことを示す言葉だ。ヨンジ先生は、自らの歌を通してそういった「過去」を覗かせている。そしてまた一口に民主化運動といっても、その中で女性はさらなる差別を受けていた。女性労働者たちのストライキを潰すために、男性労働者たちが活躍したという歴史があるほどなのだ。ヨンジ先生が「立ち退きを拒否して闘う人たちに対する同情はやめた方がいい」とさりげなくウニに言い放つセリフは、そうした「運動のなかにも根強く存在している男性中心主義への警戒」だったのかもしれない。「兄に殴られるままでいるな、闘え」と強く言い聞かせ、一人の人間として自分に向き合い真摯に接してくれるヨンジ先生によって、ウニは少しずつ「新たな世界」へシフトしていく。その新しい世界にウニがどう挑んでいくかは、映画の後半、韓国で実際に起こった事故を通して象徴的に提示される。

最後に、その事故、「聖水大橋崩落」とそこから見える軍事独裁政権による国家的暴力について考えてみよう。社会の最小単位と言われる家族のなかでの無意識化した暴力は、その領域を、学校へ、職場へといった具合に広げていき、ついには国家的暴力にまで拡大していくという負の連鎖を引き起こす。当時の韓国メディアが口を揃えて報道したように、日本の植民地時代に作られた橋がいまだ事故一つなく使われているというのに、竣工からせいぜい15年しか経っていない聖水大橋があっけなく崩落してしまった原因は、当時横行していた朴正熙《パク・チョンヒ》軍事政権時代の「賄賂とリベート」による手抜き工事と、その後の杜撰な管理が積み重なったものであった。さらにその翌年には、三豊《サンプン》デパートの崩壊というこれまた信じられない事故が起こり、数百人の命が奪われることを考えると、これらの事故は文民政府に変わったこの時期に起こるべくして起こったものに他ならない。これはまさに、国家が国民の命をないがしろにし、家族間の無意識の暴力が拡大して国家レベルの暴力として現れた極端な例ではないだろうか。国家暴力を目の当たりにしても、多くの国民はそれを暴力として認識できないでいた時代、休みが終わったらすべて話してあげるとウニに手紙で明かしていたヨンジ先生は、もしかするとそうした暴力に対する鈍感さへの警告を、自らの経験をふまえてウニに教えたかったのかもしれない。だが先生は、皮肉にも国家権力の暴力（＝大橋の崩落）によって命を落としてしまい、ウニにすべてを語ることはできなくなってしまった。

だが私は、これこそがキム・ボラ監督が意図したことではないかと考える。映画の最後でウニは、ヨンジ先生の命を奪った橋を見に行く。ヨンジ先生から教えてもらうことが叶わなくなったウニは、この先一人で考え、感じていかなくてはならない。韓国社会の隅々に染みついているあらゆる形の暴力、女性に加えられる理不尽な暴力に気づき、直視しなければならない。ヨンジ先生の死をあえてあの大事故に結びつけることで、強くなっていくウニのその後を想像させるのだ。そして大人になったウニの目に、現在の韓国はどう映っているのだろうか。ウニの視点を通して本作は、今も韓国社会に根づく様々な形の「暴力」について問いかけている。そう考えると本作は、家族という枠のなかで行われる個人間の暴力や、立ち退きをめぐる社会的暴力、橋の崩落に潜む国家的暴力など、韓国社会に内在する暴力とその暴力が正当化される構造をも見せてくれた作品であると言える。

本作はキム・ボラの長編デビュー作である。監督自身の経験に基づいた物語には、思春期特有の揺らぎが瑞々しく描き出されている。親友とのすれ違い、同性同士のほのかな憧れと残酷な心離れ、世界から顧みられない疎外感、理不尽さに満ちた社会、大人の女性との交流、そして続いていく日常……。演出、カメラワーク、出演者のキャスティング、どれをとっても出色の出来といって良いだろう。だが問題は2作目だ。韓国映画界では、デビュー作で高い評価を得たものの、その後に活躍が続かない作り手も少なくない。監督の本当の実力が試される次回作を、今から楽しみに待ちたい。

『82年生まれ、キム・ジヨン』

抑圧に押し潰された女性たちが、自らの声を取り戻すまで

◎物語

1982年生まれのキム・ジヨン（チョン・ユミ）は、会社員の夫・デヒョン（コン・ユ）と幼い娘のアヨンの3人で暮らす平凡な専業主婦。大学卒業後、やっとの思いで入った会社は出産とともに退職、現在は家事・育児に追われる日々を送っている。そんなジヨンには時折、母（キム・ミギョン）や祖母など、身近な女性が憑依したかのような言動をとる異変が起こるようになる。デヒョンは精神科医に相談するがジヨンに自覚はなく、デヒョンの心配や優しさもいちいち気に障る始末だ。母・妻・嫁としての立場に疲れ、娘との孤独な時間の中で焦燥感に苛まれる中、ジヨンは幼い頃からの思い出を振り返りながら、自分自身の生き方を見つめ直していく……。

原題：82년생 김지영
原作：チョ・ナムジュ（斎藤真理子訳）『82年生まれ、キム・ジヨン』筑摩書房、2018
製作：2019年（日本公開：2020年）　韓国／カラー／118分
監督：キム・ドヨン　脚本：ユ・ヨンア　撮影：イ・ソンジェ
出演：チョン・ユミ、コン・ユ、キム・ミギョン、コン・ミンジョン、キム・ソンチョル、イ・オル、イ・ボンリョン、パク・ソンヨン

2016年、韓国のインターネット上では二つの大きな出来事を背景に、前代未聞とも言える激しい「男女の対立」が巻き起こった。一つは、ソウルの江南《カンナム》駅近くのトイレで、女子大生が面識のない男に殺害された「江南駅トイレ殺人事件」。女性のみを無差別に狙い、犯人が実際に「女なら誰でもよかった」と供述したこの事件は、ソウルに暮らす多くの女性を震え上がらせ、同時に激しい憤りを呼び起こした。精神病を患っていた犯人は極度の被害妄想に取りつかれていたとはいえ、事件によって韓国社会に依然はびこる女性への差別や蔑視、それを社会が無意識に実践する歪んだ一面が改めて浮き彫りになった。駅周辺には若い女性たちが集まって被害者を追悼し、性差別や不平等、女性嫌悪を糾弾する集会を開き、その様子はSNSで拡散され大きな広がりを生んだ。しかしそんな彼女たちを取り巻く男性たちによるバッシングが絶えず、集会自体を妨害して警察が出動する事態にまで発展した。男女間をめぐる問題に真摯に取り組もうとする人もいたものの、男女対決の様相は次第にエスカレートし、ネット上では不特定多数の男女が互いを罵倒し合う無意味な喧嘩が毎日のように繰り広げられていた。

もう一つは、そんな状況にまるで火に油を注ぐかのように登場した小説『82年生まれ、キム・ジヨン』である。30代の平凡な女性の日常を通して、女性たちが置かれている韓国社会の抑圧構造を、報告書を連想させる客観的な文体で書き綴ったこの小説は、韓国で100万部を超えるベストセラーとなり、幅広い読者の共感を集めて社会現象にまでなった。何より、日本では今一つ盛り上がりに欠けた「#MeToo運動」が、韓国ではこの小説の出現によって大いに触発され、女性差別やフェミニズムを見直そうとする声が上がると同時に、それまで社会的地位の高いところにいた人物たちが次々と引きずりおろされていった。だが一方で、女性より優位な立場を当たり前のように享受してきた韓国の男性たちは危機感を募らせたのか、ますます感情的になり「差別だというなら女も軍隊に行け！」といった愚かなヒステリーを爆発させて、男女間の対立は再び高まることとなったのである。

原作の出版から3年を経て製作された映画『82年生まれ、キム・ジヨン』に対しても、相変わらず韓国では公開後に映画レビューサイトで男性観客が「1点」を、女性観客が「10点満点」をつける非難合戦が繰り返され、メディアは「男性観客による点数テロ」と報道する始末だった。主役を演じたチョン・ユミやコン・ユまでもがバッシングの対象になるなど、韓国における〝フェミニズム〟はどうしても「男性対女性の対立」に位置づけられてしまいがちだ。だが、そんな中で本作（小説も）は、男性中心に成り立っている社会の構造を可視化させ、男性だけでなく女性までもが無意識に受け入れてきた、この非対称性に気づかせるきっかけを与えてくれたという意味において、一過性のブームに終わらない真の「フェミニズム映画（文学）」と言えるだろう。ここでは、映画が提示する女性を巡る問題を大きく二つの点から取り上げ、韓国社会のひずみを明らかにしたい。

本作において、おそらくもっとも象徴的な表現であり、注意深く見る必要があるのはジヨンの

「憑依」だろう。ジヨンには度々「ジヨンではない人物」が憑依し、ジヨンの口を通してその者たちの言葉が発せられる。だがそれは裏を返せば、ジヨンが自分自身の声で本音を言うことができず、他者の声を借りることでしか言いたいことが言えない状態に置かれていることを意味する。ジヨンから声を奪っているもの、それはまさに、娘だから、妻だから、嫁だから、母だから、そして女性だからという理由で加えられるあらゆる抑圧である。一人の人間としてのジヨンの欲望はこうして抑圧され、ジヨンは声を奪われる。

ヒステリーの治療を通して人間の精神構造を明らかにしたフロイトによれば、無意識に抑圧された欲望は、何らかの形で必ず帰ってくる（＝意識の上に現れる）という。つまり、憑依されたジヨンの姿はまさに、「女」であるが故に無意識のうちに抑圧された欲望が戻ってきた状態なのである。だが気をつけなければいけないのは、欲望はそのままの形ではなく「別のもの」となって現れる点だ。フロイトが「圧縮と置換」と呼んだその現象は、抑圧されたいくつもの欲望が一つにまとまる過程で、欲望はむき出しになるのを避け、類似する別のものに変えられて表面上に現れる働きを意味している。その最たる例が「夢」というわけだ。ではジヨンの欲望はどのように「置換」されて現れただろうか。

ジヨンに最初に憑依するのは「母」である。日本のお盆にあたるチュソクを迎え夫の実家を訪れたジヨンは、料理の支度に勤しみ絶えず姑に気を使い、もはや疲れ切っている。もう少しの辛抱で自分の実家に帰れると思った矢先、義理の姉夫婦の訪問を受けて台所から離れられなくなったジヨ

ンを、姑は気にも留めず娘と話に花を咲かせる。その瞬間、ジヨンの母が彼女に乗り移り、母の声を借りたジヨンは姑に向かって「私も娘に会いたい、早くジヨンを帰らせて」と言い放つ。儒教的伝統の中で、嫁の姑への絶対的な服従が美徳として強いられる韓国では、チュソクや正月など大勢の親族が集まる場における嫁の「労働」を当たり前としてきた。嫁の居場所は台所であり、夫の親族をもてなすために延々と家事を続ける嫁こそあるべき姿なのだと。したがって、疲労や不満がいくら蓄積しても、労働を拒否したいという嫁の欲望は抑圧せざるを得ない。韓国には「며느리《ミョヌリ》 우울증《ウウルチュン》（嫁鬱病）」と呼ばれる精神病があるが、チュソクの前日には自殺者が出るほどのいわば社会問題であり、嫁への抑圧がどれほど厳しく重いものかを物語っている。憑依に驚き凍りついた表情を浮かべる姑らを前に発せられるジヨンの言葉は、韓国の無数の「嫁」たちの声でもあるのだ。

ジヨンの母は、その世代の多くの女性たちがそうであったように、兄弟の誰よりも優秀だったにもかかわらず、男兄弟の学費のために夢を諦めて工場で働いた、男性中心社会の典型的な被害者である。母はそんな自らの人生を隠さずにジヨンに語り、就職より結婚を強いる夫（ジヨンの父）に向かって怒りを顕わにし、「やりたいことをやりなさい」とジヨンを諭す。家父長制の犠牲者である自らの立場を認識し、娘に対してはそれを繰り返させまいとする母の姿は本作における一つの救いであり、姑を前に不満を口にできないジヨンがそんな母の声を借りる（＝母に置換される）のは、ある意味当然かもしれない。だが、そんなジヨンの母のような女性がいる一方で、女性自身が家父長制を自ら内面化し支え続けてきたのもまた事実である。「かつての」嫁は、自分が受けた数々の仕打ちを「次の世代の」嫁にぶつけ、女が女につらく当たる図式が一種の伝統のようになってしまっているのだ。ジヨンの姑がジヨンに向けるまなざしは、かつて自分が同じように姑から向けられたものを反復しているに過ぎない。映画の中で、同居する「祖母」が誰よりもあからさまに「孫娘」と「孫息子」を差別する姿に、問題の根深さが表れていると言えるだろう。

女性が置かれた抑圧構造をわかりやすく提示した「憑依」の描写がある一方で、本作を構成するもう一つのキーワードは、韓国社会のあらゆる場所、あらゆる瞬間に潜在する男女間の「壁」だ。男子学生から性的な視線を向けられ恐怖を味わったにもかかわらず、ジヨンに非があると決めつける父、同期入社にもかかわらず男性社員が重用される会社、隠しカメラで撮られた女子トイレの画像を罪悪感のかけらもなく回し見する同僚など、韓国の男と女の間には幾重もの壁があり、女性はその中に閉じ込められている状況である。壁の外では、男たちが生まれた瞬間から無条件に与えられる「男であることの特権」を謳歌し、女たちに向かって、「女であるが故の仕打ちは甘受しろ」と平然と言い放ってきた。とりわけ「男＝上」「女＝下」という強固な階級的認識によって、性の違いがそのまま性的不平等を正当化する社会が維持されてきたのである。

もちろんこれまでにも、こうした不平等を改善しようとする動きがなかったわけではない。韓国における女性運動は植民地時代から始まっているが、１９８０年代に入ると、認識だけでなく制度的にも変えていこうとする本格的な運動が見られるようになり、女性に向けられる様々な暴力を積極的に告発して防ぐための「韓国女性の電話」が登場した。そして90年代、軍事独裁が終わり文民政府による民主化が進むと、兵役を終えた男性に与えられる就職時の「加算点制度」の廃止に始まり、「男女差別禁止法」の制定、「女性家族省」の創設に至るまで、時に〝国家フェミニズム〟と揶揄されながらも、国際社会に追いつこうと制度的努力は不断に続けられていたのだ。だが、何百年と続いてきた人々の意識は、制度によってそう簡単に変えられるものではない。むしろ制度が整えられ表面的には改善したように見えることで、差別は「見えないところに身を隠しながら存在し続けた」と言える。82年生まれのキム・ジヨンは、民主化が進んだ90年代に学生生活を送っている。おそらく彼女は学校で「男女平等」について習ったものの、日常生活においては何も変わっていないことを実感し、「男性を特権化する社会の理不尽さ」を前世代以上に切実に感じたはずだ。そうしたジヨンの現実に対する違和感が詰め込まれた本作だが、映画ではジヨンのために最後に「明るい未来」への可能性が示唆される。

この結末を巡っては、賛否が激しく対立していると聞く。社会における女性差別が解消していない以上、安易なハッピーエンドは避けるべきとの意見も頷ける。だが本作において結末以上に重要なのは、映画の後半に描かれる「立ち向かうジヨン」の姿ではないだろうか。実はこの部分は、原作と映画で描かれ方がまったく異なっている。それは、原作が発表された２０１６年と映画が作られた２０１９年の間に、韓国の女性がその手で摑みとってきた強さでもあり、「それでも希望はあると伝えたかった」という監督のメッセージでもあるだろう。いずれにせよ、韓国ではあまりにありふれた名前である「キム・ジヨン」は、無数の平凡な女性の代表であることをやめて勇気を出した結果、憑依される（誰かの声を借りる）ことなく、自分自身の声で差別や偏見に異を唱えることができたのである。映画のラストは、不当な扱いに対して自分を抑圧せずに闘うことを選んだキム・ジヨンが一人の人間として摑み取ったものであり、それはもちろんすべての女性観客に向けられた可能性でもある。

本作の観客の中には、同じように韓国の家族や日常生活に潜む男女の非対称を浮かび上がらせた『はちどり』（キム・ボラ監督、２０１８）を観た人も多いかもしれない。１９９４年のソウルに生きる14歳のウニは、１９８２年生まれのキム・ジヨンとは同世代の主人公だった。『はちどり』でヨンジ先生に「殴られるな、立ち向かえ」と教えられたウニと、自らの声を取り戻して社会にささやかに立ち向かったキム・ジヨン。成長したウニの姿がキム・ジヨンだと想像してもいいだろう。映画を通して変わりつつある韓国の希望を示してくれた彼女たちに、声援を送り続けたい。

『息もできない』
底辺に生きる男が「悪口」の果てに求めた「家族のメロドラマ」

◎物語

親友かつ先輩のマンシク（チョン・マンシク）のもと、ヤクザ稼業にいそしむサンフン（ヤン・イクチュン）は、大学生のデモに乗り込んで暴力をふるい、無許可営業の屋台を容赦なく破壊し、債務者の家を回っては無慈悲な暴力で借金を取り立てるなど、ことごとく最低な乱暴者だ。異母姉の幼い息子の遊び相手になるなど根は優しいものの、幼い頃、父（パク・チョンスン）の家庭内暴力が原因で母と妹を失うという辛い過去を持つ彼は、15年の刑期を終えて出所した父親を前に苛々を募らせるばかり。そんなある日、女子高生のヨニ（キム・コッピ）と知り合ったサンフンは、自分のようなヤクザを前にしても物怖じしない彼女に少しずつ惹かれていく。実はヨニの家庭も、決して幸せではなかった。ベトナム戦争の後遺症でPTSDを抱える父（チェ・ヨンミン）、無許可営業の屋台を潰された挙句に病死した母（キル・ヘヨン）、暗鬱な環境の家庭でますます暴力的になっていく弟（イ・ファン）と、ヨニもまたサンフンのような絶望的な状況に置かれていたのだ。サンフンとの出会いはヨニにとっても救いをもたらし、二人は徐々に心を通わせていくのだが……。

原題：똥파리
製作：2008年（日本公開：2010年）　韓国／カラー／130分
監督・脚本・出演：ヤン・イクチュン　撮影：ユン・チョンホ
出演：キム・コッピ、イ・ファン、チョン・マンシク、ユン・スンフン、キム・ヒス、
パク・チョンスン、チェ・ヨンミン、オ・ジヘ

在日朝鮮人の帰国事業をテーマにした『かぞくのくに』（ヤン・ヨンヒ監督、2012）や、菅田将暉と共演した寺山修司の代表作の映画化『あゝ荒野』（岸善幸監督、2017）など、日本映画でも活躍している俳優、ヤン・イクチュンだが、実は彼は『息もできない』で鮮烈なデビューを飾った映画監督でもある。同作は各国の映画祭で受賞し、日本では「東京フィルメックス」で最優秀作品賞と観客賞をダブル受賞し、その年の「キネマ旬報ベスト・テン」で外国映画の1位まで獲得した。ヤン・イクチュンはシナリオ・監督・主演の3役をこなし、国内外で高い評価を得て興行的にも成功を収めた。デビュー作でここまでの記録を打ち立てるのは驚異的ですらあったが、次作への大きすぎる期待がプレッシャーになったのか、いまだ二作目が作られていないのは残念なことだ。

物語を読む限り、「暴力的なヤクザ映画」と本作を敬遠する向きもあるかもしれないが、この映画は完璧なまでに「メロドラマ」である。誰もが涙せずにはいられない展開の中で、サンフンの暴力も次第に彼の純粋さ故の葛藤であることが明らかになる。メロドラマの基本は「すれ違い」だ。サンフンの家族想いの優しさは表面上の暴力によってすれ違いをもたらし、チンピラから足を洗おうと暴力をためらった瞬間に、彼に認めてもらいたい子分の暴力が爆発する。また、メロドラマにおいて重要な点は、「登場人物が知らないことを観客は知っている」ところにあり、例えばヨニがサンフンに向かって幸せな家族のふりをすればするほど、彼女の家庭が絶望的に不幸なことを知っている観客は胸が痛む。瀕死のサンフンと彼を待つ人々を交互に映す編集は、観客だけがその悲劇を理解しているだけに、より一層泣けてくるのだ。ヨニとサンフンの家族ぐるみの因縁も含めて、こうしたメロドラマの要素が「家族」の主題と結びついて普遍的な物語となり、世界中で受け入れられたのだろう。

多分にメロドラマ的な本作を彩るもう一つの要素は、登場人物の口から絶え間なく繰り出される「悪口」である。『Breathless』という英題から訳された『息もできない』だが、原題は『똥파리《トンパリ》』という。「ウンコにたかるハエ=ウンコバエ」を意味するこの翻訳不可能な韓国語は、ハエの中でも一番汚らしいハエを指し、韓国社会で最も蔑まれる最下層の人間をたとえる際によく使われる言葉だ。サンフンの「トンパリ」ぶりは、映画を見れば明らかだが、その背景を知るにはもう少し説明が必要であろう。

サンフンの仕事が「ヤクザ稼業」であることに違いはないが、さらに言うと、韓国には「용역《ヨンヨク》깡패《カンペ》（用役チンピラ）」と呼ばれる集団があり、サンフンもまさにこの存在である。「用役」とはもともと生産性を伴わない、医療や教育といった社会的に提供されるサービス全般を示す概念だったが、実際には人手を必要とする様々な現場に派遣される労働者など幅広く使われている。仕事の内容は建物の清掃やイベントの警備、工事現場など多岐にわたるため、いわゆる「便利屋」のようなニュアンスだが、そこに「チンピラ」が加わると意味合いはだいぶ変わってくる。

1980年の光州事件を踏み台にして大統領の座についた全斗煥《チョン・ドファン》軍事独裁政権時代、オリンピッ

クの誘致に成功した全政権が真っ先に着手したのが、ソウルに点在する無許可建物の撤去だった。1960年代以降、急激な産業化とともに仕事を求めて地方からソウルに上京した人々によって、「산동네《サンドンネ》（山の町）」と呼ばれる町が形成された。雨風をやっとしのげるほどのみすぼらしい家々の集合体であるサンドンネは、ソウル周辺の山の中に許可なく建てられた一種のスラム街で、治安や衛生面の問題も抱えていたが、全政権が問題視したのはその景観だった。オリンピックによってソウルの景観にも注目が集まると考えた政府は、「国の恥」にもなりかねないサンドンネを隠蔽すべく、一時は町全体を緑色の布で覆うという信じがたい計画まで立てていたらしい。さすがに実行には至らなかったものの、政府はソウル美化のための再開発に乗り出し、サンドンネの住人の立ち退きを始めた。だが人間の住処を奪うとなると、事はそう易々とは運ばない。一方的に立ち退きを命じられた住人たちは、生存権の保障を要求して猛然と立ち向かったのだ。対処に手こずった政府は、民間業者を募集して暴力的なやり口で強制撤去に踏み切り、公権力を後ろ盾にした業者は暴力の限りを尽くして住民たちを徹底的に排除した。

この時「用役会社」を名乗った民間業者に雇われ、先頭に立って破壊活動を行ったのがチンピラのような連中だったことが、「用役チンピラ」の由来となっている。用役チンピラによる住人への暴力や、それを黙認した公権力の横暴はドキュメンタリー映画にもなっているが、彼らはその後も警察など権力側と癒着しながら、野党の政治集会の妨害工作やデモ隊の排除などにしばしば動員され、韓国社会の暗部となっている。日本でも、ヤクザ組織が公権力と結びついて同様の行為を行ってきた歴史があるが、要するにサンフンは、権力に守られながら社会的弱者を攻撃し、権力に反発する者の権利を暴力的に奪ってきたという点においても、文字通り「トンパリ」なのである。

そんな本作を見ながら、韓国語を理解しなくても耳に残るフレーズがあったのではないだろうか。その一つが、韓国語で最も使われている悪口「シバル」である。喧嘩で相手を罵倒する時の悪口だが、もともとは「시팔《シパル》 좆같다《チョッカッタ》」という。「シパル」は、女性の性器を表す俗語「십《シプ》」＋「하다《ハダ》＝〜する」で「セックスする」の意味になる。韓国語は文字の組み合わせによって音が変化するので、「シパル」→「シバル」となり、さらに「놈아《ノマ》＝奴」がついて、サンフンの口から頻出する「シバルノマ」になる（女性に対しては「년《ニョン》＝アマ」をつけて「シバルニョン」）。英語の「ファック・ユー」と思えばわかりやすいだろうか。「좆 같다《チョッ カッタ》」は、男性器を表す俗語「좆《チョッ》」に、「〜のようだ」を指す「같다《カッタ》」が付いて「男根のようだ」の意味になる。「シバル　チョッカッタ」と続けると、「セックスする男根のようだ」となり、勃起した男根のように興奮（拡張されたあらゆる意味での興奮）した状態、日本語で言うならば「血が上った」状態を指す。ムカついたとき、失敗したときなど、様々なネガティブな場面で叫び、つぶやき、男性同士で（まれに女性同士でも）言い合うなど、サンフンのように日常的に口にすることも少なくない。

このように韓国の悪口には性的な語源を持つものが多いのだが、その裏には、性にまつわるあらゆる物事を「非道徳的」であるとして抑圧してきた朝鮮時代の影響を読み取ることができる。５００年以上にわたって続いた朝鮮時代、儒教をこの上なく崇拝した貴族《ヤンバン》は、百姓たちに対しては

「性」を抑圧した一方で、自分たちは性的な遊戯に明け暮れていた。そんな貴族に対する百姓たちの密かな抵抗が、性の言語化という形で表れていると考えられる。国語学者のソ・ジョンボムの言葉を借りるならば、最も抑圧される性的なものをあえて用いることで、百姓たちは儒教的抑圧と貴族の矛盾に全面対抗したのである。韓国における「悪しき」儒教的伝統は、「悪口」という被支配者の言語にも垣間見えるのだ。

こうした悪口から紐解く儒教的抑圧と抵抗という関係は、本作におけるサンフンと父親の関係性を理解するヒントにもなるかもしれない。映画は、幼い頃に父親の暴力によって母と妹を失い孤独に生きてきたサンフンが、刑期を終えて家に戻ってきた父親を前にして憤りを募らせるあたりから始まる。自分の人生を不幸にした元凶である父親に対して、恨みしか抱けずに暴力をふるうばかりか、サンフンは父親が異母姉とその息子と一緒に過ごすことさえ我慢ならない。その一方で、かつての面影が見えないほど弱々しくなった父親が絶望のあまり自殺しようとすると、必死の形相で病院に担ぎ込み「死なれては困る」と叫ぶ。そんなサンフンの分裂的な態度からは、儒教国家・韓国における父と息子のあまりにも強固な、それ故に不健全とも言える関係性が見え隠れしている。

儒教には「父子有親」という父と息子の強力な連帯を訴える概念がある。韓国にはどの家庭にも「族譜」と呼ばれる家系図が存在するのだが、つい最近までそこに女性の名前は記載されず、男系の成員の名のみが連綿と綴られてきた。「家」を重んじる日本とは異なり、韓国では何よりも「血」が大事なため、血が継承される父・息子の関係性しか重要視されないのだ。こうして、父と息子の間に特権的な絆を作ることで家父長制を維持してきた韓国だが、その両者の関係が正常に機能しない場合には、サンフン親子のような暴力に依存した服従関係が生まれてしまう。サンフンが「シバル　チョッカッタ」と罵倒しながら父親に暴力を振るい、同時に父親を必死で救おうとする様子からは、自らを苦しめる父親＝家父長制に対する抵抗と、それでも儒教を絶対視する韓国的伝統から逃れられない宿命のようなものを感じずにはいられない。

そんなサンフンが唯一心を許す相手である友人のマンシクとヨニ、そして甥のヒョンインを思い出してみよう。サンフンは先輩であるマンシクに決して敬語を使わず、マンシクはそんなサンフンに文句を言いながらも温かい眼差しを向ける。ヨニは常識で言えばサンフンに敬語を使って然るべきにもかかわらず、タメ口で話すばかりかサンフンに負けない量の悪口を繰り出し、サンフンはヨニに悪態をつきつつ心を許していく。そしてヒョンインとサンフンの間には、父子の服従的関係性の代わりに純粋な庇護の思いやりのみが介在している。サンフンにとってあらゆる上下（服従）関係は憎むべきものであり、そこから解放された関係性にのみ安らぎを見出していることがわかる。

本作は、社会の底辺に生きる「トンパリ」の物語であると同時に、そんなトンパリたちが、韓国的家父長制や儒教の伝統に抗う、抵抗の物語としても読みうる映画でもあるのだ。サンフンが不在の中で私たちが目にする最後の光景は、彼が愛し、彼を愛する者たちが、血ではない繋がりによって「家族」となっていく様であり、それこそがサンフンが心から望んだ家族の形であっただろう。

『お嬢さん』

男もヒエラルキーも乗り越えて《帝国》と《植民地》の女性、勝利の連帯へ

◎物語

1930年代の植民地朝鮮。幼い頃に両親を失い、叔父の上月（チョ・ジヌン）の厳しい保護の下で暮らしている秀子（キム・ミニ）。ある日、藤原伯爵（ハ・ジョンウ）の紹介で朝鮮人の少女スッキ（キム・テリ）が、「珠子」の名で侍女として秀子に仕えることになる。毎日のように叔父の書斎で本を朗読するのが日常の全てだった秀子は、いつしか純真なスッキを頼るように。だがスッキの正体は、有名な女泥棒の娘で、詐欺集団によって育てられたスリだった。そして藤原伯爵もまた、秀子を誘惑して結婚し、彼女が相続する莫大な財産を横取りしようとする詐欺師。スッキはそんな伯爵の企みに乗り、秀子と伯爵が結ばれるよう仕向けるために送り込まれたのだ。秀子の心を揺さぶるための藤原伯爵とスッキの陰謀が始まるが、三人の関係は予想だにしない方向へと進んでいく。

原題：아가씨　原作：サラ・ウォーターズ（中村有希訳）『荊の城』東京創元社、2004
製作：2016年（日本公開：2017年）　韓国／カラー／145分
監督・脚本：パク・チャヌク　脚本：チョン・ソギョン
撮影：チョン・ジョンフン
出演：キム・ミニ、キム・テリ、ハ・ジョンウ、チョ・ジヌン、キム・ヘスク、ムン・ソリ、チョ・ウニョン

1950年代末に、映画における作家主義を全面に出してフランスで起こった映画運動「ヌーヴェル・ヴァーグ」が輩出したジャン＝リュック・ゴダールやフランソワ・トリュフォーといった映画作家たちは、シネフィル（「映画マニア」とでも言い換えられようか）が高じて映画評論家となり、その自然な帰結として自ら映画を作るようになっていった。韓国にもまた、同じような出自を持つ「巨匠」がいる。パク・チャヌクだ。『JSA』（2000）や『オールド・ボーイ』（2003）、『親切なクムジャさん』（2005）、『渇き』（2009）など、韓国映画が国際的な評価を得るようになった立役者の一人であり、近年ではハリウッドやイギリスでも活躍するなど、韓国映画を世界に知らしめる「21世紀の韓国映画ルネサンス」をポン・ジュノと共に先導する役割を果たしている。

ポン・ジュノがエンターテインメントの中に大いなる社会性を潜ませる作風であるとするならば、パク・チャヌクは、リアリズムとはかけ離れた画面作りの中に、タブーや罪意識に基づく贖罪と救済（ただし、勧善懲悪とは全く無縁の）の過程を、過激に、時に過剰に、そして転覆的に描き出して高い評価を得ている作家だ。近親相姦や宗教的な堕落を、視覚的に強烈な美術的な表現で提示するその芸術性は、『オールド・ボーイ』がカンヌ国際映画祭で審査員長を務めたタランティーノを熱狂させて、韓国映画初のグランプリ（審査員特別大賞）を受賞し、『渇き』が審査員賞を受賞するなど、「カンヌ・パク」とも呼ばれるくらいカンヌで高く評価されていることからも明らかだ。ポン・ジユノがどちらかと言うとアメリカで熱狂を生んだのに対し、パク・チャヌクはヨーロッパでより好まれる傾向にあり、そこに両者の作家性の違いが見え隠れしている。だが二人はライバルというよりも実際は非常に仲が良く、パク・チャヌクはポン・ジュノがハリウッドで手がけた『スノー・ピアサー』（2013）の製作者に名を連ねたほか、ポン・ジュノが『パラサイト　半地下の家族』（2019）でアカデミー賞を受賞した際には、真っ先に祝辞を表明していた。

そんなパク・チャヌクがハリウッドに招かれて監督した『イノセント・ガーデン』（2013）以来、3年ぶりに発表した『お嬢さん』もまた、観客の想像を超える「過激で転覆的」な物語と女性同士のラブシーンが話題を呼び、日本ではR－18作品に指定されたにもかかわらず、世界中で多くの観客を動員したヒット作となった。パク・チャヌク自身はカンヌでの受賞には至らなかったが、「ミザンセン（画面演出）」を高く評価され、パクと長きにわたってコンビを組んできた美術監督のリュ・ソンヒが、技術賞にあたる「バルカン賞」を受賞している。また本作は、世界176ヶ国へ輸出されるなど、海外でもそのエンターテインメント性と作家性が認められる結果となった。

映画は3部構成になっており、1部はスッキの視点から、2部では同じ出来事を秀子の視点から描き、3部ではその結果が描かれる。これは、サラ・ウォーターズの原作小説『荊の城』に沿った構成であるものの、映画を観た原作者が「あくまで小説からインスピレーションを受けたに過ぎない」と明かすほど、物語そのものはだいぶ異なっている。監督も「原作を読みながら僕なりに想像したものを軸にした」と述べているが、それでも主要人物の設定や物語の大きな流れは原作をもとにしている。とりわけ「女性同士の同性愛的関係」という主題が、原作同様、映画においても核となっている点は重要であり、韓国での公開時に本作が大きな注目を浴び話題をさらったのも、まさに「秀子とスッキの過激なラブシーン」であった。

ここ数年で、ジェンダーの主題やＬＧＢＴＱの描き方など、映画における性の多様性の表現は世界的に大きく進んだ感があるが、韓国では儒教的伝統によりいまだ「同性愛」に対して保守的な側面が強く、ＬＧＢＴＱの集会に猛反対する教育界・宗教界関係者のホモフォビア的批判の声が新聞の社会面を賑わせている。だがそんな韓国において、低予算のインディーズ映画ならまだしも、莫大な製作費をかけた商業映画としてこのような映画が作られたこと自体が画期的であり、本作はその意味でも先駆的であったと言える。そして本作に対してももちろん拒否反応や否定的な意見はあり、また女性同士のラブシーンに対する興味本位な眼差しも目立ったが、それ以上に興味深いのが、本作で描かれる同性愛はセックス以上に様々なレベルで象徴的な解釈ができるのではないかという、フェミニズム的観点からの議論である。こうした議論の背景には、巨匠パク・チャヌクが同性愛を単純には描かないだろうという監督への期待が込められているのと同時に、映画の主な観客が若者世代であり、性的な議論に対して柔軟な年代の観客に見られた作品であることが大きかったと考えられる。彼らにとって秀子とスッキのラブシーンは、ただのセックスではなく女性同士の「連帯」と捉えられた。以下に、映画から読み取れる「連帯」の要素を挙げてみよう。

まず強調されるのは、秀子とスッキの間の「母性愛」的な関係性だ。映画の冒頭、捨てられた赤ん坊を拾って面倒を見、その後売りさばく生活を送っているスッキはすでに母親的な役割を果たしており、社会から隔絶された世界で一人では何もできない秀子に対し、まるで赤ん坊のように接する。もちろん、スッキに頼りっぱなしの秀子というのも、実は秀子の演技であったことが後から明らかになるのだが、母親を早くに亡くした共通点を持つ二人が、「あなたの母はきっとあなたを産んで良かったと思っているはず」というスッキの言葉を通して真の感情を芽生えさせることからも、彼女たちがまず「母性」によって連帯していくことがわかる。そして時間をかけて反復的に描かれるラブシーンが、素晴らしいエロティシズムに溢れているだけでなく、手を握り合うといった行為を見せることで、二人の連帯感がより伝わってくる場面になっている。

また、最初は女同士が騙し合っているように見せるからこそ、それが次第に女性対男性の構図に変化し、最終的には女が男に気持ち良く勝利する結末を痛快に感じるという、映画自体の構成の魅力も大きいだろう。それまで完全に男性の支配下に置かれていた秀子とスッキは、連帯することで、上月や藤原との関係をぶち壊して転覆させ、二人だけの自由を手に入れる。そしてその過程で、上月の蛇の像を叩き潰し、藤原の指は切断され、それぞれ「男根」のメタファーともいえるものが具体的に破壊されていく。こうした様や、騙し合いのゲームにおいて次第に女たちが主体的な位置を確立し、男たちをバカにしながら勝利を収めるという展開を考えると、二人の同性愛的連帯はもはや必然とさえ言える気がする。上月の家から脱出する際の「私の人生を壊しに来た救世主、私の珠子」という秀子のセリフは、そうした二人の関係性を決定的に示すものである。パク・チャヌクは、男性による一方的な性的視線を見事に転覆させる女性たちの反撃を描くための装置として、同性愛を必要としたのだろう。だからこそ本作は、スキャンダルなラブシーンの話題を超えて、フェミニズムに根差した議論が活性化したのである。

本作はまた、植民地時代の日本と韓国という舞台設定から「ポスト・コロニアリズム」の観点で捉えることも可能である。ホミ・K・バーバという文化理論家が著書『文化の場所』（本橋哲也ほか訳、法政大学出版局、2005）で提唱した「視線と凝視」の概念は、帝国の植民地へのステレオタイプ化（視線）と、それに対する植民地の現実（凝視）を分析するために用いられる用語だ。支配者の視線が作り出した「良き植民地」のイメージは必ずしも植民地の現実と一致しないという、ステレオタイプの無意味な虚妄性を暴いた概念を、帝国／植民地の対立と同じような支配関係を持ちやすい男女のそれに置き換えてみよう。すると、支配者である男たちの性的な「視線」によってステレオタイプ化された秀子が、実際の彼女と異なるのは明白であり、スッキと連帯して復讐を遂げるその後の展開は、まさに男たちの身勝手な視線に対する女たちの「凝視」と捉えることができる。「現実の世界では、女は力ずくの関係で快楽は感じない」というナレーションは、実に明快に男たちの妄想を暴き出していると言える。一方で、日本＝《帝国》の女性である秀子と、韓国＝《植民地》の女性であるスッキの連帯は可能か、という議論に対しても、本作は「可能だ」という明確な回答を提示している。男／女の関係に置き換えられやすい帝国／植民地の構図を、女／女の関係性に変えることで、対立は連帯へと変化し、男性による女性への抑圧も国家間における抑圧も吹き飛ばしてしまう。本作が真に画期的なのは、男女の家父長的構造に女同士の連帯によって打ち勝つからだけではない。帝国の女と植民地の女というヒエラルキーさえも乗り越えて、女同士が連帯する可能性を示し、フェミニズムとポストコロニアリズム双方の議論に転覆的な問いを投げかけた点で、儒教的な「性」意識へのカウンターパンチとなっているためである。

最後に余談だが、日本人観客には「植民地時代の日本語が主となる本作で、なぜわざわざ韓国人俳優たちにたどたどしい日本語を言わせたのか」という疑問も感じられるかもしれない。日本人ではない私でさえもそれが気になったほどである。もちろん、原作の雰囲気に合わせて「伯爵」という朝鮮にはなかった身分を取り入れるためといった要因もあるかもしれないし、監督自身「こんなにいやらしい話を韓国語で聞かされるのは……」とためらったように、劇中で発せられる数々の卑猥な言葉を外国語にすることで、衝撃が和らぐといった戦略もあっただろう。だがそれ以上に、そこには長年韓国が抱いてきた、日本のポルノへのフェティシズムがあるのではないかと思う。実は、いまだに法律でポルノ映画が禁止されている韓国では、国産ポルノを見ることが叶わない男たちが、長年欲望のはけ口を日本産ポルノに求めてきたという実態があった。そして、今でこそなくなっているが、韓国には日本のポルノをこっそり上映する闇のビデオ室なるものまで存在した。

恥ずかしい告白になるが、私自身、高校時代は何度もビデオ室に通ったし、軍隊から除隊した帰り道にソウル駅近くのビデオ室に入ったこともよく覚えている。表向きは漫画喫茶として営業している店に入り、「観に来た」と暗号のように一言伝えると、奥の密室に案内される。そして、本作で秀子が朗読する淫乱小説に固唾を飲みながら聞き入る男たちのように、狭い部屋に集まった男たちは日本のポルノに見入ったのだった。西洋ポルノは見た目も異なって現実感がないし、まるでスポーツのようなセックスで色気を感じられなかったが、日本ポルノはその点親近感もあり、またジャンルも多様で断然好まれていた。韓国で公開されたある映画の物語にどうしても既視感があると思ったら、それはビデオ室で観た日本ポルノのパクリだったこともあり、ビデオ室の浸透ぶりに思わず苦笑してしまった。パク・チャヌク監督を貶めるつもりはさらさらないが、韓国男性が共有する経験と認識を、監督も多かれ少なかれ持っていたと考えるのは自然だし、フェミニズムとポストコロニアリズムの両面において痛快さに満ちた本作に、韓国の男たちの日本に対する秘かな憧れが顔を覗かせていることもまた、必ずしも図式的ではない本作の魅力と言えるかもしれない。

『ハハハ』

"あるべき男性像"を笑い飛ばしてくれる、大いなる人間賛歌

◎物語

映画監督のムンギョン（キム・サンギョン）は、作品製作もうまくいかず教えていた大学もクビになったため、親戚のいるカナダに移住を計画している。出発前に母親（ユン・ヨジョン）に会うため故郷の統営《トンヨン》を訪れた彼は、ソウルに戻ってから大学の先輩チュンシク（ユ・ジュンサン）と偶然に遭遇、なんと同じ時期にチュンシクも統営を訪れていたことがわかり、二人はマッコリを酌み交わしながら、統営での思い出話に花を咲かせる。

原題：하하하

製作：2010年（日本公開：2012年）　韓国／カラー／116分

監督・脚本：ホン・サンス　撮影：パク・ホンニョル

出演：キム・サンギョン、ユ・ジュンサン、ムン・ソリ、イェ・ジウォン、キム・ガンウ、キム・ギュリ、ユン・ヨジョン、キ・ジュボン

ホン・サンスという映画作家をご存知だろうか。多額の予算が組まれ多くの人間が携わるメインストリームの映画とは異なり、インディペンデントな製作スタイルで次々と作品を発表しては海外の映画祭で受賞を重ねている人物だ。フランスの映画作家、エリック・ロメールと比較して語られがちで、実際フランスでは特に人気が高いらしい。確かにホン・サンスの映画は、ヌーヴェル・ヴァーグの登場に寄与したフランスの批評家、アレクサンドル・アストリュックが唱えた「カメラ＝万年筆論」（映画は、万年筆で紡がれる書き言葉のように、カメラを使って柔軟で繊細に書かれるべきものである、という理論）を地で行っているようなものだ。とにかく、他のどの映画監督とも異なる作風と立ち位置で、韓国映画という海を一人飄々と泳いでいる、そんな人である。

彼のほとんどの映画は、彼自身が投影されているであろう映画監督が主人公だ。主人公の監督は大学で教えたり、それなりに知られてはいるものの、映画の中ではいつもスランプに陥っていて、物事が上手く行かず悶々とする。さらには教え子と不倫関係にあったり、家族のある身で他の女を追いかけ回したりとろくでもない。どの作品も、もちろんそれぞれは全く異なる映画なのだが、あらすじを書こうとすると全て同じような物語となり、その反復的な語り口は、日本が生んだ世界の巨匠、小津安二郎ともつい比べたくなってしまう。そんな作家性ゆえ、観客の好き嫌いがはっきり分かれ、さらには近年彼のミューズに君臨する女優、キム・ミニとの不倫関係が明らかになったことで、韓国では一時バッシングの大合唱が吹き荒れた。それでも二人は飄々と関係を続け、二人がコンビを組んだ作品は世界各地で相変わらず受賞を続けている。〝韓国映画を通じて韓国近現代史を振り返り、社会として抱える問題、日本への眼差し、価値観の変化を学ぶ〟ことを目的としたコラムで、一体ホン・サンス作品にどんな社会的要素を見出せるかというと、それは「韓国人の男らしさ」の問題である。

先述したように、ホン・サンス映画に登場する男たちは総じてだらしがなく、酒ばかり飲んでいて、人としてとても尊敬に値しない。だが、儒教思想に基づいた男尊女卑がまかり通った韓国社会において、ダメな男性主人公を描き続けることはともすると、社会に対する強烈なアンチテーゼと言えるのではないだろうか？　ホン・サンス映画の男たちは、韓国の歴史と社会が男性に対して押しつけてきた、そして他の多くの映画が提示してきた「あるべき男性像」を反転させ、本当の姿をさらけ出すことで韓国の男たちを強大なプレッシャーから解放してくれようとしているのではないか？　では映画によって浮かび上がる、韓国の伝統的な〝あるべき男性像〟とはどのようなものだろうか。そしてホン・サンス映画の男たちは具体的にどう描かれているのだろうか。もちろん理想の男性像などというものは時代や教育、育った環境など、様々な背景によって人それぞれ異なるだろうし、それを安易に決めつけて一般化するべきではない。だが少なくとも、男性中心の儒教的伝統のなかで語られ、形成されてきた韓国社会の〝あるべき男性像〟を浮かび上がらせることはできるだろう。

韓国が依然として儒教の強い影響下にあることは、これまで何度も言及してきた。その核心は「王への忠誠、師匠への順応、親への孝行」といった支配と服従の上下関係を固定化させることにある。それが家族や社会、国家の土台となったのはもちろん、そのヒエラルキーを維持するためのイデオロギーが形成される中で、韓国における〝あるべき男性像〟もまた構築されていった。父と息子から師匠と弟子、王と臣下へと拡張していく関係のなかで、その倫理に従い実践することこそが正しく、立派だとされる。こうして男たちには、家父長（社会や国家レベルにおいても）に服従しつつ、自らも家父長の役割（家族や社会、国家のための犠牲とか献身といった）を果たすことが求められるようになったのだ。

こうした根深い儒教的伝統のもと、韓国の〝あるべき男性像〟は、日常生活の中でより具体的な形をとって幼い頃から叩き込まれていく。私は小さい頃、大人たちからよく「男が台所に入るとコチュ（おちんちんのこと）が落ちるよ」とか「人形なんかで遊ぶとケジベ（女の子を見下す表現）になるぞ」といった言葉を耳にタコができるほど聞かされてきた。これは「男（男性像）」を作り上げていく最初の段階とも言えるのだが、同時に「女」を排除すべきものとして対象化していくことでもある。つまり韓国では、男女の間に境界線を引き「コチュが落ちる」といった去勢脅威に近いタブーを設け、もはや無意識的に「女」をその周辺に追い出すことで「男」を聖域化し、特権化してきたのだ。

韓国人男性なら避けて通れない「軍隊」はその集大成と言えるだろう。韓国では「軍隊に行かないと一人前になれない」とよく言われる（だとすれば、女性は一人前の人間にさえなれないというのかと、反問したくなるフレーズであるが）。そして軍隊と言えば上下関係による命令と服従がすべての世界。その上下関係のなかで「国家への忠誠」と「親への孝行」を繰り返し強調することで、それを遂行できる家父長（＝人間）を育てる場として軍隊は機能している。最近のフェミニズム運動に対して男たちが「女も軍隊に行け」と声を荒らげる様子は、韓国人男性にとって、「男」の聖域化と特権化の意識が「軍隊」という国家的制度によっていかに強化されているかを端的に物語っているわけだ。このように韓国での男性像は、女性の対象化とともに作られてきたと言っても過言ではない。

では、韓国人男性の〝あるべき男性像〟がいかなるものか、これまでに取り上げた作品の中から具体例を見てみよう。『国際市場で逢いましょう』でファン・ジョンミンが演じたドクスは、家族のために自分を犠牲にしてひたすら働きお金を稼いでいた。『ミナリ』では夫婦に意見の対立が生じつつも、ジェイコブは家長としての責任と特権を担って家族の生き方を決定していた。日本でもドラマ化された『ミッドナイト・ランナー』は、警察幹部候補生であるギジュンとヒヨルが社会のために巨大犯罪組織に立ち向かう映画だった。家族（ドクス、ジェイコブ）から国家（ギジュンとヒヨル）まで、彼らはそれぞれ「家父長」の役割を果たす典型的な〝あるべき男性像〟と言えるだろう。もちろん、彼らによって救われ守られる側の多くが女性であることは言うまでもない。

こうして見てみると、『ハハハ』に登場する男たちが韓国映画に描かれる他の男たちと比べていかに特異であるか、〝あるべき男性像〟からどれほどかけ離れているのかがよくわかる。映画の主人公ならば、最初はどんなに愚かであっても、ヒロインに恋することで、あるいは生きがいや守るべきものを見つけることでヒーローとしてのポジションを獲得することができる。だがホン・サンスは、そんなのは真っ赤な嘘だと舌を出さんばかりに、男たちの「素顔」を余すところなくさらけ出すのだ。本作で、世間から見ればそれなりに立派な映画監督であるムンギョンは、人様の前で母に（おしりではなく）足のすねを叩かれて臆面もなく泣き出し、情けないくらいのマザコンぶりを発揮したかと思えば、ソンオク（ムン・ソリ）を追いかけ回して一日を過ごす。先輩のチュンシクもまた、鬱病を抱えているうえに不倫中で、愛人のヨンジュ（イェ・ジウォン）を休暇先に誘ったはいいものの、結婚を迫られて喧嘩になり、その直後には互いの愛を確認して甘えたりと、理性のかけらもない。挙句の果てには二人の関係を親族に暴露し、酔って大醜態をさらす。もう一人の男性キャラクターであるジョンホ（キム・ガンウ）は、詩人というロマンチックな肩書を利用して二人の女性キャラクターの間を巧みに行き来するが、そこに罪悪感は一切ない。そんな彼らに「家父長」の役割など到底果たせそうにないし、彼ら自身にもそんな自覚などさらさらない。もっとも理想的な男として誰もが尊敬してやまない歴史上の人物である李舜臣《イ・スンシン》将軍が不自然な形で劇中に登場するのは、映画の男たちのだらしなさを際立たせる計算された演出と言えるだろう。

　本作に限らず、ホン・サンス映画におけるほとんどの男たちが「泣く・甘える・拗ねる」という行為で形作られている点は注目に値する。なぜなら、これらの行為こそが聖域化・特権化された「男」にあってはならない非家父長的な特徴だからだ。韓国には「男が泣くのは一生に3回だけ。

だ。

生まれたとき、親が亡くなったとき、国が滅びたときだ」という言い回しがある。男たる者はたやすく涙を見せてはいけないということを、極めて儒教的に表したこの言葉を揶揄するかのように、ホン・サンスの男たちは事あるごとに泣く。それも実にどうしようもないような理由で涙を流すのだ。

では、そんなダメ男たちに対峙する女たちはどうだろうか。つい男たちのだらしなさに目がいきがちだが、そんな彼らを愛し、ともにお酒を呑んでそのまま肉体関係に至る女たちもまた、やっぱり〝あるべき女性像〟からはかけ離れていると言えるだろう。ムンギョンに追い回されるソンオクは、詩人のジョンホのイケメンぶりと海兵隊（精鋭たちの集う最も厳しく優秀な部隊）出身という逞しさにゾッコンだが、ムンギョンが空挺部隊（海兵隊と同じレベルの特殊部隊）出身と聞くや、ムンギョンとも良い関係になる。チュンシクの不倫相手であるヨンジュは、同棲や結婚を迫って彼を鬱々とさせることもあれば、「私を愛してるか」「私は可愛いか」と甘えては二人でバカップルぶりを見せつける。だが彼女は最終的にチュンシクのすべてをまるで母親のように優しく包み込む。そして美味しいと評判のふぐスープ屋を営むムンギョンの母親は、息子からのプレゼントを気に入らずに客にあげてしまったり、常連客と毎日のように酒席を囲む。息子が偉そうに母の服装を注意すると、逆上して人目も憚らず息子を叩いて泣かせてしまう。かつては女好きの夫に困らされ、情けない息子の姿にため息をつきつつもドライで人情味のある母親をユン・ヨジョンは飄々と演じる。男たちと一緒にダメっぷりを披露し、辟易したり振り回されもするが最終的にそのままの彼らを受け入れる女たちの存在は、ホン・サンス映画において実は何よりも重要で欠かせない存在なのだ。

ホン・サンスのキャラクターたちは、「家父長制に反対」だとか「男女は平等であるべきだ」といったリベラルな思想など誰もまったく持ち合わせていない。彼らはごく普通に儒教的伝統に基づいた韓国の価値観を持ち、女に偉そうに振る舞ったり、逞しい男に憧れたりしている。ただ決して自分自身は理想的なイメージを実践できずに、くだらないおしゃべりを交わしながら毎日をそれなりに生き続ける。ダメだからこそ魅力的な人間たちの姿が、そこには確かに刻み込まれている。男にも女に対してもあるべき姿を押し付けがちな社会と、そこにどうしても追随してしまう映画界の中で、ホン・サンスの映画はそんなしがらみを軽々とはねのけて、キャラクターたちを解放する。社会が理想とする姿になりたくてもなれないのは男も女も変わらないだろう。ホン・サンスは、理想と現実の間でじたばたする人間たちの本音を映画の中で代弁し、世間の押しつけがましい目など「ハハハ」と笑い飛ばせと私たち観客にも言ってくれているように思える。「家父長」の役割など存在しないホン・サンス・ワールドは、大いなる人間賛歌であり、本当の意味での理想郷なのかもしれない。

29 マイノリティ

『ファイター、北からの挑戦者』

現在進行形のディアスポラ「脱北者」の少女が拳で立ち向かう韓国

◎物語

脱北者の支援施設を出てソウルで一人暮らしを始めたジナ（イム・ソンミ）は、食堂で働き始めるが、脱北して中国で身を隠している父を韓国に呼び寄せる資金を稼ぐため、ボクシングジムで清掃の仕事を掛け持つことになる。ジムでのトレーニングの様子を目にし、少しずつボクシングに魅了されていくジナは、トレーナーのテス（ペク・ソビン）や館長（オ・グァンロク）に勧められ、戸惑いながらもリングに立つことを決心する。

一方ジナには幼い頃、家族を捨てて脱北し韓国で再婚して暮らす母（イ・スンヨン）がいた。母と再会するも心を開くことができないジナ。トレーニングに励み、ついにデビュー戦を迎えるジナは、果たしてボクサーとして韓国での新たな人生に挑むことができるだろうか。

原題：파이터

製作：2020年（日本公開：2021年）　韓国／カラー／104分

監督・脚本：ユン・ジェホ　撮影：イム・チャンウク

出演：イム・ソンミ、オ・グァンロク、ペク・ソビンこれまで、朝鮮民族受難の歴史を物語る「コリアン・ディアスポラ」についてたびたび言及してきた。日本による植民地統治とそこからの解放、直後の南北分断から朝鮮戦争へと続く激動の歴史の中で、自発的であれ強制的であれ、朝鮮半島から日本へ、中国へ、旧ソ連へと散らばっていき、それぞれの国で在日コリアン、中国朝鮮族、カレイスキー（高麗人）と呼ばれながらマイノリティとして共同体を形成していった多くの人々を指す言葉である。だがその中には、忘れてはならないもう一つの、現在進行形のディアスポラがある。今この瞬間にも命をかけて中国との国境を越えているかもしれない「脱北者」だ。

彼らは、政治的な弾圧や経済的な貧困、閉鎖的な社会体制への不満など、様々な理由で北朝鮮から脱出する。多くの映画やドラマでも描かれている通り、北朝鮮と韓国の軍事境界線は対峙の緊張感が張りつめていて越えることはほぼ不可能なため、脱北者は必然的にまず中国にわたることになる。だが中国政府は彼らを亡命や難民ではなく「違法入国者」と見做しており、捕まったら強制送還されてしまう（国際社会はこのような中国政府の態度を人権侵害だと批判している）ため、逮捕の不安と強制送還の恐怖に苛まれながら、身を隠し逃亡し続けなければならない。違法入国者である脱北者は、助けを求めるどころか犯罪の被害に遭っても訴えることすらできないのだ。韓国では身の安全は保障されるものの、外交上韓国政府が直接介入することはあり得ないので、それまではいつ、どうなるかもわからないまま、自力で韓国を目指さなければならない。韓国の民間支援団体の助けを待つこともあれば、衝撃的な映像で世界にショックを与える「外国大使館への駆け込み」のような命がけの行動に出る者もいる。韓国入りできないまま、中国の国内を密かに逃げ回っている脱北者は数千人とも数万人とも言われているが、その実態は明らかにされていない。労働搾取や女性への強制売春、虐待や餓死といった悲惨な目に遭っている人も多いという。『クロッシング』(キム・テギュン監督、2008)は、こうした脱北の過程の苦難をリアルに描いて韓国社会を震撼させた。

限りなく険しく困難な道のりを経て、やっとの思いで韓国にたどり着いた脱北者たちを待ち受けているものとは何だろうか。彼らが命の危険も顧みずに求めた自由や豊かさを、韓国で手に入れることはできるのだろうか。韓国でボクサーを目指す女性脱北者を描いた『ファイター、北からの挑戦者』から、北朝鮮とはまったく違う環境のなかで必死に生きようとしている脱北者の現実について考えてみたい。

「脱北者」と言えばややもすれば重くなりがちなテーマだが、ユン・ジェホ監督は単に「脱北者」としてだけではなく、韓国という不慣れな土地でボクシングを通して再出発しようとする一人の「女性」に焦点を合わせ、温かい眼差しで描いている。監督はジナと母を通して、朝鮮戦争がもたらした家族の離散と再会、その後に起こる問題は決して過ぎ去ったものではなく、脱北によっていつでも起こりうる韓国社会の現在的な問題であると提示している。脱北という特殊な状況ではあるものの、家族という普遍的な存在を通して描くことで、彼らが抱えている問題や絆がごく自然に観客に受け入れられるのだろう。こうした現実の問題とドラマの絶妙なバランスは、家族を脱北させるために「脱北ブローカー」になった女性を収めたドキュメンタリー『マダム・ベー　ある脱北ブローカーの告白』（2016）や脱北女性と息子の再会を描いた『ビューティフルデイズ』（2018）、そして本作と、連続して脱北者をテーマに取り上げてきたユン・ジェホ監督だからこそ、深い知識と理解の上に実現できたと言えるかもしれない。さらに1ヶ月半ものトレーニングを受けてジナ役に挑んだというイム・ソンミの演技も評価され、釜山《プサン》国際映画祭では主演女優賞とNETPAC賞を同時に受賞した。

そもそも「脱北者」はいつから現れたのだろうか。北朝鮮から韓国への脱北（亡命）は、朝鮮戦争が勃発する直前から存在していたが、その様相が大きく変化するきっかけは1994年の金日成《キム・イルソン》主席の死去であった。94年以前は亡命者の数そのものが少なく、また軍人や外交官、留学生など北朝鮮の支配層やエリートたちの「政治的亡命」がほとんどだった。韓国にとってもこの時期の亡命者は「帰順勇士」と呼び、韓国の優越性を宣伝し北朝鮮を動揺させるかっこうの「反共材料」であった。それが金主席の死後、深刻な経済危機と数十万（それ以上とも言われる）もの餓死者が出たとされる食糧不足によって北朝鮮を脱出する一般住民が急増、韓国を目指す脱北者も増え続けたのである。ちなみに私の記憶には、一家五人で脱北を試み、中国朝鮮族を介して韓国政府関係者とつながり韓国入国を果たしたと大々的に報じられた、1994年の「ヨ・マンチョル一家」の印象がなぜか強く残っている。反共教育で作り上げられた北朝鮮家族のイメージとは異なる、私たちと何ら変わらない「平凡さ」を感じて意外だったからかもしれない。

　こうして1994年以降、それまでの政治的亡命とは明らかに異なる様相を呈したことで「帰順勇士」という戦略的な呼び名も使えなくなり、代わりに「脱北者」という言葉が広まっていった。なお、否定的なイメージを与えるとの理由から2005年、当時の盧武鉉《ノ・ムヒョン》政府が「脱北者」から「새터민《セトミン》（新しい地に定着した住民）」に呼び名を変えたのだが、これもまた差別的だと反発を受け、結局、公式名称は「북한이탈주민《プカンイタルジュミン》（北朝鮮離脱住民）」に落ち着いた。世間では今も相変わらず「脱北者」と呼ばれている。

　脱北者が増えるにつれて、韓国社会への適応と定着が新たな問題として浮上した。そこで設立されたのが「하나원《ハナウォン》」という支援施設である。映画では具体的に描かれていないが、ジナもこの支援施設での教育を経て自立した設定になっている。韓国入りした脱北者は必ず、社会に出る前に3ヶ月間このハナウォンで「資本主義韓国の仕組み」と日常生活の基本を教え込まれるのだ。もちろん、国家情報院や警察による脱北の動機に対する取調べを含めて「共産主義思想の払拭」も行われる。だがこの一方的な教育だけで、脱北者が韓国社会に適応し定着できるわけがない。ハナウォンを出た脱北者たちは、教育によって教えられた姿とはまったく異なる韓国と出会うことになる。

　現実の韓国は、社会の至るところに脱北者に対する「差別」が潜んでいる。しかも、意図したわけではないだろうが、国の制度自体が差別を助長する一つの原因になった事実もある。韓国には、日本のマイナンバーのような「住民登録制度」があり、役所に出生届を提出すると一人一人に固有の番号が割り当てられる仕組みになっている。男性は「1」から、女性は「2」から始まるため、番号だけで男女の区別ができるのだが、脱北者には「125」「225」と、ハナウォンの所在地を表す番号をあてがわれて「区別」され、住民登録番号だけでその人が脱北者であることが瞬時にわかるようになっていた。この制度によってどれほどの「就職差別」が生まれたかは言うまでもない。資本主義社会で自立するために就職は欠かせないにもかかわらず、番号によって最初から差別され、脱北者の自立を阻む事態となってしまった。実際に就職差別を受けた脱北者が、生活に困って自殺するケースも報告されている。問題の深刻さに気づいた韓国政府は2009年、ようやく住民登録番号での区別を廃止したが、だからといって差別がなくなったわけではない。制度上の「区別」は、差別をもっともわかりやすく可視化した例に過ぎないのだ。

もう一つの大きな問題は「詐欺」である。脱北者にはそれぞれの事情に合わせて「定着支援金」が政府から支給されるのだが、それを狙った脱北ブローカーによる悪質な犯罪は後を絶たない。本作でもジナが中国の父を呼び寄せようとするように、残した家族を呼び寄せるために戦々恐々とする脱北者の焦りを利用して「韓国に連れてくる」からとお金だけをだまし取る詐欺は非常に多く、命がけで韓国にたどり着いた脱北者の中には、差別や詐欺に遭って中国、あるいは北朝鮮に逆戻りする「脱南」を余儀なくされる人もいる。本作でジナが不動産屋からセクハラを受けたように、最近は弱い立場の女性脱北者に対する性的暴行事件も発生するなど、多くの深刻な問題が露呈し続けている。本来は「同じ民族」なのに、である。

問題は根深く複雑で、解決への道のりは遠い。だが、目の前の壁に怯まず立ち向かおうとするジナを、差別のない眼差しで見守るテスの存在は、本作に込められた答えであり願いであろう。そして日本においても、かつて北朝鮮への帰国事業が盛んだった時分に、朝鮮人の夫とともに北朝鮮にわたり、その後脱北した日本人妻という存在がいることを忘れてはいけない。拉致問題などで日本と北朝鮮が対立する中で、沈黙を強いられている彼女たちの存在は、脱北者の問題が決して他人事ではないことを日本にも訴えかけているはずである。

㉚ マイノリティ

『バッカス・レディ』

歴史の影に取り残された女性による、男性への復讐譚

◎物語

鍾路《チョンノ》一帯で老人男性を相手に売春をして生活している67歳、「バッカスおばあさん」のソヨン（ユン・ヨジョン）。客の間では〝セックスのうまい女〟として、鍾路一の人気を誇っている。性病治療のために訪れた病院で偶然出会った混血児の少年ミノ（チェ・ヒョンジュン）を保護したソヨンは、トランスジェンダーの大家・ティナ（アン・アジュ）や義足の青年ドフン（ユン・ゲサン）らが暮らすアパートにミノを連れ帰る。ある日ソヨンは、脳梗塞で倒れた常連のソン（パク・ギュチェ）から自分を殺してほしいと依頼される。かつての凛々しさを失い、家族からも見捨てられたソンへの憐憫に駆られたソヨンは、迷いつつもソンの頼みを受け入れる。これをきっかけに、ソヨンには同じような依頼が相次ぎ、彼女は戸惑いながらも彼らの死に手を貸すようになる……。

原題：죽여주는 여자
製作：2016年（日本公開：2017年）　韓国／カラー／111分
監督・脚本：イ・ジェヨン　撮影：キム・ヨンノ
出演：ユン・ヨジョン、ユン・ゲサン、チョン・ムソン、パク・スンテ、アン・アジュ、チェ・ヒョンジュン

ミスク（ユン・ヨジョン）は1950年、朝鮮戦争が始まる1週間前に生まれた。戦争についての記憶はないが、それが残してくれた悲惨さだけは身に染みるほど経験しながら成長した。彼女の故郷は韓国にはない。戦争勃発後、両親が南北軍事境界線（＝38度線）以北から南へ避難してきたからだ。南に親戚も友人もいない両親が、戦後の混乱の中で流れ着いたのは、北からの避難民たちが集まる貧民街、解放村《ヘバンチョン》だった。避難民たちは「38따라지《サムパルタラジ》」と呼ばれ、冷遇・差別されて、北の出身という理由で厳しく監視もされた。幼いミスクにとって、サムパルタラジとは戦争以外の何物でもなかった。両親は生き延びるため昼も夜もあくせく働いたが、貧困はあまりにも重い足かせだった。

その足かせからミスクも自由ではなかった。いやむしろ、それは分厚い壁となってミスクの人生に立ちはだかった。中学を卒業した彼女は、同じ境遇の多くの少女たちがそうであったように進学を諦め、「식모살이《シンモサリ》（食母暮らし）」を始めた。経済的に余裕のある家が貧しい家の少女を預かる代わりに、無給で家事を手伝わせる――シンモ（食母）とはそんな存在だった。食べさせてもらえるだけでも感謝しろということだ。食事の支度、洗濯、掃除から夜の戸締りまで、終わらない家事に明け暮れる毎日が何年続いただろうか。だがミスクの家は一向に楽にならなかった。口を減らすだけではだめだ、金を稼がなければ意味がない。ミスクはシンモサリを辞める決心をした。

新聞広告を見たミスクが訪れたのは、ソウルの清渓川《チョンゲチョン》にある小さな「工場」だった。ミシンで子どもたちの縫いぐるみを作る仕事だ。仕事は単純だったが、朝から晩までときには徹夜で、ほとんど休憩もなく彼女はミシンをかけ続けなければならなかった。地下のミシン室は狭く、換気もできずに埃にまみれていた。何度か喀血し倒れたこともあったが、ミスクは粘り強く耐えた。「給料が欲しければ働け！」と怒鳴る社長の声が耳を刺す。「このままでは死んでしまう！」とミスクは叫びたかった。あまりにも理不尽な境遇だったが、そう思うたびに目に浮かぶのは両親の顔だった。自分が倒れれば両親は生きていけない。我慢を重ねたミスクの身体は日に日に衰弱していった。そんなある日、彼女のもとにある誘いが舞い込んだ。１９７０年、ミスクがちょうど20歳を迎える年だった。

それは、お国のために米軍を慰安する仕事、「米軍慰安婦」への誘いだった。工場の前で若い女性に声をかける男を見かけたことがあった。当時新聞では「(北の)人民軍から韓国を守ってくれている米軍兵士の心身を癒すことこそ愛国である」と「政府も奨励」しており、慰安婦たちは「外交官のような存在」だと持ち上げられていたが、ミスクはそんなことはどうでもよかった。実際世間では洋公主《ヤンゴンジュ》（売春婦）と蔑まれていることは百も承知だったが、お金が必要なミスクに、この誘いを断ることは到底無理だった。報酬はドルでもらえて工場で働くより何倍も稼げるというのは、どんな言葉より魅力的だったのだ。数日後、工場を辞めた彼女は男と一緒に「동두천《ドンドゥチョン》（東豆川）」行きのバスに乗った。京畿道《キョンギド》北部にある東豆川は、米軍基地と周りを囲む基地村《キジチョン》で知られた町だ。ミスクは、○○クラブという看板の掛かった古いアパートの一室に案内された。廊下には既に何人もの

米軍兵士が彼女を待っていた。

こうしてミスクは「ソヨン（So-young）」になった。まだ年若い彼女につけられたニックネームだった。兵士相手の売春がどんなに辛くとも、それでお金を稼いで家族が幸せになれるのなら我慢できるとミスクは思っていた。だがいくら働いてもお金は貯まらなかった。収入のほとんどが兵士の斡旋料や家賃、食事代などの名目で「パパ」と呼ばれる男に奪われ、いつしか借金ばかりが膨らんでいった。ミスクが基地村にいることを知られて以来、両親との連絡も途絶えてしまった。彼女の居場所はもう基地村にしかなかった。絶望して自暴自棄になったこともあったが、ミスクにはソヨンとして基地村で生き続ける以外に選択肢はなかった。

それからどれほどの歳月が流れただろうか。60歳を過ぎたミスクにもはや兵士の慰安はできない。「ソヨン」を求める米兵は10年も前からいなかった。それでもミスクは、残りの借金返済のため若い米軍慰安婦たちの世話役に回り、掃除や洗濯に精を出した。そして返済が終わった今、ようやくミスクは基地村を離れる時が来たと思ったのだ。バスターミナルに向かうミスクは、悪夢のような日々の中で束の間に味わった幸せを思い出していた。かつて「スティーブ」という黒人兵士と恋に落ち、二人は子どもを授かった。必ずミスクと子どもを呼ぶからね、と約束を交わして帰国したスティーブだったが、その約束が果たされることはなかった。

スティーブと愛し合い、それまでの苦労が一気に報われるような幸せを感じていたミスクに、さらなる過酷な現実が待っていた。赤ん坊を抱えたままでは仕事にならないので、やむを得ず子どもを海外養子縁組に出した。ミスクはずっと、赤ん坊を捨てた悪い母親だと自分を責めながら生きなければならなかった。心の片隅ではスティーブからの便りを待っていたが連絡が来ることはなかった。それでもミスクは、自分の人生はそう悪いものでもなかったと思う。米兵に殺された慰安婦は数知れず、死には至らなくても殴られ、蹴られるという暴力は日常茶飯事だったからだ。

ソウルに出てきたものの、ミスクにできる仕事などほとんどなかった。生まれながらの貧困が今なおミスクを苦しめていた。食堂の手伝いでかろうじて生計を立てていたある日、ミスクは妙な噂を耳にした。鍾路にあるタプコル公園に、老人男性相手に売春をする「박카스《バッカス》 할머니《ハルモニ》（バッカスおばあさん）」がいるという噂だ。己の年齢を考えて何度も躊躇ったが、覚悟を決めてコンビニでバッカス（日本でいう「リポビタンD」のような栄養ドリンク）を何本か買うと、ミスクは鍾路へと向かった――。

以上は、高齢者の売春や貧困問題をテーマにした『バッカス・レディ』を観て、当時の韓国社会と照らし合わせつつ、ユン・ヨジョン演じるミスクのそれまでの人生を描写したものだ。映画に登場するいくつかの手がかりをもとに、あくまで私の想像を小説仕立てで書いたに過ぎないが、本作を観て真っ先に私の頭に浮かんだのは、ソヨン（本名はミスク）の存在が持つ悲しい歴史の文脈だった。映画の冒頭でバッカス・ハルモニとなって公園に佇む彼女が、どんな人生を歩みなぜそこに立っているのか、「何が彼女をそうさせたのか」を理解する必要があると思ったのだ。本作は高齢者問題のみならず、トランスジェンダーや障がい者、混血児といった社会的弱者を中心に「弱者が弱者を助ける」構図を見せることで、逆にそこに福祉や人権が不在・欠如している様子を可視化している。韓国社会が抱える問題は実に様々だが、ここではソヨンの人生から見えてくる韓国の歴史とその問題に注目してみたい。

ソヨンの過去が推測できる手がかりとして、劇中には四つの言葉が登場する。順番は前後するが「サムパルタラジ」－「シンモサリ」－「工場」－「東豆川」だ。ソヨンが自らの過去を語ることはほとんどないが、言葉少なに彼女が口にするこれらの単語だけで、韓国人ならば彼女が「差別と蔑視、貧困」の中で生きてきたことに気づくだろう。

映画の中盤、鍾路を追われたソヨンは、新たな立ち場所を求めてソウルの公園を彷徨う。そこで本名の「ミスク」と呼びかけられたソヨンは、かつての知り合いと再会し、観客はソヨンが「東豆川」という基地村の「米軍慰安婦」だったことを知ることになる。そして恋人だった米兵のスティーブに捨てられ、彼との間に生まれた子どもを海外養子縁組に出したことも。さらに、バッカス・ハルモニの取材をするドキュメンタリー監督に請われて、しぶしぶソヨンは「シンモサリ」や「工場」で働いた後に米軍慰安婦になったと語る。終盤、ソヨンはミノ、ティナ、ドフンを誘って遠出をする。そこは38度線近くの臨津閣《イムジンカク》だ。ティナの「お姉さんはサムパルタラジだったのよね？」（字幕では「38度線を越えた？」）との問いかけに対し、ソヨンは遠い目でその言葉を久しぶりに聞いたと話す。そして最後に刑務所で彼女が生涯を終えたとき、朝鮮戦争が勃発した1950年から2017年までを生き、無縁仏となったソヨンの人生の全貌が観客に理解されるのだ。

冒頭に書いたソヨンの人生は、こうした手がかりに基づいて想像力を働かせたものだ。さらに、60年代後半、仕事を求めて地方から上京する少女が激増し「食母」「工場」「バスの車掌」が三大職業だったという社会状況や、町工場が集中していたソウルの清渓川で劣悪な労働環境に対するデモが多発し、70年には活動家のチョン・テイルが抗議の焼身自殺を遂げたといった歴史も加味している。だがその中でも「米軍慰安婦」についてはもう少し説明を加えておきたい。

「米軍慰安婦」という言葉自体は朝鮮戦争直後から新聞の見出しに登場するが、公式的な行政用語として浮上するのは朴正熙《パク・チョンヒ》軍事政権下、69年の「ニクソン・ドクトリン」がきっかけだった。当時の米大統領ニクソンが発表したアジア防衛の新政策に、韓国からの米軍撤収が含まれていたのに慌てた朴政権は、米軍の撤収を止めるために躍起になった。そこで米軍側の要請に従い「基地村の環境改善」と「米軍慰安婦たちの性病予防の徹底」を実践したのである。「基地村浄化運動」(1971~76)と称して全国の基地村に性病診療所を設置、定期的な検査を実施したほか、英語やアメリカ文化に関する教育を行い、米兵に対してより丁寧な接待のできる「米軍慰安婦」を養成した。さらに地域の市長や警察署長が頻繁に訪れて、「あなたたちこそ愛国者だ」と慰安婦たちを激励した。法律では売春を禁じていたにもかかわらず、米軍慰安婦に関しては法律を無視した政策として積極的に推し進めるという矛盾を朴政権は躊躇なく実践し、守るべき自国の女性を惜しむことなくアメリカに差し出し続けたのだ。

だが実際、米軍慰安婦がメディアの話題になったのは「お国のために献身する愛国者」としてではなく、米兵によって惨殺された「被害者」としてであった。2000年には耳の不自由な68歳の元慰安婦が、米兵と入った部屋で凄惨な遺体で発見されるという痛ましい事件も起きている。散々身体を弄ばれた挙句に、あっけなく殺され捨てられる道具としての慰安婦を生んだのは、韓国という「お国」であり、女性を性的客体として位置づけてきた韓国の「男性中心主義」に他ならない。「サムパルタラジ」から「シンモ」へ、そして「ソヨン」から「バッカス・ハルモニ」へと、ミスクがミスクであることが一度としてなかったのは、その象徴であると言えよう。このように考えると、ソヨン=ミスクが、老い衰えてプライドを失った男たちを彼らの望み通りに「殺してやる」のは、彼女の人生を絶えず踏みにじってきた「男性（社会）」への彼女なりの復讐ではないかと思えてならないのだ。

脳梗塞で倒れて身体が思い通りにならないから殺してくれだと？　物忘れがひどくなったから死にたいだと？　妻が先立って寂しいからあの世に行きたいだと？　ふざけるな！　私の人生に比べれば、おまえたちはどれほど幸せな人生を送ってきたことか。わかるか？　おまえたちにはわからないだろう。こんなことくらいで死にたいだの、殺してくれだの、あきれて物が言えないよ。どこまでもバカな男たち、だったらいくらでも殺してやろうじゃないか——心優しいミスクだが、その奥にはこんな無意識が渦巻いていたのではないだろうか。韓国現代史の陰で常に犠牲を強いられてきたミスクに、男たちの死への願望は「贅沢な甘え」としか映らなかったに違いない。

ちなみに、90年代前半、戦時中に日本の従軍慰安婦だった女性が初めて名乗りを挙げて以来、韓国にとって「慰安婦」は日本との歴史問題において極めて重要な存在となり、神聖化されることになる。そして、韓国がアメリカのために法を侵してまで用意した「米軍慰安婦」はあらゆる意味で邪魔にされ、その名は抹殺された。* ミスクのような存在は、最後までお国の都合で弄ばれたのだ。

＊2010年代に「基地村浄化運動」に関する資料が公開され、歴史に埋もれてきた問題として浮上した。また、2014年に元慰安婦たちが国家賠償訴訟を起こし、2022年、最高裁で国家の責任と女性への人権侵害を認める最終判決が確定した。一方で元慰安婦たちの名誉回復と生活支援の救済法が発議されたが、進展はない。

31 マイノリティ

『私の少女』

儒教・異性愛・ホモソーシャルな韓国社会にＬＧＢＴＱの未来はあるか

◎物語

14歳の少女・ドヒ（キム・セロン）は、人里離れた閉鎖的な海辺の村で、継父のヨンハ（ソン・セビョク）と祖母から虐待を受けながら孤独な日々を送っている。ソウルから村の警察署長として赴任してきたヨンナム（ペ・ドゥナ）は、ある日、村の子どもたちにいじめられていたドヒを助ける。ドヒへの虐待を知ったヨンナムは自宅に保護し、ドヒもヨンナムに懐いていく。だが、2人の幸せは長く続かなかった。ヨンナムに強い不満を抱くヨンハが、ヨンナムと同性の恋人がキスをしている様子を目撃し、「同性愛者」と騒ぎ立てたのだ。実は、ヨンナムは同性愛を理由に左遷されこの村に赴任したという事情があった。ヨンナムから引き離され元の生活に戻されてしまったドヒは、ヨンナムと自らのために大胆な行動に出る。それは、今までのドヒとは思えない衝撃的なものだった。

原題：도희야

製作：2014年（日本公開：2015年）　韓国／カラー／119分

監督・脚本：チョン・ジュリ　製作：イ・チャンドン

撮影：キム・ヒョンソク

出演：ペ・ドゥナ、キム・セロン、ソン・セビョク

「同性愛は精神病であり、喫煙者が禁煙治療を受けるように治療すれば治る」――このような同性愛に対する無知と偏見に満ちた発言が韓国で大きな物議を醸した。発言の当事者は、発足したばかりの尹錫悦《ユン・ソンニョル》政権の中枢を担う大統領秘書（大統領の国政運営を補佐し直接関与する最重要ポスト）の一人、しかも担当は「宗教・多文化分野」だった。この発言が彼のFacebookから発掘されると国内で大きな批判が巻き上がり、尹大統領の人を見る目の乏しさや任命責任を問う声が一気に高まった。批判の矛先がこれ以上大統領に向くことを恐れたのか、最初は逃げ口上を並べていた秘書は素早く辞任する機敏さを見せたが、辞任後にもSNSで「僕の考え方に変わりはない」と歪んだ信念を長々と発信、再び炎上した。5年ぶりに保守派政権を奪還し、意気揚々と船出した尹政権にとっては、舵を取るや否や暗礁に乗り上げた結果だ。だが注目したいのは、今の時代においてなお、異性愛のみを正しいと押し付ける儒教的伝統に基づく「異性愛イデオロギー」に韓国社会が囚われていることだ。大統領秘書ともあろう者がなんら躊躇なくこのような発言を口にできるほど、韓国における異性愛イデオロギーは根深い。そして、同性愛は徹底して抑圧、排除されてきた。

韓国で同性愛が公の場で議論されるようになったのは、社会全般に民主化が進み、性や人種、宗教などの違いによる差別を無くし「多様性」を認めようとする動きが出始めた1990年代後半である。とりわけ2000年代に入り、俳優のホン・ソクチョンが韓国の芸能人として初めてゲイをカミングアウトしたことは、同性愛をタブーとしてきた韓国社会に大きな衝撃を与え、同性愛をめぐる社会的な議論に火を付けた。だが当時の新聞記事に「私はホモ」「男が好き」といった類の見出しが並んだように、議論といっても実際は、ホンの勇気ある行動に対する嘲弄や嫌がらせがほとんどだった。結局ホンは俳優活動を中断せざるを得ない事態にまで追い込まれたが、このことは韓国社会が同性愛をどう捉えているのか、その社会通念を端的に物語る出来事でもあった。それでもホンによって触発された同性愛をめぐる議論が消えることはなく、次第に同性愛者を含む性的少数者（LGBTQ）の人権や、「異性愛イデオロギー」に抵抗し性の多様性を訴える運動にシフトしていった。インターネットを中心とする同性愛コミュニティや、2001年に始まった「韓国クィア映画祭」はその良い例だろう。

しかし同時に、こうした社会の動きを遥かに上回る形で、LGBTQへの嫌悪や反発もまた強力になっていった。現に国家・自治体による同性婚の不認定や、認めてもらおうと法の判断を求める人々に対する保守的市民団体のバッシング、LGBTQ集会へのヘイトスピーチは頻繁に起きている。一部では「同性愛反対法」という、性的アイデンティティの選択の自由を奪う悪法の制定を促す動きも出ている。このように韓国では、性的マイノリティに対する社会的理解が成熟していく道のりを、社会自らがことごとく妨害してきた。そこで、依然として未熟な社会で韓国のLGBTQが何と闘いどう生き延びればいいのかを、象徴的に提示している『私の少女』から考えてみよう。

本作は名匠、イ・チャンドン監督が製作に名を連ねている。近年はプロデューサーとして、マイナーながら重要な作品を送り出しているイ監督の元からは、本作のチョン・ジュリをはじめ、『冬の小鳥』（２００９）のウニー・ルコントや、『君の誕生日』（２０１９）のイ・ジョンオンといった女性監督が多く輩出されている。おそらく、韓国社会のまだ語られていない部分を、女性監督ならではの視点から追求してほしいという期待があるのだろう。「弱者（子ども、女性、同性愛）への暴力」の理不尽さをリアルに描いた『私の少女』は、カンヌ国際映画祭の「ある視点」部門で上映され、国内外の映画祭で多くの好評を得た。さらに、同監督の新作『明日の少女』（２０２２）は、２０２３年のカンヌでも批評家週間の閉幕作品に選ばれる快挙を成し遂げている。

監督の手腕はいうまでもないが、本作にノーギャラで主演し『明日の少女』にも出演しているペ・ドゥナの存在も重要だ。これまでもポン・ジュノ（『ほえる犬は噛まない』『グエムル―漢江の怪物―』）や是枝裕和（『空気人形』『ベイビー・ブローカー』）、ウォシャウスキー姉妹（『クラウドアトラス』『ジュピター』）といった世界の巨匠たちと仕事をしてきたトップスターであるペ・ドゥナが、オファーが絶えないであろう中で『私の少女』への出演を選んだ。それは、ペ・ドゥナ自身が誰よりも韓国社会の問題点と、韓国映画が何を描くべきかに対して自覚的であることを物語っているだろう。これからも彼女が選ぶ仕事に注目していきたいと思わせてくれる、韓国が誇るべき女優である。

本作にはＬＧＢＴＱに対する差別や偏見だけでなく、家庭内暴力（ＤＶ）や児童虐待、いじめ、そして外国人労働者への暴力に至るまで様々な形の暴力が描かれている。どこに重点を置くかによって角度を変えた見方もできれば、韓国社会が抱える総体的な暴力の問題として扱うことも可能だ。

そのような意味でも非常に鋭さを持った作品なのだが、ここではLGBTQに対する暴力を中心に、登場人物たちが象徴しているもの、そして映画のメッセージについて探ってみたい。

二人の主人公、ドヒとヨンナムをLGBTQに対する差別と偏見（という暴力）を軸に捉えると、ドヒが象徴するものは明らかだ。家庭内暴力やいじめに苛まれ、少女としての健全な成長も平凡な生活を送ることもままならないドヒは、嫌がらせやヘイトなどあらゆる暴力によって成長を阻まれ、社会として依然未熟な状態に置かれている韓国の「LGBTQをめぐる社会的現実」を象徴する存在といえる。こう考えると、偏見や差別という暴力にさらされ、傷ついたまま自らを抑圧の中に閉じ込めている「LGBTQの当事者」であるヨンナムが、ドヒをこれ以上暴力の渦中に放置してはいけないと必死に保護しようとするのは当たり前のように見える。ヨンナムにとってドヒを守ることは、「LGBTQをめぐる社会の成熟」を確保することにほかならない。

だが、二人の前には儒教的な男性中心主義の象徴ともいえる継父や、家父長制に加担する祖母が立ちはだかっている。継父はヨンナムを警察署長としてではなく女性として常に見下し、「親が娘をしつけるのもダメってことか」と何の罪意識もなくドヒに暴力を加える、典型的な儒教的男性だ。彼こそがドヒの成長を妨害する最大の敵であり、立ち向かって闘わなければならない壁である。また祖母は息子に対し、狂気に近い執着を見せる男児選好の亡者のような存在だ。「お父さん（息子）の言うことを聞かない」という理由でドヒを容赦なく殴り、息子を逮捕しようとするヨンナムに向かって「私の息子を殺す気か！」と怒り狂う祖母の姿からは、韓国における「母の息子への執着の強さ」が垣間見える。ドヒは、そんな儒教的男性中心主義の暴力の中に監禁されているのだ。

未熟な韓国社会を象徴するドヒが、継父や祖母の暴力から解放され、成長と成熟を遂げるためにはどうすればいいだろうか？　映画では「祖母の死に関与し、継父を誘惑して罠に陥れる」ドヒの行動が描かれるが、そこにはＬＧＢＴＱを「病気」と断定し、「不道徳で不潔で罪」であるとしてきた「異性愛イデオロギー」に囚われた前近代的な儒教的思想を断罪し、理性や論理に頼らない、力づくの脱却を訴える作り手の強烈なメッセージを見出すことができる。ドヒとともに村を後にするヨンナムの姿は、決してハッピーエンドとしては描かれない。しかし、それまでの抑圧から解き放たれようとしている二人を通して、韓国の現実と希望が提示されているといえるだろう。

韓国には「끼리끼리《キリキリ》（〜同士）」文化というものがある。「男女七歳にして席を同じゅうせず」という言葉を引くまでもなく、幼い頃から「男女別々」の観念が頭に焼き付いている社会において、「男同士」「女同士」という概念はごく自然な文化であり、そこでは手を繋ぐ、肩を組む、抱き合うといった同性同士のスキンシップは当たり前のように「友情の印」を意味していた。だが同性同士の「ホモソーシャル」な関係は、「ホモセクシュアル（同性愛）」を徹底的に排除する異性愛イデオロギーの上に成り立っているため、そこにわずかでも同性愛の気配があると、「〜同士」文化は根底から崩れることになる。韓国社会におけるＬＧＢＴＱへの異様なまでの拒否反応は、己が築き上げた儒教・異性愛・ホモソーシャルな伝統の崩壊に対する無意識の恐怖であり、その脅威がすでに現実のものとなりつつあることを、この映画は教えてくれるのである。

32 マイノリティ

『トガニ　幼き瞳の告発』

国民の怒りを呼び起こし、社会を変えた一本の映画

◎物語

韓国南部の街、霧津《ムジン》にある聾学校「慈愛学園」に美術教師として赴任したカン・イノ（コン・ユ）は、自分を警戒する生徒たちの態度や、夜中に女子トイレから聞こえる悲鳴など、校内の異様な雰囲気に疑念を抱く。ある日イノは、ヨンドゥ（キム・ヒョンス）、ユリ（チョン・インソ）、ミンス（ペク・スンファン）と弟が、双子の校長と行政室長（チャン・グァンによる二役）、教師らに性的暴力や虐待を受けており、ミンスの弟はそのことが原因で自殺したと知る。イノは彼らを保護し、人権センターで働くソ・ユジン（チョン・ユミ）とともに告発するが、学園と結託した警察や教会団体の妨害に遭ってしまう。

報道によってようやく校長らは逮捕され、裁判が行われる中でイノらは決定的な証拠にたどり着くも、司法の悪習によって加害者たちは執行猶予で釈放される結果に。親が知的障害を持つことにつけ込まれて示談にされ、証言することすら許されなかったミンスは、自らの手で復讐すると言い残し家を出る。イノとユジンはミンスを探し回るが、待っていたのはさらなる悲惨な現実だった。

原題：도가니

原作：孔枝泳（蓮池薫訳）『トガニ　幼き瞳の告発』新潮社、2012

製作：2011年（日本公開：2012年）　韓国／カラー／125分

監督・脚本：ファン・ドンヒョク　撮影：キム・ジヨン

出演：コン・ユ、チョン・ユミ、キム・ヒョンス、チョン・インソ、ペク・スンファン、チャン・グァン

一本の映画が社会を変えることは可能だろうか——そんな疑問とともに思い出される作品がある。『トガニ　幼き瞳の告発』だ。聴覚・知的障害を持つ子どもたちが通う特別支援学校で実際に起きた、教職員による生徒たちへの性暴力事件を扱った本作は、韓国社会を大きく揺るがし、事件の結末までをも変えてしまったのだった。現在も韓国で、日本で、そして世界で絶え間なく起きている性犯罪だが、この事件はとりわけ「障がいを持つ子ども」という自ら声を上げることができない、最も弱い立場にある者への性暴力という点で卑劣極まりないものであった。

実際にあった事件とは、2000年から2005年まで光州市にある「インファ学校」という聾学校と、同校の寮「インファ園」で起きた（映画の舞台である霧津は架空の地名だが、キム・スンオクの『霧津紀行』という小説で使われて以来、〝真実を覆い隠す〟というメタファーを込めて使われてきた）。校長をはじめ、行政室長（日本の事務局長にあたる）や教師ら計5名は、聴覚障害を持つ9歳と13歳の少女、7歳と9歳の少年、そして知的障害を持つ18歳の女性に対し、5年間にわたりレイプや性的虐待を加えていた。この学校は、校長と行政室長が兄弟、学校施設管理室長や寮長はその親族という、韓国独特のいわゆる「族閥経営《チョクボル》」だった。この体制の一番の弊害は、血の繋がりを最優先するがために、犯罪だろうが何だろうがグルになって隠そうとするところにあり、彼らは一族で犯罪を繰り返しながらそれを隠し続けてきたのだ。信心深い教育者のツラをして最低な犯罪を続けてきたというわけだ。

この悪行は、一族ではない心ある教師の内部告発によって警察に通報され、校長らは逮捕、裁判にかけられ厳罰が見込まれたが、結果は期待を大きく裏切るものだった。主犯格の校長は懲役2年6ヶ月に執行猶予3年、行政室長は懲役8ヶ月、教師3人のうち2人は懲役6ヶ月、残り1名は時効で無罪とあまりにも軽い判決だった。被害者の保護者との間に示談が成立したこと、それまでの地域社会への貢献が評価されたことなどがその理由だったが、映画にも描かれているように、退任して弁護士になった元検事や元裁判官に初弁護で勝たせてあげるという「前官礼遇」の忖度ゆえではないかと一部では疑われた。判決に猛反発した在校生や市民団体が抗議したものの、自治体や教育庁など関係機関の態度は消極的で、その間に加害者はちゃっかり学校に復帰していった。内部告発した教師を解雇し、同調した他の教師らも罷免や停職させるなど盗人猛々しいことこの上ないが、こうして事件の記憶は世間からすぐに忘れられていったのである。

事件が再び世間の注目を集めるきっかけとなったのは、作家コン・ジヨンによる小説『トガニ』(2009)だった。裁判の終結を伝える新聞記事を読んだ彼女は、事件をこのまま闇に葬ってはならないと徹底的に調べて作品を発表、実のところ小説自体の反響は決して大きくなかったのだが、そこに登場したのが人気俳優のコン・ユである。兵役中に小説を読んで衝撃を受けた彼は、絶対映画化すべきだと自ら本作を企画し製作にこぎつけた。そして内容的な問題から年齢制限(R-18)がかかったにもかかわらず、460万人という観客動員を記録して国民の関心と憤りに火をつけ、韓国社会を変えることに繋がったのだ。

映画を観るとわかるように、本作の展開は決して観客にカタルシスを与えない。犯罪が正しく裁かれず、正義が敗北する裁判結果に私たちは納得できないし、主人公のコン・ユでさえ、子どもたちに寄り添うだけで世界を変えるヒーローにはなれない。そんなすっきりしない結末はいうまでもなく、それがその時点での現実を反映しているからである。子どもたちが実際に感じたに違いない恐怖をわかりやすく提示するホラー映画のような前半と、公権力がいかに信頼できないものかを痛感させる後半は、映画的な快楽と消化不良を併せ持つ。また実際にはそうではない校長と行政室長を双子の設定にし、一人の俳優が演じることで、族閥経営である学園の体質を一瞬で観客に悟らせる。派手さを求めるのではなく、作品が伝えるべきことを的確に丁寧に表現した本作は、隠蔽と無関心がもたらした2011年の現実を忠実に描いたからこそ、観客を動かすことができたのだろう。

国民を怒らせたのは、弱い存在である子どもへの性暴力だけではない。事件の捜査を怠った警察、加害者に対してあまりにも軽い判決を下した司法など、本来なら子どもを守るべき立場の公権力がむしろ加害者側に立っていた実態だった。事件の再捜査とやり直し裁判を求める声が一気に高まり、デモはもちろん、真相究明を求めるネットでの請願運動には10万人以上が参加した。国民の行動が尋常ではない様相を見せていることに驚いた国会と政府はこれまでにない速やかさで、映画公開後わずか2ヶ月の間に、当時の李明博《イ・ミョンバク》大統領の指示による再捜査と、障がい者や未成年への性暴力の厳罰化を盛り込んだ特例法の成立が実現した。当事者たちや市民団体からの訴えには無反応だった

公権力を、まさに一本の映画が動かし、新しい法律まで作らせたのだ。とりわけ裁判の鍵となった「示談」（先述したように、映画では学校側が生徒の保護者の弱みに付け込んで示談に持ち込む様子が描かれる）に関係なく処罰できるようにしたり、性犯罪の時効をなくして無期懲役も可能にするなど、以前に比べて遥かに強化されたこの法律は、映画のタイトルにちなんで「トガニ法」と呼ばれている（「トガニ＝도가니」とは〝るつぼ〟を意味し、閉鎖空間に閉じ込められた状況を象徴する表現として使われる。外部との接点を持たない子どもたちが学校に閉じ込められていた状況をうまく言い表している）。

こうして振り出しに戻った裁判では、教師たちに対しては原審が認められたが、行政室長には更なる暴力行為が発覚したため懲役8年の実刑が言い渡された（校長は既にがんで死去していた）。学校の運営法人は解散させられ学校は廃校、2020年現在、光州市は学校の跡地に、障がい者のための総合福祉施設の建設を進めている。これが、一本の映画が韓国社会に甚大な影響を及ぼし、現実を変えた結末である。

だが現在、性犯罪の実際はどうなっているだろうか。昨今の「#MeToo」運動が記憶に新しい中、韓国ではつい最近、新型コロナウイルス感染の大混乱さえも忘れさせる衝撃的な事件が発覚した。スマートフォンのチャットアプリを使って〝ルーム〟を作り、ルームごとに番号を振って性的動画や写真を配信する会員制の闇サイトが摘発されたのだ。「n番部屋事件」と呼ばれるこの事件は、被害者の中に未成年の少女が16人も含まれていたことと、それ以上にサイトの会員数が26万人にも上るという事実に社会全体が唖然となった。約26万という夥しい数の男たちが高いお金を払い、騙された未成年の少女たちの裸の画像に殺到したのだ。このような性的事件は韓国だけのものではないが、『トガニ』の教訓が社会に生かされていないばかりではなく、そこには女性を男性より下等な存在と見なす韓国特有の思想と習慣があるように思う。

最後にインド出身の女性文芸評論家、ガヤトリ・C・スピヴァクの言葉を紹介しよう。フェミニズムやポストコロニアルの分野で先鋭的な理論を展開するスピヴァクは、植民地やジェンダー、階級などによって幾重もの抑圧を受ける弱い立場の「サバルタン」と呼ばれる存在が、自らを主張したり異議を唱える「声」すら持つことができない構造を理論化している。その中で彼女は、サバルタンたちの「沈黙の声」を世間に聞かせるための「媒介者」の必要性を強調する。媒介者によって「沈黙の声」は世の中に届けられ、社会に変化をもたらす「肉声」になるのだ。本作では、言葉を持たない聴覚障害児たちの文字通りの「沈黙の声」を、映画の中ではイノやユジンが、そして現実には小説やコン・ユが「媒介者」となって観客たちの「肉声」を生み出した。「沈黙の声」に耳を傾ける「媒介者」がより多く存在すること、これこそが弱き立場の人間が被害者となる性犯罪に立ち向かう方法なのだと、私は思う。

監督論③

女性監督の系譜

映画『オマージュ』が復元する女性（映画）史

韓国インディペンデント映画界を代表するシン・スウォン監督の『オマージュ』（2021）は、うだつが上がらない女性監督が、60年前にある女性監督が手がけた映画の復元作業をアルバイトとして引き受け、削除された一部を捜すなかで当時の女性映画人たちの情熱や困難さを知っていく、という物語だ。フェミニズム、女性たちの困難な状況への異議申し立て、そんな困難のなかで活躍してきた女性の仕事に対する見直し・再評価の機運を背景に、フィクションの枠をとりながらもかつての女性映画人の状況を浮かび上がらせたきわめて重要な一作である。ここでは『オマージュ』を切り口に、韓国映画史における女性監督たちを系譜的に紹介していこう。

パク・ナモク（1923〜2017）

韓国映画界初の女性監督は、パク・ナモクである。植民地朝鮮で生まれた彼女は、学生時代に砲丸投げの全国大会で優勝するなど陸上選手として活躍、ドイツの女性監督、レニ・リーフェンシュタールが手がけたベルリンオリンピックの記録映画である『オリンピア』（第1部『民族の祭典』と第2部『美の祭典』、1938）に感銘を受け、戦後直後の1946年、チェ・インギュ監督の『自由万歳』の撮影現場の雑用見習いとして映画界に足を踏み入れた。ちなみにチェ・インギュは、植民地時代に『授業料』（1940）や『家なき天使』

（1941）といった作品で、韓国映画にリアリズムを定着させたと評価される一方、『愛と誓ひ』（1945）では日本の今井正監督と共同監督を務めるなど、戦争協力映画を作った人物として親日派のレッテルを貼られた人物である。その後『新しい誓い』（シン・ギョンギュン監督、1947）のスクリプターを務めるなどキャリアを積むが、1950年、朝鮮戦争の勃発で映画製作が厳しくなると、韓国国防省の撮影隊に入りニュース映画製作に参加。このとき知り合った脚本家のイ・ボラと戦争後の1953年に結婚、翌年には長女が生まれた。折しも念願だった監督作の目処が立ち、初監督作『未亡人』の撮影に着手する。

『未亡人』は、朝鮮戦争で夫を亡くした未亡人が若い男との同棲のために幼い娘を捨てるという、当時の社会通念から逸脱した作品であるが、それを作ったパク・ナモクはというと、生まれたばかりの娘の面倒を見てくれる人がおらず、夫にも見て見ぬふりをされて、自らおんぶしたまま撮影現場に立つしかないという過酷な製作環境にあった。韓国映像資料院のパク・ナモク紹介コーナーには、撮影現場で幼子を背負いながらカメラを悲しげに見つめる彼女の写真が展示されている。「男の世界」とされた監督業に挑む女性に対する社会的な偏見をダイレクトに伝える、当時の現実を物語る象徴的なイメージである。パクはスタッフの食事も自分で作り、死に物狂いで撮影をやり遂げたが、女性だからという理由でレコーディングを断られたこともあったという。同様の理由で、上映してくれる劇場を見つけることもままならなかった。宣伝では韓国初の女性監督であることを強調したものの、興行的には失敗してしまった。女性に対し終始排他的な映画界に嫌気がさしたのだろうか。あるいは製作費の借金返済のためとも言われるが、彼女はこの一作を残して出版社に就職、映画界を去ってしまった。それでも彼女が残した偉大な足跡は、後進の女性たちに大きな勇気を与え続けている。

ホン・ウノン（1922〜1999）

二人目の女性監督は、本作のモデルにもなっているホン・ウノンである。混乱しやすいので整理しておくと、映画ではフィクションの要素も含まれるためホン・ウノンではなく「ホン・ジェウォン」に変えられているが、本作の中心となる『女判事』は1962年に作られた実在の韓国映画である。『オマージュ』は、相次ぐ興行失敗で落ち込む中年の映画監督ジワンが、実生活でも息子から「母さんの映画はつまらない」とからかわれ、不満だらけの夫とも口喧嘩が絶えない日々を送っていたある日、国立の映画機関から1960年代に活動した女性映画監督、ホン・ジェウォンの『女判事』のフィルムの復元作業を依頼されるという物語だ。

実際のホン・ウノンは1940年に満州に渡り新京音楽団に入団、戦後に帰国するとパク・ナモクと同じくチェ・インギュの下で修業し、『罪なき罪人』（1948）のスクリプターを担当した。韓国初の女性シナリオ作家としても活躍したが、『女判事』で念願の監督デビューを果たす。この作品は女性判事の死という当時実際に起こった事件を題材に、判事になった女性が劣等感を抱いている夫や姑との葛藤を乗り越えていく様子を描いている。男性中心の家父長制社会である韓国社会を判事という優越した立場の女性を通して提示するのは、女性監督ならではの視点と言えよう。男だらけの法曹界における女性判事という設定は、男だらけの映画界におけるホン自身の境遇が反映されているのかもしれない。『女判事』は当時の新聞で「繊細なプロットや明確なカットなど、隠された実力を発揮している」と評価され、ホンは『女やもめ』（1964）、『誤解が残したもの』（1965）と立て続けに監督作を発表したものの、その後は監督する機会を得られず、結局3本の監督作を残してシナリオ執筆に専念することになった。周囲からは還暦を過ぎても活躍すると言われていたそうだが、「還暦はおろか、50歳にもなっていないうちに」辞めてしまったと悔しがっていたという。

パク・ナモクとホン・ウノンはとても仲が良く、本作でオッキのモデルとなった編集技師のキム・ヨンヒと3人でよく集まっていたため、（日本の「三羽烏」がそのまま韓国語に転じた）「サンバガラス」と呼ばれていた。儒教的思考の強い韓国では、日本以上に「女性の役割は家事」という考え方が根強く、「家の外」での映画監督という職業は、女性にはまったくふさわしくないと思われていた。パク・ナモクが先駆者ならば、ホン・ウノンは女性監督の可能性を広げた開拓者と言ってよいかもしれない。

チェ・ウニ（1926〜2018）

ホン・ウノンのデビューから2年後、当時人気絶頂だった女優チェ・ウニが『ミンミョヌリ—許嫁—』（1964）を発表し、三人目の女性監督に名を連ねた。貧しさゆえに許嫁になった女性の苦しみを描いたこの作品でヒロインも演じたチェは、「スター女優の監督デビュー作」と世間に大きく注目された。韓国映画の巨匠である夫、シン・サンオクのプロダクション経営のため、妻でありかつ人気女優のチェ・ウニが監督を手がけることで興行的な成功を狙う目論見もあったようだ。チェは続けて、『お姫様の片思い』（1967）と『独身の男先生』（1972）を撮ったものの、「スター女優」という鳴り物入りの宣伝文句が強調され、作品が正当に評価されたとは言いにくい。

1978年、北朝鮮に拉致されたシン・サンオクとチェ・ウニは1986年に脱出するまでの間、北朝鮮での映画製作に携わった。特筆すべきはシン・サンオクだけでなくチェも『約束』（1984）という作品を監督していることだ。チェ・ウニは、南北朝鮮で映画を撮った唯一の女性監督でもあるのだ。韓国への帰国後は舞台演出にも挑戦するなど、監督経験を生かして活躍の場をさらに広げ、旺盛な活躍を続けた。

ファン・ヘミ（1936〜）

四人目は1970年、自ら手がけたシナリオで『初体験』を撮り監督デビューを果たしたファン・ヘミである。中年男性と若い女性の不倫を取り上げたこの映画は、抑圧された女性の性的欲望を繊細に描いて高く評価され、百想《ペクサン》芸術大賞で新人監督賞を受賞するなど興行的にも成功を収めた。勢いに乗って『悲しい花びらが落ちるとき』（1971）、『関係』（1972）と、デビューから3年連続で映画を撮る意欲的な活動を見せたが、これら2作が興行的に失敗したためそれ以上映画を作ることができず、彼女は監督を辞めてしまった。残念なことに、ファン・ヘミの映画は3本ともフィルムが残っておらず、私たち観客は彼女の映画を観ることができない。そして彼女が映画界から去った後、五人目の女性映画監督が登場するまでには実に10年以上もの歳月を要する。

1980年代以降

日本の小説『積木くずし　親と子の二百日戦争』（穂積隆信、桐原書店、1982）の映画化『泥沼から救った私の娘』（1984）で監督デビューを果たしたイ・ミレは、撮影途中で著作権の無断盗用が発覚し（後に正式に購入）、興行的大成功を収めたものの、日本映画の『積木くずし』（斎藤光正監督、1983）とカメラのアングルからショットの構成まで酷似していたため盗作を疑われるなど、後味の悪いデビュー作となった。その後も『唐辛子畑のキャベツ』（1985）、『勿忘草』（1987）と機会に恵まれ、1991年までにさらに3本の青春映画を撮り上げたものの、「撮りたい映画を撮らせてもらえない」「金儲けばかり追求する韓国映画界が嫌になった」と、最後には映画界を去っていった。

こうして、1950年代から80年代までに五人の女性監督が現れては消えていった韓国映画界の状況は、1987年の民主化闘争での勝利、1993年の軍事独裁の終焉と文民政府の発足により「民主化」に向けて歩み始めた韓国社会の中で、少しずつ変化を遂げていく。海外旅行が自由化され、若い人材の海外留学も増えた。海外で映画作りを学んだ女性たちが韓国に戻ってきたことで、頑なだった男性中心の映画界が少しずつ崩れ始めていったのである。ちょうどビデオカメラやデジタルカメラが普及し、低予算での映画製作が可能になったことで、それまで莫大な資金を必要とした製作環境も徐々に「民主化」されていった。お金をかけてもかけなくても、作り手次第で良い映画が撮れる時代になったのだ。

1990年代の韓国ではさらに、釜山《プサン》国際映画祭を筆頭に様々な映画祭が開催されるようになり、女性監督たちの作品が上映される機会も格段に増えた。なかでも1997年から始まったソウル国際女性映画祭は、世界的にも重要な「場」となり意義深い活動を続けている。この時代、新たに多くの女性監督たちも登場してきた。フランス留学経験を持つ『三人の友達』（1996）のイム・スルレ、『美術館の隣の動物園』（1998）のイ・ジョンヒャン、従軍慰安婦だった女性たちの共同生活を映したドキュメンタリー『ナヌムの家』（1995）のピョン・ヨンジュらである。

2000年以降も『子猫をお願い』（2001）のチョン・ジェウン、『4人の食卓』（2003）のイ・スヨン、ドキュメンタリー『ショッキング・ファミリー』(2008)のキョンスンらが登場し、テーマや関心もより多様な様相を見せるようになった。さらに近年では『はちどり』(2019)のキム・ボラをはじめ、世界から高い評価を得る女性監督の作品が次々と現れ、もはや女性監督として括ることに意味がないほどその活躍は豊かになっている。

だが本作のシン・スウォンをはじめ、イム・スルレ、チョン・ジェウンなど、粘り強く映画を撮り続けている監督も多い反面、デビュー作は撮ったものの2作目になかなか着手できずにいる監督や、長い間映画を撮ることができない状況に置かれている監督も少なくない。次回作の実現のためには、興行的な成功、あるいは批評的な評価が欠かせないシビアな現実を抱えている今の時代、かつての女性監督たちの熱意と強さを知ったうえでもなお、本作の主人公ジワンに安易な希望やハッピーエンドが用意されていない映画の終わり方は、女性監督たちの現実が決して楽観視できない状況を示していると言えるだろうか。相次ぐ興行上の失敗によってスランプに陥り、監督としての先行きまで危うくなっているジワンにとって、ホン・ジェウォンの映画の復元作業は、女性監督としての自分自身を復元していく過程にほかならない。それはまた、映画史を越えた韓国「女性史」の復元にも繋がるに違いない。

政治とメディア
社会問題

第4章 韓国の"今"を考える

韓国には「政言癒着」という新造語がある。政治界と経済界が不正に密着した関係を意味する「政経癒着」から派生した言葉だ。文字通り、政治界と言論界が密着し、言論は権力の「ウグイス嬢」になり服従し、権力はそんな言論を裏で庇護する関係を批判的に表現している。背景には、独裁時代から生存をかけて権力に従うしかなかった韓国言論の惰性があると言える。このように、韓国には韓国ならではの背景を持つ事象が多く存在する。そしてその事象は、時には事件や事故を通して、時には日常の中から、あるいは宗教を通して姿を現す。韓国映画はその姿を見逃さずに捉えてきたし、そうすることで韓国の「今」を立体的に見せてくれるのだ。

『キングメーカー　大統領を作った男』

選挙の負のレガシーを作った男たち「カルラチギ」の起源をたどる

◎物語

世の中を変えたい一心で選挙に挑み続けるも、落選続きでなかなか前に進めない政治家キム・ウンボム（ソル・ギョング）のもとに、彼と志を共にしようとする男、ソ・チャンデ（イ・ソンギュン）が現れる。選挙参謀になったチャンデは、正当な戦法を求めるキム・ウンボムの意に反して狡猾な戦略を編み出し、劣勢の状況にもかかわらず次々と当選させていく。ついに、キム・ウンボムは党を代表して大統領選挙に出馬する候補にまで選出されるが、本格的な選挙戦が始まる中、自宅で予期せぬ爆破事件が発生。容疑者としてソ・チャンデが浮上したことで、2人の関係は揺らぎ始める……。

原題：킹메이커

製作：2021年（日本公開：2022年）　韓国／カラー／123分

監督・脚本：ピョン・ソンヒョン　撮影：チョ・ヒョンレ

出演：ソル・ギョング、イ・ソンギュン、ユ・ジェミョン、チョ・ウジン、パク・イナン、イ・ヘヨン、キム・ソンオ、チョン・ベス、ソ・ウンス、ペ・ジョンオク、キム・ジョンス、ユン・ギョンホ

韓国のニュースや新聞には、「갈라치기《カルラチギ》」という言葉がたびたび登場する。囲碁の「割り打ち（相手が隣り合う隅を占めた時に、相手の勢力圏を分割するために中間に打つ手）」に由来するとされるこの言葉は、相対する集団や主張に亀裂を入れ、分裂を煽り、弱体化させる戦法を指して使われる。

共産主義に対する弾圧が激しかった時代は、「アカ」のレッテルを貼ることで人々の分断を促し、近年では女性差別撤廃を訴えるフェミニズム運動において、男性と女性が互いに憎み合うよう仕向ける行為がまさに「カルラチギ」である。社会の分裂や格差をもたらす政治的な扇動、誹謗中傷は今や韓国社会の至るところに蔓延し、深刻な社会問題となっているが、カルラチギがもっとも露骨に横行するのは「選挙」である。

政策や公約を提示し徹底的に議論する姿は、今の韓国ではもはや見られない。相手の弱みをしつこく攻撃し合う（時には弱み自体を作り上げる）ネガティブキャンペーンばかりが飛び交う昨今の選挙は、まさにカルラチギの見本市のようだ。保守派と進歩派が互いに「土着倭寇（保守派の原点は親日派である、という主張から派生した保守派を揶揄する言葉）」と「従北勢力（北朝鮮に対する進歩派の穏健な態度を見下す言葉で、〈アカ〉の代わりにも用いられる）」と罵り合い、「慶尚道《キョンサンド》（＝保守派）」と「全羅道《チョルラド》（＝進歩派）」のように東西の地域が対立し合うのも、選挙の時期ならではである。

2022年に行われた大統領選挙では、「이대남《イデナム》（反フェミニズム・保守的傾向の20代男性）」と

「이대녀《イデニョ》（進歩的傾向の20代女性）」がそれぞれ支持する候補をめぐって衝突し、カルラチギを繰り広げたことも記憶に新しいが、国土も小さく人口もたいして多くない韓国において、カルラチギの風潮はいつから始まったのだろうか？　韓国現代史を振り返ってみると、その起源は李承晩《イ・スンマン》政権時代に遡ることができるが、本格化したのは、権力維持のためには手段を選ばなかった朴正熙《パク・チョンヒ》軍事独裁政権時代である。中でも、金大中《キム・デジュン》（のちに大統領となるが当時は国会議員）との選挙戦が熾烈にして最悪なものだったことはよく知られている。だが朴正熙側の数々の不正に対し、金大中側がどう立ち向かったかはこれまであまり語られてこなかった。

　そんな中で公開された『キングメーカー　大統領を作った男』は、まさに金大中側の視点から選挙戦での内部事情に迫った作品だ。当時、選挙で落選を繰り返していた金大中がある人物との出会いをきっかけに立て続けに当選を果たし、やがて党の大統領候補に選ばれるまでの様子が描かれている。本作は実在の人物名を使わず、あくまでも、歴史的事実に映画的想像力でフィクションを混ぜた「ファクション（fact＋fiction）」と位置付けているが、劇中で描かれることのほとんどが実際に起きた出来事である。

　本作が韓国で公開されたのは、２０２２年3月9日の大統領選挙投票を2ヶ月後に控え、国中が選挙で熱くなっていた1月だ。選挙に対する国民の関心の高まりに合わせて公開することで興行的に有利になると考えるのは当然だが、カルラチギの応酬に対して一石を投じる目的もあったかもしれない。だが結果は、映画が提起する問題意識を受け止めるコメントが散見された一方で、映画そのものを「アカの扇動映画」だと警戒し、罵倒する声も少なくなかった。現在もなお反共精神が韓国に深く根づいていること、そして想像を遥かに超えてカルラチギが韓国社会に浸透していることに驚きを禁じ得ないが、どうしてここまで反共精神が国民の意識に深く刻み込まれてしまったのだろうか？

本作の主役は「キム・ウンボム」と「ソ・チャンデ」という二人の男である。先述したように実在の人物の名前ではないが、キム・ウンボムは金大中元大統領をモデルにしている。映画の冒頭で描かれるように、１９６１年、江原道《カンウォンド》の北部にある麟蹄郡《インジェグン》の補欠選挙で金は初めて当選し、国会議員として政界に足を踏み入れた。そして彼は、朴正熙から全斗煥《チョン・ドファン》、盧泰愚《ノ・テウ》まで30年余り続いていく軍事独裁政権と命をかけて闘い、民主化の実現に多大な貢献をする。日韓の外交問題にまで飛び火した「金大中拉致事件」（１９７３年）、大統領になって積極的に推し進めた「日本大衆文化開放政策」（１９９８年）、初の南北首脳会談（２０００年）の実現などに関わったこともあり、金は日本でも非常によく知られている大統領だが、１９７１年の大統領選で朴に肉薄した後、実際に大統領になる１９９７年まで26年もかかっていることを考えると、苦労の絶えない政治家人生を送ってきたと言えよう。

そしてもう一人の主役「ソ・チャンデ」こそ、本作の実質的な主人公の「キングメーカー」である。モデルになったのはオム・チャンロクという実在の人物で、それまで「アカ」のレッテルを貼られ、ネガティブキャンペーンの犠牲となって落選が続いていた金のブレーンとして彼を初当選させ、政治家としての土台を作ったとされている。当時、ずる賢い人を指す「狐」を用いて「選挙の狐」と呼ばれたオムは、選挙では奇抜でずば抜けた戦略を打ち出したと同時に、対抗する朴正熙も真っ青になるほどの汚い手を躊躇なく使った。だが金の出世に多大な貢献をしたにもかかわらず、政治の表舞台に出ることなく、資料もろくに残っていないオムに光を当てたことが、この映画のすぐれた点だろう。

　オム・チャンロクは、現在の北朝鮮にあたる咸鏡北道《ハムギョンブクド》出身とされている。高校生の時に朝鮮戦争が勃発、朝鮮人民軍に徴集されるのが嫌で山に入り、反共遊撃隊として活動し、そこで進撃してきた韓国軍に同行して米軍部隊でも働いたが、負傷して除隊した。その後、江原道・麟蹄郡で知人の漢方薬屋の手伝いをしていたところに、金大中の補欠選挙が重なり、不正にまみれた当時の政治を打破しようと訴える理念に共感して近づいていったのが、まさに映画の冒頭で描かれた場面である。オム・チャンロクの手腕が発揮されるのは、出馬する地域を金自身の出身地、木浦《モッポ》に移して挑んだ１９６７年の総選挙からだ。その頃、朴正熙独裁政権は国務会議（大統領が主宰する閣僚会議）を木浦で行うなど、全国のどの選挙区よりも木浦に力を注ぎ、カネと力を総動員して不正で卑劣な選挙戦を展開した。独裁に徹底抗戦の姿勢を曲げない金は朴にとって、文字通り「目の上の瘤」だったからだ。朴は金を落選させるため莫大な資金を投入し、情報機関「大韓民国中央情報部（ＫＣＩＡ）」も動員して選挙工作に打って出た。一方の金は、いかに絶体絶命の危機であろうと自分は汚い手を使うべきではない、「正義こそが正しい秩序だ」と主張したが、オムは「正しい目的のためなら手段は不問」と、不正には不正で対抗すべきだと説得した。

その結果、金陣営は姑息な作戦を開始。朴陣営の共和党が有権者にばらまいた衣服などの贈り物を、金陣営の民主党は共和党に成りすまして有権者から回収し、同様に共和党のフリをして有権者に接近すると、相手に安いタバコを与えた目の前で自分は高価なタバコを吸って有権者たちが共和党に不満を持つように仕向けた。こうした場面は劇中でコミカルに描かれているが、全て実話である。オム・チャンロクが考案したこれらの戦略はマニュアル化されて党員たちに配られ、講演会まで行われたそうだ。映画では描かれなかったが、支持者の家と不支持者の家を見分けるために、共和党がこっそり家々の壁に「○、△、×」とマーキングしていたのを、民主党が書き換えたり、△を消して混乱させたこともあった。

幼稚にも見えるこれらのやり方が功を奏し共和党の印象は悪化、世論は一気に民主党の金大中に傾き、絶対的に不利だった激しい選挙戦に見事勝利した金は、次の目標を大統領選挙への出馬に定めた。そして1970年、大統領候補を選出する民主党の全党大会では、オムの戦略のもと党員の家を直接訪問して支持を訴える作戦と、党内の力関係を巧みに利用した水面下での交渉の末、少数派で不利な状況だったにもかかわらず、金は見事候補に選出された。だが、ここから二人は決別へと向かうことになる。選挙戦真っ只中の1971年1月、金の自宅で爆破事件が起きたのだ。世論を考えると、大統領候補者の家で起きた爆破は敵対する朴政権にとっても問題である。しかし大々的な捜査の過程で有力な容疑者として浮かび上がったのは、オム・チャンロクであった。

映画で描かれたように、ＫＣＩＡの仕業ではないかとの疑いも出て、最終的に金の甥が「真犯人」とされたものの、真相はいまだ謎である。朴陣営は、「選挙の狐」であるオムが世論の同情を買って支持率を上げようとした「自作自演」だと主張した。本来なら金はそれを真っ向から否定するはずだが、それまでのオムのやり方を思うと金陣営も「自作自演」の疑いを消し去ることができなくなってしまったのである。ＫＣＩＡの取り調べを受けた直後、オムは忽然と姿を消した。その背景にはいくつかの説があるが、かねてからオムの手腕を買っていたＫＣＩＡが、莫大な礼金を払って彼を朴正熙側に寝返らせたというのが定説になっている。また、いずれは自分も政治の表舞台へと野心を抱いていたオムが、比例代表の優先順位と幹事長のポストを金大中に要求して拒否され、爆破事件の犯人と疑われたのも重なって寝返ったという説もある。

いずれにしても、オム・チャンロクを欠いた状態での選挙戦は急速に流れを変えていく。映画の終盤で描かれる、朴正熙の出身地「慶尚道」と、金大中の出身地「全羅道」の「地域間対決」というカルラチギが、一気に選挙戦の前面に現れたのだ。１９８０年に起こった「光州事件」で、なぜ光州が狙われたのかについて、その背景には光州が属する全羅道への根強い地域差別があったことは、私自身「全羅道の人と付き合ってはいけない」と親に叱られるなど、国民に深く浸透していた事実である。その決定的な要因となったのが、まさに１９７１年の大統領選挙戦で煽られた「地域間対決」であった。オム・チャンロクが金と決別して陣営から姿を消した直後に、このようなカルラチギが現れたものの、映画にあるようにこれがオムのアイデアだったかどうかは定かではない。

だが彼が得意としたカルラチギがこうして使われ、それによって金を「アカ」とするネガティブキャンペーンがさらに膨れ上がることとなったのは紛れもない事実である。

結局、１９７１年の大統領選挙では朴正熙が勝利を収めたが、その差が僅差だったことからも、金大中がいかに朴にとって脅威であったかがわかる。朴はその後、「金大中殺し」と呼ばれる弾圧を繰り返し、金は交通事故を装った暗殺未遂や拉致事件に巻き込まれたばかりか、政府転覆を図ったとして死刑宣告まで受けることとなる。一方、朴独裁政権は「死ぬまで大統領」が可能となる「維新憲法」への改憲を実現させるなど、さらに激しい暴走を繰り広げていく。

このようにオム・チャンロクという存在は、韓国にとって「諸刃の剣」にほかならない。金大中の側に立ち独裁の横暴に立ち向かう剣になったかと思えば、朴正熙側に立つと独裁の横暴を許す剣にもなってしまう。そしてその核にあるのがまさに「カルラチギ」である。ある新聞は韓国におけるカルラチギの蔓延について、「イナゴの額のように小さく狭い国が、なぜこれほどまでに分裂しているのか」と嘆いた。カルラチギという諸刃の剣によって犠牲となるのは、結局は「国民」自身なのである。

『アシュラ』

大統領選を前に《逆走行》した一本の映画から、政経癒着の歴史を紐解く

◎物語

再開発を控える韓国の地方都市・アンナム。刑事のハン・ドギョン（チョン・ウソン）は、権力と利権のためなら手段を選ばない市長のパク・ソンベ（ファン・ジョンミン）の悪行の後始末を行い、カネをもらっている。末期がんを患うハンの妻は、市長の妹でもあり、二人は義理の兄弟関係にあった。妻の治療費が必要なハンは、市長の不正を暴露しようとする動きを暴力で潰すなど、パク市長の言いなりになっていた。一方、市長を内密に捜査している検事のキム・チャイン（クァク・ドウォン）は、ハンの弱みを握り市長のスパイとして利用しようと画策。市長と検事の間で板挟みになっていくハンは、ついに両者を直接対峙させ、事態は修羅場と化していく……。

原題：아수라

製作：2016年（日本公開：2017年）　韓国／カラー／133分

監督・脚本：キム・ソンス　撮影：イ・モゲ

出演：チョン・ウソン、ファン・ジョンミン、チュ・ジフン、クァク・ドウォン、チョン・マンシク

2022年3月、韓国では大統領選挙が国民の関心を集めた。軍事政権時代、権力の長期化がもたらした政治腐敗への反省から、任期5年・再選不可というシステムの韓国大統領制だが、それでも在任中は大統領に強大な権力が集中することから、その後不幸な末路を迎えた大統領経験者も少なくない。野党・保守政党は、親友で占い師でもあった女性に政権の舵取りを頼っていた朴槿恵《パク・クネ》元大統領の記憶の払拭に躍起になり、与党・進歩政党は珍しくクリーンなイメージを維持し続けた文在寅《ムン・ジェイン》大統領の成果作りと、保守寄りのメディアが野党と組んで仕掛けてくるネガティブキャンペーン（韓国では黒色宣伝という）をかいくぐるのに必死だった。そんな中、メディアやインターネット上で「역주행《ヨクチュヘン》（逆走行）」という言葉が取り沙汰された。本来は日本語の「逆走」にあたる言葉だが、音楽やドラマ、映画などで「最初の反応はイマイチだったものの、時間が経ってから何らかの理由により社会的に大きく注目される現象」としてここ数年使われるようになったものだ。そしてこの大統領選挙をめぐって、1本の映画がまさに「逆走行」的に大きな話題を呼ぶこととなった。権力の横暴を極端な暴力にデフォルメして描いた『アシュラ』である。

二枚目俳優として高い人気を誇り、これまでは「善い人」役を演じることの多かったチョン・ウソンが、権力と癒着した腐れ刑事に挑戦し目を覆うほどの悪態ぶりを発揮した意欲作で、ファン・ジョンミンやクァク・ドウォンといった実力派俳優たちが嬉々として悪を演じていたが、誰一人として善人が登場しないこともあり、公開当時の観客の反応はあまり好意的ではなかった。だが公開から5年後、本作は突如「逆走行」を巻き起こしたのである。その理由と大統領選挙との関係を、映画のテーマでもある「政経癒着」と韓国現代史の関連性から考えてみよう。

本作の「逆走行」は、与党側の次期大統領最有力候補とされた、当時の京畿道《キョンギド》知事イ・ジェミョンに対し、野党側から映画そっくりの疑惑を提起したことに始まる。映画に登場するファン・ジョンミン演じる悪徳市長の、政治的権力維持と経済的利権のためなら殺人も辞さないやり方が、京畿道・城南《ソンナム》市長時代のイ・ジェミョンをモデルにしたのではないかと野党側が申し立てたため、本作が一気に国民の関心を集めたのだ。

野党が提示した疑惑とは次のようなものである。イ・ジェミョンが市長を務めていた2015年、城南市の都市開発のために建設施工会社が設立された。市と多数の民間企業がこれに投資したが、株の半分以上を市が保有していたため実質的には市が経営していた。ところが開発に伴う利益の多くが、持ち株の少ない特定の民間企業ファチョンデユ社に流れていたことが発覚、その企業の背後に、イ市長（当時）がいたのではないかというのである。疑惑に対しイ市長はもちろん全面否定、市が開発を主導することで自分はむしろ利益のすべてが民間企業に持っていかれるのを阻止したのだ、市が得た利益は市民のために使われたと真逆の主張を展開した。

だが面白いのはここからである。こうした疑惑をめぐり与野党の対立が激化し、『アシュラ』の逆走行が起こる中、事態は驚きの展開を迎えた。ファチョンデユ社に6年間勤務した後退職した30

代の男性社員が、50億ウォン（約5億円）という巨額の退職金を得ていたことが発覚したのだが、その男性社員はなんと、イ・ジェミョンを告発した野党の国会議員クァク・サンドの息子だったのだ。野党にとっては、超特大のブーメランとなったわけである。

この事実に怒りを爆発させたのが、厳しい就職難や失業による貧困に苦しむ20～30代の若者たちだった。一生働いても手に入れることのできない夢のような巨額を、たった6年働いただけで受け取れるというのは、クァク・サンドへの賄賂以外の何物でもないではないか——高まる批判の中、結局クァクは国民に謝罪し辞職に追い込まれることになった。だがこうなると、野党側の主張は完全に矛盾することになる。果たして民間企業の背後にいたのは誰なのか？　争点になったのは、開発が始まった2015年当時は朴槿恵政権下であり、クァクは大統領の最側近だったという事実だ。真の「悪徳市長」とは誰なのか、疑惑の行方はどう着地し、次期大統領選挙にどんな影響が及ぶのか、韓国の政局にますます目が離せない。

劇中では詳しく描かれないものの、パク市長の最大の目標は都市の再開発であり、それに伴う莫大な利益の一部を自分のものにすることだ。そのためには、単純だが典型的な「政経癒着」の構図が必要となる。もっとも多くのリベートを約束する建設業者（中には本作のようにヤクザが経営するフロント企業もある）に再開発を任せればいいのだ。そして、その過程で当然必要になってくる不正や犯罪は、カネで買収した警察や検察を利用すれば簡単にもみ消すことができる。本作におけるパク市長・ハン刑事・キム検事の関係性は、まさにこの構図の中で繋がり合っている。

韓国現代史を振り返ってみると、その規模の大小はともかく、政経癒着はどの政権下でも存在していた。とりわけ、1940年代後半の李承晩《イ・スンマン》から90年代前半の盧泰愚《ノ・テウ》までの独裁政権時代は、政経癒着の全盛期と言っていいほど慣習化していた。中でも「チ・ガンホン人質事件」と「チョン・ギョンファン横領／脱税事件」は、政経癒着の現実をもっとも象徴的に国民に知らしめた事件として記憶されている。ソウルオリンピック直後の1988年に起きたこの二つの事件は、一見何の関連もないように見えるが、実は強く結びついているのだ。

1988年10月8日、刑務所に護送中の囚人12人が拳銃を奪い護送車から脱走した。囚人のほとんどはすぐに捕まったが、チ・ガンホンを含めた4人は、民間人の住居に侵入し身を隠しながら逃げ続けていた。15日、侵入先の家族の1人が脱出して通報、警察が駆け付けると、ガンホンらは残りの家族を人質に立てこもった。警察をはじめ、囚人の家族も総出で説得を続ける様子をテレビが生中継し、韓国中が固唾を飲みながらテレビにかじりついた。その間にガンホンは、逃走のための自動車とビージーズの名曲「Holiday」のカセットテープを要求、車の確認のために外に出た1人が取り押さえられると、仲間の2人は絶望して拳銃自殺を遂げ、事件は急展開を見せる。残りの銃弾数を見誤り、1人残されてしまったチ・ガンホンは、人質を連れて窓際に立ち、外に群がる警察や報道陣、周りの住民たちに向かって「腐った世の中への不満」を叫ぶと、ガラスの破片で自らの首を刺し、同時に突撃してきた警察の銃に撃たれて絶命、こうして事件は終結した。

事件の一部始終が生中継された点や、立てこもった犯人が世の中への痛切な思いを叫ぶといった点から、1968年に日本で起こった「金嬉老事件」を想起する人も多いかもしれない。また事件が社会に与えたインパクトは、72年の「連合赤軍事件」に匹敵するものがあるだろう。だがそれ以上にこの事件が現在でも重要な意味を持つのは、権力とカネに牛耳られた韓国社会に対するチ・ガンホンの壮絶な批判であった。チ・ガンホンは500万ウォン（約50万円）あまりを窃盗した容疑で懲役・保護監護17年の実刑判決を言い渡されていた（他の脱走犯も同様の罪だった）。だがちょうどその頃、70億ウォン（約7億円）以上の横領と4億ウォン（約4000万円）以上の利権介入の罪で逮捕されたチョン・ギョンファンという人物に対しては、金額の大きさにもかかわらず懲役7年という短い判決がくだされた。そのことを知ったチ・ガンホンは「無銭有罪《ムジョンユジェ》、有銭無罪《ユジョンムジェ》」と叫び、貧しい人間ばかりが罪を着せられ、カネを持った人間は悪事を働いても罪にならない現実を突きつけたのだ。これこそまさに政経癒着という韓国の暗部を言い当てた言葉であり、多くの人々は「彼のやったことは犯罪だが、彼が言ったことは正しい」と、今でも格言のように人口に膾炙している。

　ところで、巨額の横領と利権介入を行ったチョン・ギョンファンとは何者だろうか。勘が良ければすぐに気づくかもしれないが、彼はあの悪名高き元大統領全斗煥《チョン・ドファン》の弟である。全の大統領在任中、チョン・ギョンファンは大統領の弟というだけで、国土開発組織「セマウル運動本部」の会長に就き、再開発や建設事業を利用して莫大なリベートや賄賂を受けてきた。にもかかわらず、50万円を窃盗して17年の罪となったチ・ガンホンと、7億円以上でたった7年の罪（しかも2年後には恩赦で釈放された）で済んだチョン・ギョンファンの、理不尽な判決の違いは一体どう説明できるというのだろうか。「カネがあれば無罪、なければ有罪」という現実を思い知ったチ・ガンホンは、チョン・ギョンファンに対する判決を知って脱走を試みた。「延禧洞《ヨニドン》（当時、全斗煥が住んでいた街）に行って殺したかった」と言ったように、彼の怒りは最終的に権力欲とカネにまみれた全に向けられていた。

チ・ガンホンがなぜビージーズの「Holiday」を要求したかは謎のままだ。人質になった家族の証言によれば、立てこもっている間ずっと繰り返し聴いていたといい、事件はこの名曲とともに人々の記憶に焼き付けられた。さらに人質に対する紳士的な態度が明らかになるにつれ、チ・ガンホンに対する人々の共感は高まり、2006年には『ホリデイ』（ヤン・ユンホ監督）というタイトルで映画化もされている。

その後、大統領選挙に向けた状況や報道は、日々刻々と変化した。与党側の最有力候補イ・ジェミョンは、仕事はできると評判だがその厳しさゆえ敵も多く、次から次へとスキャンダル疑惑が湧いては消え、ネガティブキャンペーンも絶えなかった。一方、野党側の最有力候補尹錫悦《ユン・ソンニョル》は、元検察トップという立場から一転大統領候補に浮上し、文在寅政権下での元法務大臣チョ・グクのスキャンダルを追及した人物である。そんな彼もテレビの討論会に出演した際、掌にまじないのような文字「王」を書いているのがわかり、国民は再び、迷信に惑わされた朴槿恵のトラウマに襲われてしまったのだ。

※このコラムは2022年の大統領選挙を前に書いたものである。なお選挙では接戦の末、尹錫悦が大統領に当選した。

㉟ 政治とメディア

『共犯者たち』

権力とメディアの関係性を皮肉に暴くドキュメンタリー

◎物語

２００８年、アメリカ産牛肉の輸入に対する批判的な報道で打撃を受けた李明博《イ・ミョンバク》政権は、本格的にメディア掌握に乗り出す。最初にターゲットになった国営放送局ＫＢＳは権力によって体制が次第に崩壊、２０１０年に李政権の目玉政策である「４大江開発事業」の杜撰な現状を告発したテレビ局ＭＢＣも占領され、ついに事態は放送検閲という最悪な状況に陥ってしまう。もはや権力の手下に転落してしまったＫＢＳとＭＢＣ。チェ・スンホ監督は、そんな権力と、権力に協力した共犯者たちの実態を暴くためにカメラを回し続けるが……。

原題：공범자들

製作：2017年（日本公開：2018年） 韓国／カラー／105分

監督：チェ・スンホ

脚本：チョン・ジェホン

撮影：チェ・ヒョンソク

韓国には韓国放送公社（KBS）、ソウル放送（SBS）、文化放送（MBC）という三つの地上波テレビ放送局がある。KBSは日本のNHKのような国営放送局、SBSは民間企業を母体とする民営放送局、そしてMBCは株式会社ではあるものの、公的機関の放送文化振興会（放文振）が大株主であることから公営体制をとっている。日本と比較すると、二つの実質的な公共放送と一つの民間放送しかない韓国のテレビ放送は意外に思われるかもしれないが、その代わり韓国では膨大な数のケーブルチャンネルが放送の多様性を補っている。だがいずれにしても、全国ネットワークである地上波三つの放送局が、国民に対して甚大な影響力を持っていることは言うまでもない。

かつて朴正熙《パク・チョンヒ》や全斗煥《チョン・ドファン》ら軍事政権時代に厳しい言論統制が敷かれていた韓国では、民主化が進んだ1990年代以降、言論の自由が飛躍的に進歩した。だが政権が変わるたびに保守（＝右派）と進歩（＝左派）が極端な偏りを見せるこの国には、放送局が政権の意向を探って忖度するといった悪習が依然として残っており、だからこそ国民を混乱や分裂から守るため、公共放送であるKBSとMBCの報道姿勢における公正性や政治的中立性が絶えず問われてきたのも事実である。

『共犯者たち』は、まさにその「悪習」にしがみついて言論の自由を踏みにじってきた政権の「共犯者」とは一体何者なのかを突き止めていくドキュメンタリーである。ドキュメンタリー映画として異例の大ヒットとなったばかりでなく、さらに多くの人に見てもらいたいからと公開の2ヶ月後にはYouTubeで無料配信を始めた。また日本でも、テレビ局の政権への忖度が危機感を抱かれる中で多くの人の関心を集め、全国各地でロングランとなった。

映画はまず、２００８年に保守派の李明博政権によってＫＢＳが実権を握られた経緯を明らかにするところから始まる。当時、李大統領が指名した閣僚候補2名の不正をＫＢＳがスクープしたことで、候補者らは辞退。発足早々にして興ざめの様相を呈した李政権は、あたかも仕返しするかのように前任の進歩派、盧武鉉《ノ・ムヒョン》政権下で任命されたＫＢＳの社長をクビにし親政権的な人物を送り込んだ。社員たちは労働組合を中心に猛反発したものの、国営放送の限界もあって天下りの経営陣に勝ち目はなく、ニュース番組の関係者らは相次いで解雇、政治色の強い番組は廃止されることとなった。21世紀という時代に再び、露骨な言論弾圧が幕を開けたのである。

次に狙われたのはＭＢＣだった。チェ監督は解雇されるまで同局のＰＤ（プロデューサー）だったこともあり、映画はＭＢＣの闘いを中心に展開するのだが、その発端となった「アメリカ産牛肉輸入問題」について、映画では詳しく語られないので簡単にまとめておこう。李政権は当時、アメリカからの圧力によって牛肉の輸入基準を緩和し、月齢30ヶ月以上の牛肉も輸入できるようにした。そこに待ったをかけたのがＭＢＣの「ＰＤ手帳」という時事番組で、月齢30ヶ月以上の牛肉は「牛肉ＢＳＥ（韓国では狂牛病という）」の恐れがあると警鐘を鳴らした。番組ではさらに「韓国人は遺伝子的に狂牛病にかかりやすい」「アメリカの骨付き牛肉はＢＳＥ発症の可能性が高い」といった内容にも踏み込んで、牛肉大好き韓国人たちを恐怖のどん底に突き落とした。政府は慌てて釈明、安心・安全を強調したもののもはや信じる者はおらず、李政権の支持率は急落、一部国民からは大統領弾劾を求める声まで飛び出した。テレビでは連日、狂牛病の科学的根拠を問う番組が放送され、ネットでは海外での狂牛病による死亡例が真偽不明のまま拡散された。

いても立ってもいられなくなった国民はロウソクを手に広場に集まり、4ヶ月にわたるデモの結果、窮地に陥った李政権はついに国民に降伏、アメリカと交渉を重ねた末に、月齢30ヶ月未満の牛肉だけを輸入する基準に戻すことで合意した。国民の怒りは収まったものの、李政権は一連の混乱の責任はMBCの「PD手帳」にあると結論づけ、今度はMBC弾圧に乗り出した。ちなみにチェ監督もこの番組のPDだった。韓国ではあらゆるテレビ番組がPD主導で進められ、権限や責任は非常に大きい。

MBC経営陣の人事権を握っている放文振の理事会は、与党推薦委員が野党推薦委員の2倍の数を占めるため、親政権的な社長を送り込むことなど朝飯前だ。KBSの時と同じく、李政権は直ちに社長を交代させ、時事番組の廃止やキャスターの交代を実行した。労働組合はストライキに突入し局全体が機能停止に陥ったが、経営陣は好都合とばかり、ストライキの参加者を解雇したり閑職に追いやったりした。それによって多くの局員が不当な扱いに苦しめられていった。

こうした状況は2012年、李政権を受け継いだ同じ保守与党の朴槿恵《パク・クネ》政権下でも変わることなく続き、KBSもMBCもすっかり政府の宣伝道具に過ぎない存在となってしまった。その挙げ句の果てに起こったのが、2014年、修学旅行中の高校生らを含む304名が犠牲になった「セウォル号沈没事故」の誤報だ。事件発生直後の「全員無事」「救助は順調」といったKBS、MBC両局による誤報は、政権と言論が癒着したらどうなるかを如実に示す結果となった。もしも報道システムが正常に働き、誤報による初期対応の遅れがなければ、一人でも多くの命が救われていたかもしれない。だがそれでも、両局は政府を擁護する報道姿勢をやめなかった。

そして日本でも大きく報道された、「お友達国政介入スキャンダル」が起こる。2016年に明らかになった、政府を裏で牛耳っていた朴大統領の親友、チェ・スンシルによる一連の不正腐敗事件のことだ。この時もKBS、MBC両局は、最初は報道もしなかったし、せいぜい後から形ばかりの縮小報道をしたのみだった。これらの報道に携わる記者のことを映画では「キレギ」と呼んでいるが、これは「記者（キジャ）」と「ごみ（スレギ）」を掛け合わせた造語である。日本でいう「マスゴミ」のようなものだろうか。結局、事件の全貌はケーブルテレビ局のニュースを通して明るみになり、大規模なロウソクデモから朴大統領の弾劾と罷免という、前代未聞、史上初となる形で収束したのである。

映画の終盤、新たに選ばれた進歩派の文在寅《ムン・ジェイン》大統領が放送局の正常化を約束する中、カメラはかつて権力の頂点に君臨した李明博元大統領を直撃する。「記者に質問させないと国が滅びますよ！」と、放送局をダメにした犯人はあなたではないかと厳しく追及するチェ監督の姿は怒りと使命感で溢れている。逃げるようにその場を後にするかつての大統領への叫びが響き渡るなか、映画は終わりに向かう。

だが、現実はさらに皮肉な後日談を用意していた。文政権は公約通り放送局の正常化を図り、透明性を確保するために一般公募でＭＢＣの社長を募集した。応募したチェ・スンホ監督は社長就任を果たし、不当解雇を受けて命がけの闘いを繰り広げた末に、見事返り咲くことができた。彼は「ＭＢＣ正常化委員会」を設置し、崩壊同然の組織の立て直しに取り掛かった。ところが彼は立て直しの一方で、ストライキに参加していない記者やストライキ中に雇われた契約アナウンサーをクビにし、閑職に追いやったのである。かつて自身が李政権によって受けた仕打ちとまったく同じやり方で、今度は仕返しに転じたのだ。契約アナウンサーたちは不当解雇を法に訴えて復帰を果たしたものの、閑職に追われた記者は、毎日のようにＭＢＣ社屋前で一人抗議デモを続けている。放送局の正常化とは何だろうか。この映画のタイトルにもなっている「共犯者たち」とははたして誰を指すのだろうか。映画以降の韓国で展開されたのは、なんとも後味の悪い現実であった。

最近韓国では、「내로남불《ネロナムブル》」という言葉が大流行りだ。「私がすればロマンス、他人がやれば不倫」を意味するこの造語は、自分のやることはすべて正しく、他人が同じことをしてもそれは間違いである、という政治・社会的な風潮を皮肉った表現だ。権力と闘う一人のプロデューサー（監督）による本作を今改めて見返したとき、頭に浮かんだのはこの言葉だった。

㊱ 社会問題

『冬の小鳥』

踏みにじられた人権　韓国養子縁組問題の背景を探る

◎物語

1975年、9歳のジニ（キム・セロン）は父（ソル・ギョング）に連れられ、ソウル郊外にあるカトリックの児童養護施設にやってくる。孤児たちが集まるその場所に預けられ、無言のまま去っていく父の後ろ姿を不安そうに見つめていたジニは、何日経っても父に捨てられた現実が受け入れられず、周囲へ反発を繰り返す。そんなジニを年上のスッキ（パク・ドヨン）は気にかけ、ジニも少しずつスッキに心を開いていく。

施設には、子どもたちを養子として引き取るために時々アメリカ人夫婦が訪れる。だが養子になるには、大勢の子どもたちの中から選ばれなければならない。気が乗らないジニに対して、スッキは一日でも早く引き取られようと、必死に英語を勉強しアメリカ人の前では余計に明るく振る舞う。スッキの努力は功を奏し、ついに養子に迎えられる。頼もしいスッキにも去られ、残されたジニは再び周囲に反抗的になっていく。そんなある日、ジニにも養子の話が舞い込んでくる。行き先は、幼い少女にとってはあまりにも遠いフランスだった。

原題：여행자
製作：2009年（日本公開：2010年）　韓国・フランス／カラー／92分
監督・脚本：ウニー・ルコント
製作：イ・チャンドン、ロラン・ラヴォレ、イ・ジュンドン　撮影：キム・ヒョンソク
出演：キム・セロン、パク・ドヨン、コ・アソン、パク・ミョンシン、ソル・ギョング、ムン・ソングン

画面に顔が映らない父親に向かって微笑みかける幼い少女。やがて少女は孤児院に預けられ、父親が迎えに来ると信じながらも、少しずつ現実を受け入れていく。少女の目線から描かれる孤児たちの世界、大人たちの偽善、変わっていく日常……。『誰も知らない』（是枝裕和監督、2004）が、大人の犯罪を告発するのではなく、誰の目にも留まらない子どもたちだけの世界として描いたように、本作もまた余分な説明は一切排し、主人公の少女の視点から、彼女の知識の範囲内で物事が見つめられていく。それは恐らく、〝ウニー・ルコント〟という韓国とフランス名を併せ持つ監督が、自らの幼少時代を振り返って映画化した作品であることも影響しているだろう。だが、描かれている細部に注意を払ってみると、笑みを絶やさず施設を訪れる欧米人の夫婦や、なんとか彼らに気に入られようと英語を覚える少女、韓国人家庭のもとに家政婦同然で引き取られていく足の不自由な少女といったように、養子縁組をめぐる韓国特有の事情が映画には確かに描かれている。

朝鮮戦争後から現在にいたるまで、韓国に付きまとって離れない汚名がある。それは、20世紀最大の「孤児輸出国」というきわめて不名誉なものだ。国の貧しさゆえに保護する余裕のなかった戦争孤児を、養子としてアメリカに送ることから始まったこの汚名は、経済的にはだいぶ豊かになった今でも払拭できないままだ。なぜ韓国はいまだに孤児を海外に送らなければならないのだろう。その背景には何があるのだろうか。ここでは、映画ではあえて言及されなかった「韓国における養子縁組」というテーマに踏み込んで本作を考えてみよう。そこには、「家族」に対する日本とはまったく異なる価値観が浮かび上がってくるはずだ。

ジニを演じるキム・セロンの類まれな演技に驚かされる本作は、『バーニング 劇場版』(2018)や『ペパーミント・キャンディー』(1999)で知られるイ・チャンドン監督がプロデュースを務めている。フランスの映画祭に赴いた際に、フランスの国立映画学校を卒業したウニー・ルコントと出会い、9歳でフランス人に養子として引き取られた経験に基づく彼女の脚本を読んで、すぐに「映画化すべきだ」と製作者に名を連ねたという。日本では是枝裕和が若手監督の育成に力を注いでいるが、韓国ではイ・チャンドンが同じような志を持った作り手と言えよう。イ・チャンドンのもとからは、本作のウニー・ルコントをはじめ、『私の少女』(2014)のチョン・ジュリ、『君の誕生日』(2018)のイ・ジョンオンなど、特に女性監督が次々と育っているのが素晴らしい。男尊女卑の甚だしい韓国社会を女性の眼差しから掘り下げ、問題提起をする彼女たちの作品が、韓国映画の多様性を担っていることは言うまでもない。本作は日本でも、良質な作品選定に定評があり女性監督を積極的に紹介してきた岩波ホールで公開され、注目を浴びた。ただし韓国では、作品自体は高く評価されたものの、莫大な制作費をかけた商業大作がスクリーンを占領する韓国映画界の配給システムのなかで、イ・チャンドンが製作にかかわっているとは言え、本作のような低予算のインディーズ映画が観客の目に触れる機会は絶対的に少なく、興行的には成功とはいえない結果だった。だがそれ以上に、評論家や観客のレビューは「悲しみを乗り越えていく少女の涙の感動作」「新しい人生へ旅立つ少女の物語」といった感傷的な内容ばかりで、なぜ幼い子どもたちが捨てられ、しかも海外にばかり養子にいくのかという、作品の根底を成す問題に目を向けられることはほとんどなかった。

近年ではあらゆる社会問題を映画化している韓国でも、「養子縁組」「孤児輸出」といったテーマは、映画においてはいまだタブーである感は否めない。私の知る限りでは、スウェーデンに養子として引き取られ、虐待や人種差別に苦しんだ挙句、韓国に帰国した女性の人生を描いた『スーザン・ブリンクのアリラン』（チャン・ギルス監督、1991）くらいのものだ。養子に行った当事者が作り手となってドキュメンタリーや自主映画を発表することはあっても、メジャーな商業映画のテーマとして取り上げられることはなく、その意味で主題はずれるが、韓国国内における幼児誘拐と労働搾取の問題を描いた『ブリング・ミー・ホーム　尋ね人』（キム・スンウ監督、2019）は画期的だった。映画にも取り上げられないほどの無関心、「孤児は海外に引き取られるべき」という認識がまかり通っている現実。その答えを探すためには「孤児輸出」の歴史をたどる必要があるだろう。

孤児たちを養子として海外に送り始めたのは朝鮮戦争の直後からだが、その中でも、韓国で海外養子縁組を斡旋する団体として現在も活動している「ホルト児童福祉会」の設立者、ハリー・ホルトが1955年に8人の戦争孤児を引き取ったのが始まりとされている。朝鮮戦争後、街に溢れる孤児たちを韓国政府の代わりに救済したホルトの行いは、次第に一つの「産業」に変わっていった。

その産業化を決定づけたのは、朴正煕《パク・チョンヒ》軍事政権である。1961年、クーデターに成功した朴政権が初めて成立させた法律が「孤児入養特例法」だった。この法律によって、海外に養子を送る際の手続きが格段に簡素化され、活発化する土台になったのだ。

朴政権の狙いは明白だ。当時、海外に養子を出すと、養子一人あたり5千〜1万以上のドルが斡旋料として支払われたのである。朴政権にとって、街に溢れる孤児問題が解決できるだけでなく、しかもドルまで稼げるとはこれ以上ありがたいことはない。開発独裁を全面に出していた朴に児童福祉の意識などあるはずもなく、多い時は1年で8千人以上の子どもたちが海外に「輸出」された。60〜70年代に韓国経済を潤わせた最大の輸出品は、カツラでもスニーカーでも車でもなく「子ども」であると経済学者に皮肉られているように、この時代が礎となって孤児の輸出大国という汚名が誕生したのだ。

政府の統計を見ると、2016年までに海外に引き取られた養子の数は延べ20万人にのぼり、その半数以上がアメリカに渡っている。アメリカが圧倒的に多いのは、朴政権の政策はもちろんのこと、当時アメリカで出生率の低下が問題となり、同時に人道的な孤児救済の運動が活発化した事情もあるようだが、建国以前からアメリカの支配下に置かれている（のと同然の）韓国の状況を考えれば、ドルを得られるアメリカがベストな選択だったのだろう。劇中ではスッキを通して、孤児たちにとってのアメリカという存在が象徴的に描かれている。

さて、朴政権下で作られた養子縁組の法律は子どもの人権を踏みにじる悪法だとして、当事者たちの抗議と陳情により2012年、成立から50年ぶりに改正された。だが、いつでも本人のルーツを調べられるように産みの親の連絡先を明らかにするといった内容が中心で、諸外国に比べると依然として甘いと言われている。要するに、海外に養子に行かせることそのものに対する問題意識が欠けているのだ。韓国国内での養子縁組は二の次で、なぜ海外養子縁組にばかり力を入れるのか。この問題について多くの専門家が口を揃えるのが、韓国社会に根強く残っている儒教的「純血主義」である。

父系による「血の繋がり」を何より重んじる韓国では、血の繋がりのない子ども（＝赤の他人）を養子に引き取ること自体がタブー視されてきた。純血ではないため「家門の血を汚す」というわけだ。この点については、血よりも「家」を重んじ、養子縁組や里親制度を通して昔から抵抗感なく養子を受け入れ、家を継がせてきた日本の考え方とはまったく異なる。日本の「どこの馬の骨とも知れない」という言い回しは、韓国では「どこの種かも知らない」という表現にあたるが、「種」というところに韓国の父系中心の純血主義が端的かつ克明に表れている。

もう一つの理由は、「未婚の母（と生まれてきた子ども）」に対する差別である。これもやはり女性に対する性的抑圧やタブーの多い儒教の影響だが、戦争という特殊な状況下における孤児を除き、捨てられる子の大半を「未婚の母」の子が占めているのは、周囲の目や差別を恐れての苦痛の選択といえる。こうして捨てられた「どこの種かも知らない」子を引き取ることを韓国人は拒んできたのであり、結果的に子どもたちを海外に送らざるをえなかったというわけだ。近年は国際的な批判も高まり、さすがに韓国社会も意識の転換を図って、著名人が率先して養子を引き取るなど国内の養子縁組が少しずつ増えてはいるものの、海外の養子縁組に比べるとまだまだ僅かな数だ。そもそも、先祖代々いろいろな血が混ざって子どもは生まれるはずなのに、父系（男性）のみの「純血」という無意味なファンタジーに囚われている限り、「孤児輸出」の汚名から抜け出す道は当分なさそうだ。

何より忘れてはならないのが、一番苦しむのは養子に出された子どもたち自身だということだ。彼らは親から捨てられた記憶や人種差別、アイデンティティをめぐる問題まで、大人になってからも苦しみを抱えて生きることが多いという。現に韓国ではそういった養子のための団体も発足している。本作でスッキと離れ離れになったジニは、穴を掘ってその中に入り自らを葬ろうとする。アッバス・キアロスタミ監督の『桜桃の味』（1997）のラストシーンを連想させるようなこの場面、9歳の子どもが無意識に「死」を選ぼうとする姿に、ジニの苦しみの大きさを想わずにはいられない。穴から出てきたジニは、一度自分を葬ったことで何かが吹っ切れたかのように、フランスへの養子縁組を受け入れ遠くの地に旅立っていく。

ジニの現在がウニー・ルコント監督であるとすれば、ジニは養親の下で幸福に成長したといえるかもしれない。だが養子をめぐっては、さらに信じがたい「噂」も存在する。当時、アメリカに養子にいく子どもたちを現地まで引率するアルバイトが密かに人気だった。アメリカに連れていって引き渡してしまえば、あとは悠々とアメリカ見物ができたからだ。実際、アメリカに子どもを連れて行った私の後輩は、アルバイト仲間の学生たちから「臓器目的で養子にとられる子どもがいる」という噂も耳にしたという。臓器移植が必要な己の子どものために養子をとり、孤児の健康な臓器だけを取り出すと、後はわからないように処分されるのだそうだ。当時、学生運動家が真相究明を求めて活動したりしたが、社会問題にはならずじまいだった。信じ難い、信じたくない話だが、真相を知るのはそう簡単ではない。

9歳の子どもの目線から韓国での最後の記憶が淡々と描かれている本作で、海外養子縁組が言及されることはない。だが、だからこそ逆に、語られていない韓国の現実が「余白」となって見えてくる。その余白には、依然として子どもたちを海外に送り続ける韓国に向けられた、静かで力強い疑問も刻まれているように思う。

37 社会問題

『ベイビー・ブローカー』

韓国で映画を撮った日本人監督たち　浮かび上がる韓国

◎物語

借金に追われるクリーニング屋のサンヒョン（ソン・ガンホ）は、児童養護施設出身で現在はベイビーボックスの施設で働くドンス（カン・ドンウォン）とともに、ベイビーボックスに預けられた赤ちゃんをこっそり連れ去って売り渡すブローカーをしていた。ある雨の夜、いつものようにポストの中の赤ちゃんを連れ出したものの、赤ちゃんの母ソヨン（イ・ジウン）が思い直して取り戻しに来たことから騒動に。警察への通報を恐れたサンヒョンとドンスは、仕方なくソヨンに赤ちゃんを連れ出したことを白状する。

「大切に育ててくれる家族を見つけようとした」との言い訳に呆れるソヨンだったが、彼らと一緒に養父母探しの旅に出ることになる。一方、半年間にわたりサンヒョンとドンスを尾行してきた刑事のスジン（ペ・ドゥナ）と後輩のイ刑事（イ・ジュヨン）も、現行犯逮捕の瞬間を狙い、静かに彼らの後を追っていくのだが……。

原題：브로커

製作：2022年（日本公開：2022年）　韓国／カラー／130分

監督・脚本：是枝裕和　撮影：ホン・ギョンピョ

出演：ソン・ガンホ、カン・ドンウォン、イ・ジウン、ペ・ドゥナ、イ・ジュヨン、イム・スンス、パク・ジョン

国際共同製作が当たり前となった時代に野暮な言い方ではあるが、東アジアにおいてはいまだ、他国の有名監督が自国で映画を撮るとなった場合、どちらの国にとってもそれは一大事である。是枝裕和監督の『ベイビー・ブローカー』は、彼が韓国の製作会社やスタッフ、そして韓国人キャストとともに作り上げた作品であり、製作当初から注目を集めていた。何しろ2018年にカンヌ国際映画祭で最高賞を受賞した『万引き家族』の是枝監督と、翌19年にカンヌの最高賞とアカデミー作品賞を受賞した『パラサイト　半地下の家族』で主演を務めた韓国の名優、ソン・ガンホがタッグを組むというのだから、期待するなと言う方が無理だろう。なお、2022年のカンヌでは、『ベイビー・ブローカー』でソン・ガンホが韓国初となる主演男優賞を受賞。映画としてはこれ以上ない船出となった。

〝韓国で映画を撮った日本人監督〟という視点で振り返ってみると、日韓の映画交流史には特筆すべきものがある。古くは戦時中、植民地朝鮮に渡り、戦争協力のプロパガンダ映画を撮った（あるいは撮らざるを得なかった）豊田四郎や今井正がいるが、戦後になってまず頭に思い浮かぶのは「大島渚」である。1964年、韓国に渡った大島は、60年の「4・19革命」で片腕を失った貧しい少女が、生活のため売春をするまで追い詰められてしまう様子を追ったテレビドキュメンタリー『青春の碑』を発表。翌65年には、靴磨きや新聞・ガム売りで生計を立てる街の貧しい子どもたちの写真を編集した短編『ユンボギの日記』を撮り上げた。興味深いことに、大島の訪韓時には「日本の前衛派監督」として大々的に、そして好意的に紹介し、韓国映画界の現状についてコメントまで求めた新聞が、映画の内容が韓国の厳しい現実を映したものだと知るや否や「朝鮮総聯に利用された左翼監督」と態度を一変させている。もっとも「韓国によろしくない映像は撮らないように」と念を押していた当時の朴正熙《パク・チョンヒ》軍事政権にとって、大島の作品は韓国の恥部をさらした、ゾッとするようなものだったに違いない。

大島のほかにも、50年代半ばから60年代にかけて日活で活躍した「中平康」は、シン・サンオク監督に招かれて韓国に渡り、自身のヒット作『紅の翼』（１９５８）のリメイク『청춘불시착《チョンチュンブルシチャク》（青春不時着）』（１９７４）を監督している。だが当時、韓国では日本大衆文化の紹介や、公の場での日本語の使用が禁止されていたため、中平は本名を名乗ることができず、「김대희《キム・デヒ》」という韓国名を使わざるを得なかった。この事実は、１９９８年に日本大衆文化の輸入が全面開放されるまで、公式的には「日本」は韓国内で遮断されていたにもかかわらず、水面下では映画人たちの交流が活発に行われていたことを示す好例である。

また、正確には日本人ではないものの、日本映画監督協会の理事長も務めた在日監督の「崔洋一」もまた、韓国で『ス　SOO』（２００７）を撮った。ヤクザの血なまぐさい復讐劇を感情移入を許さない冷たくリアルな描写で描いた本作は、興行的にはあまり成功しなかったものの、その後の韓国ハードボイルド映画に少なからぬ影響を与えたとされている。

こうした歴史の延長線に今回、名を刻むことになった是枝が撮り上げたのは、日本の「赤ちゃんポスト」にあたる韓国の「베이비박스（ベイビーボックス）」である。ベイビーボックスを素材に家族の在り方を追求した本作は、「韓国社会の現実を見つめた日本人監督」という意味では大島と、「日本人が撮った韓国映画」という意味では中平と共通しており、これら二つの流れの合流地点を築いたといえるだろう。是枝はこれまでにも、フランスのスタッフ・キャストたちと『真実』（２０１９）を作っているし、それ以前には韓国の名女優、ペ・ドゥナが『空気人形』（２００９）に主演している。もともと国境を越えた作品づくりの経験が豊富な上に、ポン・ジュノ監督やソン・ガンホらとも親交を深め、韓国映画界と蜜月関係にあったことを考えると、是枝が韓国で『ベイビー・ブローカー』を撮ったのもごく自然な流れだったのだろう。監督自身の言葉によると、日本の赤ちゃんポストと同じような施設が韓国にも存在すること、そしてこのポストに入れられる赤ちゃんの数が日本の約10倍だと知り、興味を持ってリサーチやシナリオに取り掛かったそうだ。

そもそもベイビーボックスは、捨てられる赤ちゃんを一人でも多く救うため、プロテスタント系の「주사랑《ジュサラン》共同体教会」が２００９年に教会内に設置したのが最初とされる。だがその是非をめぐっては、赤ちゃんの尊い命を守る最後の砦であるとする賛成論と、むしろ赤ん坊を捨てることを助長するという反対論が噴出した。教会の統計によると、設置から２０２２年までに、延べ１９８９人の赤ちゃんがベイビーボックスに預けられているが、その数を「救われた」と見るのか「捨てられた」と捉えるかによって、ボックスの是非も変わってくる。いずれにせよ、これほど多くの赤ち

ゃんが、親の様々な事情や、あるいは無責任な理由によって「預けられた」ことは紛れもない事実である。

統計をさらに細かく見ていくと、2010年に4人が預けられ、11年に35人、12年に79人と、設置からしばらくは小幅な増加だったのが、13年になるといきなり252人に急増し、その後も年平均で200人以上の赤ちゃんが預けられている。13年になぜここまで増えたのかといえば、それは前年に改正された「入養（養子縁組）特例法」の全面施行が関係している。この法改正は、海外への養子縁組を抑制して「孤児輸出大国」の汚名を払拭する目的で行われたもので、養子縁組の条件に赤ちゃんの「出生届」が義務化されることになったのである。つまり、養子に出したい親たちはその事情の如何にかかわらず、身元を明かさなければならなくなったのだ。将来、子どもが自分のルーツを知りたいと思った時に必要な情報を与えるという子どもの人権に関わる意味もあったのだが、現実には養子縁組の手続きを避け、身元を隠したままベイビーボックスに赤ちゃんを預ける親が急増する事態を引き起こした。

出生届がなければ養子縁組に託すことができないため、身元不明のまま預けられた赤ちゃんの未来はさらに不安定なものになってしまう。まさに本末転倒の結果となってしまったわけだが、親たちが身元を明かしたがらない背景には、儒教の伝統が重んじられる韓国で未婚女性の出産が依然として恥ずべきことと軽蔑され、母親だけでなく生まれてきた子どもまでもが酷い差別の対象となる、根深い問題が横たわっている。生まれて間もなく捨てられ、赤ちゃんが遺体となって発見される事件がたびたび起きているのも、そうした社会の偏見が生んだ悲劇にほかならない。

最近では、ベイビーボックスを支持する市民団体を中心に、実名でない出生届を認めて養子縁組を可能にする「秘密出産法」の制定と、「入養特例法」の再改正を求める動きも出始めている。こうした改善は、未婚の母と赤ちゃんの未来のために必要不可欠であると思う一方で、血の繋がりを何より重視し、他人の子どもを受け入れることに極端な拒否反応を見せる儒教的血族意識の強い韓国では、たとえ法律を変えたところで国内の養子縁組が活性化するだろうかという疑問も残る。国内に受け入れ先が見つからず、海外養子縁組に送られる子どもたちは昔より減ったとはいえ、他国に比べてまだまだ多い。さらに、養子縁組を〝ペットの飼育〟程度にしか捉えていない養父母による虐待事件もいまだ数多く報道されている（2020年に起きた「ジョンインちゃん虐待死事件」も記憶に新しい）。「どうせ他人の子」という歪んだ意識から、いとも簡単に暴力にさらされる子どもたちもまた、韓国社会が生んだ被害者なのである。

長い年月の間に培われたこうした悪しき伝統を変えるのは、そう簡単ではないだろう。しかしだからこそ、『ベイビー・ブローカー』を是枝が韓国社会に送ったメッセージとして捉えることが重要ではないだろうか。是枝はこれまでにも様々な作品で〈家族の在り方〉を描いてきた。そして監督は、『歩いても　歩いても』（2008）や『海よりもまだ深く』（2016）のように、血の繋がった家族に潜む秘密やわだかまりを通して家族の他者性を浮かび上がらせる一方で、『誰も知らない』（2004）『海街diary』（2015）『万引き家族』（2018）では、本来は血の繋がりのない者たちが家族を形成していく過程を描き出し、疑似的な家族にこそ人間的な結びつきを見出してきた。『そして父になる』（２０１３）はまさにそうしたテーマと直に向き合った作品であり、是枝のテーマ性、作家性を世界は高く評価してきたのだ。

『ベイビー・ブローカー』においても、妻と離婚し娘とも離れて一人で暮らすサンヒョン、児童養護施設出身のドンス、赤ちゃんをベイビーボックスに預けた未婚の母ソヨン、未婚の母への憎悪を持つ刑事のスジン……と、主要な登場人物たちは誰一人、いわゆる〝普通の家庭〟を築いていない。そんな彼らが、赤ん坊の幸せをそれぞれに願いながら、自分たちも少しずつ一つの家族となっていく様からは、家族は様々な形で存在するものであり、血だけが家族の印であるという強迫観念から解き放とうとする、是枝の優しく力強いメッセージを感じることができる。理想化され過ぎているのではないか、観ていてこそばゆいといった意見さえも、彼らが血で繋がっていないからこそ意味を持ってくるように思う。本作が、カンヌでカトリックとプロテスタントのキリスト教統一組織による審査員によって「人間の内面を豊かに描いた作品」に贈られる「エキュメニカル審査員賞」を受賞した背景にも、血の繋がりを超えた家族の在り方を描いた普遍性が評価されたからに違いない。

大島渚はかつて、韓国という他者を鏡にして日本を見つめようとしていた。『ベイビー・ブローカー』が日本でどのように見られ、韓国という鏡が日本にどのような照射をもたらすのか、楽しみに見守りたい。

『殺人の追憶』

連続殺人と軍事独裁という絶妙なメタファー

◎物語

1986年の京畿道《キョンギド》・華城《ファソン》。田園風景の広がる田舎の用水路で、レイプ・殺害された若い女性の遺体が発見される。同様の犯行が相次いだことで一帯が恐怖に包まれるなか、地元警察はク・ヒボン課長（ピョン・ヒボン）のもと、刑事パク・トゥマン（ソン・ガンホ）とチョ・ヨング（キム・レハ）、そしてソウル市警からやってきたソ・テユン（キム・サンギョン）が加わり、捜査にあたることに。「勘」に頼るパク刑事と書類に基づき綿密な捜査を進めていくソ刑事はことごとくぶつかる。パクは知的障害を持つクァンホ（パク・ノシク）を容疑者として逮捕するが、現場検証で彼は犯行を否定、自白も捏造によるものだったことが判明する。

再び振り出しに戻った警察は、シン・ドンチョル課長（ソン・ジェホ）のもと「雨の日、赤い服を着た女性が犯行の対象」という共通点からおとり捜査を試みるも、犯行は止まず刑事らは窮地に追い込まれていく。女性警官のギオク（コ・ソヒ）が見つけたもう一つの共通点から、新たな容疑者パク・ヒョンギュ（パク・ヘイル）が浮上するが、彼は犯行を全面否定。刑事らは動かぬ証拠を手に入れるために、最後の一手に打って出るが……。

原題：살인의 추억　原作：キム・グァンリム作「私に会いに来て」、1996年初演（演劇）
製作：2003年（日本公開：2004年）　韓国／カラー／130分
監督・脚本：ポン・ジュノ　脚本：シム・ソンボ　撮影：キム・ヒョング
音楽：岩代太郎
出演：ソン・ガンホ、キム・サンギョン、パク・ヘイル、キム・レハ、ソン・ジェホ、
ピョン・ヒボン、パク・ノシク、チョン・ミソン、イ・ジェウン

韓国現代史には「３大未解決事件」と呼ばれる凶悪な犯罪事件がある。１９８６年から91年まで京畿道・華城一帯で10人の女性がレイプ・殺害された「華城連続殺人事件」、91年に慶尚北道《キョンサンブクド》・大邱《テグ》で５人の小学生がサンショウウオを取りに行くと家を出たあと行方不明になり、11年後に白骨化した遺体が発見された「カエル少年失踪事件（事件当初、誤ってカエルと伝えられため、このように呼ばれた）」、同じく91年、ソウルで小学生が誘拐されたが、数十回におよぶ犯人とのやり取りにもかかわらず身代金のみを奪われて逮捕に失敗、男の子は１ヶ月後に遺体で発見された「イ・ヒョンホ君誘拐殺害事件」である。

社会を震撼させたこれらの事件はすでに時効を過ぎているが、現在に至るまでたびたびテレビで取り上げられ、ドラマや映画のモチーフになってきた。映画化作品だけでも、華城連続殺人事件は『殺人の追憶』、カエル少年失踪事件は『帰ってきて　カエル少年』（チョ・グマン監督、１９９２、日本未公開）『カエル少年失踪殺人事件』（イ・ギュマン監督、２０１１）、イ・ヒョンホ君誘拐殺人事件は『あいつの声』（パク・チョンピョ監督、２００７）が挙げられる。未解決事件に対する国民の関心の高さが見てとれるが、これらがなぜ「未解決」であるかについては、事件当時の初動捜査ミスや証拠捏造、誤認逮捕など、警察側の体制の問題や未熟な科学捜査技術なども問題だったというのが、世間一般の認識である。

ところが2019年、華城連続殺人事件の真犯人が特定されたというニュースが突然舞い込み、人々を驚かせた。犯人の名前は「イ・チュンジェ」で、1995年に義妹をレイプ・殺害した罪で逮捕、無期懲役の判決を受けて現在も服役中であるということだった。最初の事件からは33年、最後の犯行が時効を迎えてからは13年もの年月が経ってついに、事件は解決を見たのだ。既に時効を迎えているため法的に彼の罪を問うことは不可能だが、警察は諦めずに唯一の手掛かりとされていたDNA追跡を続け、その甲斐あってDNA情報が決め手となって犯人の特定に至った。警察側の技術や体制もさすがに進歩していたようである。

このニュースによって再び注目を集めたのが、ポン・ジュノ監督の出世作となった『殺人の追憶』だった。「犯人は必ず捕まる」「忘れないことが犯人への懲罰になる」といった公開当時の監督のコメントが再び取り上げられ、刑事役を務めたキム・サンギョンも「事件がようやく終わったことで、被害者や遺族が少しでも慰められることを願う」とコメントを出した。映画の再上映が相次ぎ、映画で描かれた犯行内容や犯人像がかなり実体に迫っていたことも話題となった。ちなみに真犯人は刑務所内でこの映画を観たそうだが、「別に何も感じなかった」そうだ。連続レイプ・殺人事件の発生から未解決のままの現在（製作当時）までを描いた本作は、同事件を題材にして評判を得ていた演劇作品「私に会いに来て」を原作にしている。舞台では一人の役者が複数の容疑者を演じているのに対し、ポン・ジュノは原作の良さを生かしつつ、リアリティを強化して犯行を再構成、さらにコミカルな要素や政治的隠喩も盛り込んで、骨太なエンターテインメントに仕上げた。今や誰もが認める国民的な俳優ソン・ガンホと、ポン・ジュノの「名コンビ誕生」を世に知らしめた作品でもある。

それでは実際の事件の推移と映画の展開を照らし合わせながら具体的に見ていこう。事件は1986年に4件、1987年に2件、1988年に2件、1990年に1件、1991年に1件と合わせて10件が起きた（ただしこれは華城に限ってであり、真犯人のイ・チュンジェは他にも4件同様の犯行を犯している）。1986年に起きた4件のうち二人の遺体が用水路で発見されたこと、犠牲者が着用していたストッキングや下着が犯行に使われていたという共通点は、映画でも冒頭部分で象徴的に描かれている。また映画にも組み込まれた「赤いワンピース」という共通点は、4人目の犠牲者が赤いワンピースを着ていたことから後に「赤い服の女性が狙われる」とのデマが一時広まったことに由来している。だが当時の警察は最初の4件の関連性を認めず、個別の事件として捜査に当たった。「連続殺人事件」の概念や認識がろくになかった時代だったとの説もあるが、2年後にオリンピックを控えていたこの時期、地元警察が全斗煥《チョン・ドファン》軍事政権に忖度して事件の矮小化を図ったからではないかとも言われる（オリンピックというものは時代や国を問わず多かれ少なかれ厄介な存在だ）。全斗煥軍事政権という時代背景は、本作でもいくつもの場面でさりげなく挿入されているが、それについては後で取り上げる。

連続殺人事件と認められ、本格的な捜査が始まったのは1987年、6人目の犠牲者が出てからだった。頼りにならない警察に対する地域住民の抗議や反発、メディアの報道によって世論が悪化、事の深刻さを認識した警察もようやく本格的に動き出したというわけである。だが、当初からの杜撰な捜査のせいで犯人逮捕に繋がるような証拠はほとんどなく、捜査が難航するのは必至だった。こうした背景は、映画の冒頭で子どもたちが事件現場を駆けずり回り、耕運機が犯人のものと思われる足跡を消し去る場面で風刺されている。警察が右往左往している間にも犠牲者は後を絶たなかった。焦った警察は何人もの容疑者を逮捕し、拷問してウソの自白をさせたり、証拠を捏造するなど強引な捜査を繰り返した。こうした警察側の醜態はのちに明らかになり、容疑者たちは釈放、責任者はクビになったりもした。だが容疑者とされた人々のなかには、拷問の後遺症で精神を病み線路に飛び込んで自殺した者や、拷問中の暴力で脳死状態になった者など、悲惨な結末を迎えた人も少なくない。容疑者のなかで唯一「犯人」とされ、無期懲役の判決を受けて20年もの間収監されていた人もいる。1988年、8件目の犯人として逮捕された彼は、真犯人が特定されたことで再審を請求し無罪判決を受けた。さらに驚くべきは、真犯人であるイ・チュンジェ自身も3度にわたり容疑者として取り調べを受けていたことである。だがその都度、血液型や足跡が一致しないことから逮捕には至らず、警察は犯人逮捕の機会を逸し続けさらなる犠牲者を生むことになった。

本作のクライマックスとして描かれる事件とその容疑者についても触れておこう。映画では1990年、9人目の犠牲者となった女子中学生の殺害事件について、犯行の手口や残忍な死体損壊、DNA鑑定の不一致による釈放までほぼ忠実に再現している。劇中では「歌」という手がかりから容疑者パク・ヒョンギュが浮上、頑として認めない彼と刑事たちの攻防、そしてDNA鑑定の結果は……という形で描かれるが、実際の容疑者も拷問によってウソの自白をしたとメディアに主張し、警察はまたも世論に叩かれる事態となった。確かな証拠を示すため、警察はＤＮＡ鑑定の手段に出たわけだが、当時の韓国警察にはＤＮＡ捜査の技術がなく、採取したＤＮＡと容疑者のものを日本（劇中ではアメリカ）の捜査機関に依頼、結果は「不一致」で容疑者釈放となるのは本作で描かれた通りである。１９９１年、10人目の犠牲者を最後に華城での連続殺人は止まったが、翌１９９２年、ようやく韓国でも本格的なＤＮＡ捜査が導入された。当時は間に合わなかったものの、その後はＤＮＡデータベースも構築され、過去の未解決事件の証拠品からＤＮＡを採取して捜査をし、様々な事件で逮捕された犯人たちのＤＮＡを蓄積していった結果、今回の真犯人特定に至ったというわけだ。現在、事件の正式名称は華城の住民たちの要望により「イ・チュンジェ連続殺人事件」に変更されている。

このように、本作は実際の事件をかなり忠実に取り入れ、警察側の実態を正確に描いたうえで、それをスリリングにシニカルに、コミカルさも混ぜながら非常に魅力的に描き出しているわけだが、決してそれだけで終わらせないのがポン・ジュノ監督である。ここからは、事件の背景にある「全斗煥軍事独裁政権」の時代が、映画にどのように盛り込まれているか、監督がそこにどのようなメッセージを込めているかを考えてみたい。

前面には出てこないものの、この事件が全政権下で起こっていることは映画の細部の描写で的確に表現されている。例えば、この地を通る「大統領閣下」の歓送のために女学生たちが動員される場面（そこに突然大雨が降りだす描写で新たな事件と犠牲者の予感が喚起される）、パク刑事の部下であるチョ刑事も駆り出されて暴力的にデモ隊を鎮圧する場面、また1986年に起きて国民の怒りを買ったいわゆるソウル大女学生性的拷問事件として知られる「富川《プチョン》警察署性拷問事件」の首謀者であるムン・ギドン元刑事逮捕のニュース、そして何度も登場する「民間防衛訓練」と「灯火管制」である。北朝鮮との対立がまだ生々しかった当時は、学校で定期的に防衛訓練を行い、夜間の訓練時には灯火管制が敷かれたことで犯罪件数も増えたとされている。これらの場面が軍事独裁政権の暴力性や抑圧ぶりを喚起しているのはもちろん、映画全体を覆う「暗さ」や「雨」もまた、時代の雰囲気を出すために作り手側が意識的に用いている表現である。

なかでもこの「時代」を具現化しているキャラクターが、常に暴力を振るうチョ刑事である。軍用ジャンパーと軍靴に身を包んだ彼は、まさに軍事政権の暴力性の象徴であり、彼はその軍靴でデモ隊を踏みにじるのだ。だがそんな彼が、喧嘩の最中に靴の上から釘を刺され、放置していた結果、破傷風になって足を切断する羽目になるエピソードはとりわけ隠喩に満ちている。切断手術が行われる日、病院でパク刑事に渡された同意書の日付には「1987年10月20日」と記されている。そう、いつの間にか映画の時間は軍事政権が実質的に倒れたあの1987年6月の民主化闘争の後に移行していたのだ。軍事政権が国民に屈服し、歴史から「退場」せざるを得なくなったのと同様、この場面を最後にチョ刑事も物語から「退場」するのである。こうした演出には、連続殺人事件と軍事政権時代が決して無関係ではないことを喚起させる監督の意図があったのではないか、と私は思う。

全斗煥は光州で大量虐殺を犯したにもかかわらず、国家の最高権力者になった。その後も政権維持のため、政権に反発し抵抗する人々を排除し続けてきた。街から組織暴力（ヤクザ）を一掃し更生させるという建前で、実は大勢の学生運動家や反政府的なジャーナリストを強制的に軍隊に入隊させ、閉鎖的な環境で好き勝手に暴力を振るった「三青教育隊《サムチョン》」が代表的な例だ。軍事政権への抵抗を試みた罪なき人々が、どれほど連行されては殺されたことだろうか。私は軍隊時代、何度も軍用道路の整備に動員されたが、時に地中から人骨が出てきて驚いたことがある。当時の部隊長が「おそらく三青教育隊に入れられた人のものだろう」と言ったことも鮮明に覚えている。実際98年には韓国国防省が、三青教育隊によって「死亡者52名、後遺症による死亡者３９７名、精神障害などの障がい者２６７８名」が発生したと発表している。これはまさに国家権力による「連続殺人事件」だったのだ。

うす暗い地下の取調室で容赦なく行われる暴力と、真っ暗な田舎の夜道で起きる殺人という暴力は、本質的には同じである。虐殺という暴力で権力を手にした者が、「正義社会実現」を政権のスローガンとして大々的に宣伝し、「暴力」が「正義」に化けて罷り通っていた時代、それこそがこの連続殺人事件の背景である。レイプと殺人で邪悪な欲望を満たしたイ・チュンジェを生み出したのは、暴力で自らの欲望を満たした権力者が支配していた韓国社会そのものではなかったか。ポン・ジュノ監督が何度もさりげなく、象徴的に時代を映す要素を本作に入れたのは、「正義」に化けたあらゆる「暴力」を我々は忘れてはならない、さもなければ（国家・個人レベルでの）「連続殺人」はいつでも起こり得るというメッセージを伝えるためだったのではないだろうか。事件は終わりを告げた。だが「忘れない」こと、それが私たちの権力、そして権力が行使する暴力への眼差しとなるだろう。

39 社会問題

『サムジンカンパニー1995』

「英語」を武器に下剋上を目論む高卒女性たちの反乱

◎物語

1995年、金泳三《キム・ヨンサム》大統領の「世界化」宣言によってソウルの街には英語塾が急増、社会は英語ブーム一色になっていた。大企業のサムジン電子は、社内にTOEICクラスを設け、高卒の女性社員でも600点を超えたら「代理（日本でいう係長）」に昇進できるチャンスを与えると告知する。入社8年目を迎える高卒組のイ・ジャヨン（コ・アソン）、チョン・ユナ（イ・ソム）、シム・ボラム（パク・ヘス）は、実務能力は優秀だが、掃除やお茶くみなどの雑用ばかりさせられる毎日に辟易し、昇進の希望を胸にTOEICクラスを受講する毎日だ。

そんなある日、雑用のため工場に出向いたジャヨンは、工場から有害物質が川に流出しているのを偶然目撃してしまう。ユナ、ボラムとともに会社の隠蔽工作を明らかにしようと奮闘し、解雇の危機にさらされながらも決して諦めない彼女たちは、やがて会社の巨大な陰謀を知ることになるのだが……。

原題：삼진그룹 영어토익반

製作：2020年（日本公開：2021年）　韓国／カラー／110分

監督：イ・ジョンピル　脚本：ホン・スヨン、ソン・ミ　撮影：パク・セスン

出演：コ・アソン、イ・ソム、パク・ヘス、チョ・ヒョンチョル、キム・ジョンス、キム・ウォネ、ペ・ヘソン、デヴィッド・マクイニス、ペク・ヒョンジン、パク・クニョン、イ・ソンウク、チェ・スイム、イ・ボンリョン、イ・ジュヨン

1987年6月の民主化闘争によって大統領の直接選挙を勝ち取った韓国では、93年、長かった軍事政権も終焉を迎え、待ちに待った民間による政権「金泳三文民政府」が誕生した。抑圧的・閉鎖的な軍事政権との差別化をはかるため、金大統領は「新韓国の建設」をスローガンに打ち出し、新しく生まれ変わった民主国家として世界を先導する韓国像の形成に力を注いでいった。そんな韓国社会には30年にわたって続いてきた軍事政権の残滓を清算すべく様々な変化の風が吹くようになった。たとえばそれまで続いてきた「大統領閣下」という呼称は、独裁の名残である「閣下」が権威主義的だとして使用禁止になり、通行禁止だった大統領官邸前の道路は、バリケードを撤去して国民に開放した。このような目に見える変化とともに、かつて横行していた政財界の「黒い金」を断ち切るために政府高官の財産を公開するなど、文民政府の透明性を大々的にアピールしたのである。

対外的にも大きな変化が起こっていた時期だった。世界的な貿易の自由化を目指して「ウルグアイ・ラウンド（関税・貿易に関する多国間交渉、そこからWTOの設立に繋がった）」が妥結し、企業の海外進出も活発化していた。韓国政府も貿易市場を全面開放すると同時に、世界レベルで闘えるグローバルな韓国を目指して「世界化」を高らかに宣言、1995年をその元年とし「世界化推進委員会」も立ち上げた。実際、1996年には「先進国仲間入りの目安」でもあった一人あたりの国民総所得が1万ドルを突破するなど、先進国の一員として世界に名を連ねる「新韓国」は早くも実現しつつあったのである。こうして、国民を狭い国内に閉じ込めてきた軍事独裁は完全に終わりを告げ、これからは自由に世界に羽ばたくのだと国民の誰もが実感していたのだが、まさかその1年後に悪夢のようなIMFが襲ってくるとは、この時は知る由もなかった。

このように文民政府の旗揚げからわずか3年の間に韓国社会は目まぐるしい変化を遂げたわけだが、なかでも最も目立っていたのが「英語フィーバー」である。海外進出のために、言葉の壁は当然クリアしなければならない問題ではあるが、当時の韓国において英語は、コミュニケーションツールであることを超えて、いつしか個人の能力を規定するためのバロメーターとしてその存在感を高めていったのである。

こういった社会的変化を背景にしたのが、『サムジンカンパニー1995』である。俳優としても活躍するイ・ジョンピル監督は、「この作品は、真面目で平凡な末端の女性社員たちが大企業の不正に立ち向かってファイトする物語」だが、「ファイトだけでは終わらせず、勝利するまでを描いたスカッとする映画」であると述べる。確かに本作は、有害物質の流出という「実話」をモチーフにしているものの、実話であることの真実味には重点を置いておらず、やや非現実的な物語を通して今の韓国に通じる問題提起を試みているように見える。観客からも「懐かしさを感じると同時に今を考えさせられる」「社会的に示唆するところが多い」といった感想が目立ち、コロナ禍の公開にもかかわらず大ヒット、韓国有数の映画賞である第57回百想《ペクサン》芸術大賞の作品賞を受賞した。

ここからは、映画に描かれたこの時代の社会や変化を四つのキーワードから解説していこう。

①英語フィーバー

生まれ変わった民主国家、韓国のグローバル化とそれゆえの英語フィーバーについては先述の通りだが、その決定打となったのが、韓国トップの財閥企業である「サムスン」が「入社試験にTOEICを導入」したことだった。もちろんそれ以前からどの会社にも英語の入社試験はあったが、あくまで文法と読解を中心とした学校の英語教育の延長であり、実用性は完全に無視されていた。ところが韓国の若者なら誰もが憧れる大企業のサムスンが、当時実用英語の代名詞であったTOEICを電撃的に導入、それが韓国の就職活動に大変革をもたらしたのである。

多くの会社がサムスンに追随したのは言うまでもない。街には雨後の筍のように英語専門塾が増殖し、本作のように社内にTOEICクラスを設けて人事に反映する会社も現れた。大学の風景もガラリと変わった。キャンパスのあちこちで「TOEIC特別講座」が開講され、就活生たちは専攻は後回し、「独裁打倒」や「ヤンキーゴーホーム」といったデモ運動はどこへやら、机にかじりついて必死で英語を勉強するようになった。兵役中に詩人の夢を諦め、再び社会に戻ってきた私も、大学4年生だった1995年には必死にTOEIC塾や特別講座に通って勉強した。600点以上の成績がなければ志願すらできない会社も多く、英語が人生を決めてしまうといっても過言ではなかった。英語熱は未来の若者である子どもたちにも波及し、ネイティブに近い発音ができるという噂に煽られて、我が子の「舌のつなぎ目」を切る手術が流行する事態にまで発展した。このような、英語力を基準に個人の能力を判断するという流れは今も健在であり、高卒であるために最初から昇進の道が閉ざされたジャヨンたちがTOEICに夢を託す姿は今でも十分に共感を呼ぶ。本作の原題が『サムジングループ英語TOEIC班』であることからも、映画での高卒女性社員たちの活躍ぶりが、英語学習と強く結びついていることがわかるだろう。

②フェノール排出事件

日本でも有機水銀の流出による「水俣病」やカドミウムによる「イタイイタイ病」などの公害が知られているが、韓国では1991年、韓国屈指の財閥の一つ、斗山《ドゥサン》グループの子会社、斗山電子が有害物質である「フェノール」をこっそり川に排出し、近くの大邱《テグ》水域の水道水貯水タンクに流入、水道水からの悪臭に異様さを感じた市民によって事件が発覚した。斗山電子は当初、フェノールの数値を改ざんし専門家まで動員して無害を主張したが、市民団体の調査によってがんの誘発や、最悪の場合は死に至るほどの夥しい量のフェノールが含まれていることが判明したのである。改ざんに加担した職員らは逮捕され、斗山グループの会長は被害者への補償はもちろん、再発防止のための設備強化を約束して辞任、この事件をきっかけに環境犯罪厳罰化の特別法が成立して、全国の水源を持つ主要な河川を監視する環境管理委員会も組織された。

本作では1995年の出来事になっているが、実際には1991年に起こった事件であり、また映画ではジャヨンら社員の闘いに置き換えられているが、実際には市民や市民団体が結束して政府や大企業に立ち向かったという違いはあるものの、数値の改ざんや会社の隠蔽などの描写も含めて、確かに実際の出来事に基づいて描かれている。だがこの事件はそれ以上に、目先の結果だけを追求していればよかった軍事政権時代の「開発独裁」がもうこれ以上通用しないことを政府、企業、国民も気づき始めたこと、そして市民が自分たちで自らの暮らしを守ったという点で、社会を作るうえで個人の連帯が重要であると証明したことにおいて大きな意味を持っていた。だからこそ多少年代が違えども、映画にとって不可欠な要素として取り入れたのだろうと考えられる。

③企業買収・合併のM&A

フェノール排水事件に続き、映画の後半の核となる買収・合併についても一言付け加えておきたい。本作で描かれるのは、買収の標的にした会社の株を大量に取得し、支配権を握って牛耳ろうとするいわば外国資本による「敵対的M&A」である。だが歴史的には、韓国で外国資本によるM&Aが認められたのは1997年からであり、つまり本作の舞台となっている1995年時点では外国資本によるM&Aはまだ認められていないため、現実的に考えると社長の企みは成立し得ないことになる。だがそれでも、フェノール排水事件とともに90年代を象徴する社会的変化として、映画の重要なモチーフに加えられたであろうことを認識しておきたい。

④女子商業高校出身者

ジェンダー平等や男性中心社会からの脱却がこれまで以上に重要になっている現在、映画を観て最も気になるのが、ジャヨンら高卒出身者の女性社員たちの立場ではないだろうか。私がやっとの思いで就職を果たした1996年にも、会社には高卒の女性社員が大勢いて、同期の大卒女性が私服なのに対してなぜか彼女たちだけが制服を着ていた。つまり社内では高卒かどうかが一目でわかるようになっており、掃除やお茶くみ、部長の机の花瓶に毎朝新しい花を挿しておくのが仕事だった彼女たちに、他の社員も平気で用を言いつけられる仕組みだったのだ。そんな彼女たちの多くは、就職のための「女商」と呼ばれた高校の出身者だった。

韓国では経済的な事情、あるいは「娘」という理由だけで、優秀であるにもかかわらず「女商」に進学せざるを得なかった女性が数多く存在する。『82年生まれ、キム・ジヨン』や『はちどり』でも描かれていたように、男尊女卑の強い韓国では、学業において女性が男性の犠牲になることが少なくない。だがそれ以上に問題なのは、高卒であるという理由だけで彼女たちを下に見て雑用を押し付け、それを当然と考えてきた男性中心社会の現実だろう（同時に女性同士でも大卒か高卒かでヒエラルキーを作ろうとする社会の根深さも描かれている）。さらに彼女たちの仕事内容から、入社時に実力よりも容貌を重視する会社も多く、「女商」では勉強よりもダイエットや整形手術が盛んだと社会問題にもなった。だからこそ本作は、多少非現実的に映ったとしても、社会のヒエラルキーの中で不可視な存在となっていた彼女たちを主人公に、彼女たちの連帯が権威的な力に立ち向かって勝利するという構図が必要だったのだろう。めげずに大きな力に立ち向かい、TOEICテストにもクリアすることで「高卒」のレッテルから解放され、出世街道を意気揚々と突き進む彼女たちの姿は、社会におけるジェンダーと学歴の不均衡の根本的解決を示してはいないが、それでも努力や勇気で変化を起こせるというメッセージは一定の有効性を持つものと言えるだろう。

80年代に軍事独裁という巨大な敵を倒した後、韓国における90年代の運動は、民主化への歩みとともに個人の暮らしの向上が大きな目的となった。その中で大学の学費引上げ阻止や障がい者の就職差別撤廃が盛んになり、人権や環境問題を訴える市民団体も急激に増えていった。こうした運動は、非正規・外国人労働者や難民保護の問題など、さらに細分化して現在に至っており、様々な面から「権力」を監視する社会的装置として機能している。韓国で今も毎日のようにデモや集会が開かれているという事実は、それだけ社会に問題が多いという意味でもあるが、市民が自らの手で権利を勝ち取り生活を向上させることを信じて実践している、社会の健全さの証でもある。

1995年という年はまた、三豊《サンプン》百貨店の建物が崩壊し、多くの人が犠牲になる大惨事が起きた年であることも忘れてはならない。『はちどり』で描かれた94年の聖水《ソンス》大橋の崩落に続いて、軍事独裁時代の不正や腐敗が原因の手抜き工事の結果が、最悪な形で現れたのだ。本作は観客をスカッとさせてくれるお仕事コメディではあるが、こうした歴史的事実も踏まえると、「新韓国」が真に乗り越えなければならないもの、そして未だ乗り越えられていないものに想いを馳せてしまうような、深い余韻をもたらす作品なのである。

40 社会問題

『整形水』

「美」は誰の欲望か？　外見至上主義と整形大国の関係性

◎物語

幼い頃、バレエの才能を見せていたイェジは外見という壁にぶつかり、トラウマを持ったまま今は人気タレント、ミリのメイク担当として働いている。ミリからは毎日のように罵倒され蔑まれるなか、偶然出演する羽目になったテレビショッピングの番組でのイェジの姿がネット上に広まり、自分への悪質な書き込みにショックを受けた彼女は、部屋に引きこもるように。そんなある日、噂で聞いた「整形水」がイェジのもとに届けられる。それは使えば思うがまま、簡単に整形ができるという水だった。半信半疑ながらも試してみると、イェジは顔から身体まで信じられない変貌を遂げ、彼女に向けられる周囲の視線も一変する。さらに美しくなるため、イェジは巨額の借金を重ねて整形水にのめり込んでいくが、彼女の整形への欲望はやがて恐ろしい方向へと逸脱していく。

原題：기기괴괴 성형수

原作：オ・ソンデ「奇奇怪怪：整形水」2018（ウェブトゥーン）

製作：2020年（日本公開：2021年）　韓国／カラー／85分

監督：チョ・ギョンフン　脚本：イ・ハンビン

声の出演：ムン・ナムスク、チャン・ミンヒョク、チョ・ヒョンジョン、キム・ボヨン

「整形」と聞くと、私には頭に浮かぶ二つの記憶がある。一つは今から10年ほど前、偶然目にしたあるテレビドキュメンタリーだ。顔と身体に重度の火傷を負った韓国人女性を取り上げたその番組は、韓国で数多くの病院を転々としたものの、すべての病院から「手術は不可能」という絶望的な答えしか得られず、藁にもすがる思いで日本にやってきた女性を取材していた。そして、初めて訪れた病院の医者から「難しいが、希望はある」と言われて号泣した彼女は、数ヶ月後、手術を経て火傷の跡が大分改善され、カメラの前で明るく微笑んでいた。私は、日本の医療技術の高さとそれが傷ついた人々に与える希望に感心しつつ、整形大国と言われる韓国でなぜそれができないのかを不思議に思った。

もう一つの記憶は、結婚相談所に登録するために整形をしたという知人女性のことである。就職して間もない1996年、ある集まりで久々に会った彼女の印象が以前とは変わっていたものの、どう尋ねていいものかと気を揉んでいた私に、彼女のほうから「目と鼻を整形した」と明かしてくれた。なるほど、確かにまぶたは二重に、鼻筋は高くなっていて、前よりくっきりとした印象の顔に整えられていた。彼女曰く、両親に結婚を急かされ、相談所に行ったところ勧められたらしい。少しでも「美人」になったほうがより良い男性に出会えるチャンスに繋がる。思い返せば、当時こういった認識はすでに根づきつつあった時代だった。

これらの記憶から浮かび上がるのは、韓国における整形の現状である。なぜ韓国人女性は韓国での整形を諦めざるを得なかったのだろうか。一方、なぜ知人女性はいとも簡単に整形を受けられたのだろうか。もちろん、私は医療に関してはまったくの門外漢であり、ましてやその内部事情などはわからない。だが韓国メディアが報道しているように、韓国は人口100万人当たりの美容整形専門医の数が世界一（2014年国際美容外科学会統計）であり、それはソウルの街に溢れている美容整形病院が証明している。一方で火傷など事故による身体の損傷を回復させる再建整形病院は、大学病院のような大規模の総合病院などごくわずかな数にとどまっている。実際、韓国で「整形」は美容整形を意味し、再建整形は美容整形に吸収されつつあるとの報告もある。こうした背景によって、私の記憶の中の二人の女性が生み出されたと言える。

だが一体なぜ、韓国では美容整形だけが雨後の筍のようにはびこるようになったのだろうか。「親からもらった身体は命より大事」を、声を荒らげて教え込んできた世界一の儒教大国・韓国はどうしてそれに反するどころか「整形大国」とまで言われるようになったのだろうか。

インターネットで連載され大人気を集めたウェブトゥーン「奇奇怪怪：整形水」を原作に、予断を許さない逆転に逆転を重ねる物語や、アニメ的想像力を存分に発揮した画面演出を通して「美」に対する歪んだ欲望の行く末を描いたホラーアニメーション『整形水』は、「外見ですべてを判断しようとする悲劇を伝えたかった」という監督の言葉通り、韓国での整形の現実を十分に反映していると高く評価され、低予算インディーズ映画ながらヒット作となった。アヌシー国際アニメーシヨン映画祭をはじめ世界有数の映画祭にも招かれるなど、海外でもその完成度や芸術性を認められた作品である。

韓国における整形手術の技術自体は西洋医学が到来した頃からあったはずだが、新聞などによれば、今現在のような美容整形が流行り始め整形を促すような広告が目立つようになったのは1980年代からのようだ。ただし、これはあくまでも法的に問題のないクリーンな病院の広告であり、実は「ヤメ」と呼ばれる無免許の整形はそれ以前から存在していた。「ヤメ」とは日本語の闇医者の「ヤミ」の韓国訛りで、「あそこの娘はヤメで鼻を直した」といった話を母から度々聞いたことをよく覚えている。

その後1990年代半ばになると、整形の広告が格段と増え施術を受ける女性も急増した。当時を象徴的に物語るのが、1996年にあるインターネット会社が始めた「整形手術情報サービス」である。有名な医者の紹介や手術の副作用、注意点から、避けるべきヤメの情報まで発信したこのサービスは、韓国ですでにどれほど整形が日常化しているのかを端的に表している。だがここで注目したいのは「1990年代半ば」という時期だ。1990年代に入って女性の社会進出が活発になったのはよく知られているが、それに伴い整形も右肩上がりに伸びたという事実が示すのは、ライバルたちの中で少しでも有利に立とうとする就職活動対策としての整形であった。とりわけ、正社員の解雇が簡単にできるようになり、非正規労働者が爆発的に増えた97年のIMF時代の「就職大乱」は、女性を実力より外見で判断する「外見至上主義」を暴走させた原因の一つとも言われる

（ちなみに、整形しても就職できずに、今度は少しでも良い条件の男性を探して積極的に婚活することを「취집《チジップ》（就職＋結婚の合成語）」と呼び、嘲笑の対象となっていた）。

こうした流れは収まることなく年々拡大し現在に至っているわけだが、整形を煽る外見至上主義は「女の変身は無罪」といった広告コピーや「美人だから許す」といった類のセリフを平気で口にするようなドラマをも量産、そこに潜む女性差別を見えないものにしてしまった。こうしていつの間にか「社会通念」と言えるほど一般化していった状況は、本作で主人公のイェジがソレに変貌していく様子を通して生々しく描かれている。罵倒されバカにされていたイェジが整形水を使い「美しい」ソレに変わった途端、イェジとしては味わったことのない男たちの熱い視線を浴び、ソレは当然、外見がすべてという歪んだ欲望に突き進んでいく。

だが問題は、この欲望はそもそも「誰の」欲望かということだ。この場合、欲望の根源的な持ち主は女性ではなく間違いなく男性である。ソレになったイェジの「美しくなりたい」という欲望は、自分を見つめる男性の視線、それを手に入れたいというものだ。精神分析の理論家ラカンは、それを「他者の欲望」と呼んだ。では、何がイェジをして、韓国の女性をして、男性の欲望に合わせるように仕向けたのだろうか。私はその裏にもやはり、この上なく男性中心的な社会を築いてきた儒教のシステムが働いていると思う。そのシステムに合わせなければ、つまり男性が欲望する「美しい」女性でなければ、その社会システムの中に「進出」することはできない――それこそが女性に整形を強制させ、そして女性をしてその強制に加担せざるを得なくさせたのではないだろうか。ある意味では、男性の欲望の視線に合わせ、女性自らも自分自身を商品化してきたと言えるかもしれない。

もちろん、整形をめぐるこのような異常な社会を批判し、整形大会と呼ばれた美人コンテスト「ミス・コリア」のテレビ中継を廃止したり、死亡者が出るなど後を絶たない整形手術の弊害を取り上げ、警鐘を鳴らす動きが常にあったのも事実である。だが、男性中心社会の外側から中に入ろうとする女性たちに容赦なく加わる基準としての「美」が頑なに存在する限り、ソレになりたいイエジは、男性の欲望にすぎない欲望に走るイェジはいつもそこに存在し続けるだろう。

こんなことを考えているうちに、ふと思い出した日本のアニメがある。『笑ゥせぇるすまん』のエピソード「プラットホームの女」だ。整形に失敗した本当の顔を仮面の下に隠している女性が、仮面の顔だけを見て「愛している」と告白する男に怪物のようになった素顔を見せながら「これでもあなたは私と結婚してくれますか」と迫る。男が悲鳴を上げ逃げてしまう背後から、喪黒福造の「どーん!」が容赦なく襲いかかる。だがこの問いかけに対し、果たして「イエス!」と答えられる男性はいるだろうか。イエスと答えられない限り、イェジの歪んだ欲望は、そして彼女をそうさせる男たちの欲望による「悲劇」は果てしなく繰り返されるだろう——紛れもなくそれこそが、本作が伝えようとする力強いメッセージである。

41 社会問題

『明日へ』

勝ち取る喜びをもとめて　デモ大国・韓国における闘うことの意味

◎物語

大手スーパー「ザ・マート」のレジ係として働くソニ（ヨム・ジョンア）は、真面目に業務をこなし、サービス残業も積極的に引き受けてきたおかげで、正社員への登用が約束され幸せいっぱいだった。ところがある日、彼女を含む非正規の女性労働者たちは会社から一方的に解雇を通告される。ろくに説明もない会社の理不尽な態度に、シングルマザーのヘミ（ムン・ジョンヒ）、清掃員のスルレ（キム・ヨンエ）らは憤り、団結して闘おうと労組を結成、ソニもリーダーの一人に抜擢されて交渉を試みるも、会社側は彼女たちに向き合おうともしない。このままでは埒が明かないと判断した彼女たちは、ストライキを敢行しスーパーの占拠に踏み切るが、不法占拠だとして警察から排除され、逆に会社から訴えられてしまう。仲間同士を分裂させようとする会社側の様々な工作に遭いながら、人間としての尊厳を必死で守ろうとする彼女たちだが、ギリギリの生活の中で家族との関係にもひびが入ってしまう。果たしてソニたちは「良き明日」を勝ち取ることができるだろうか。

原題：카트

製作：2014年（日本公開：2015年）　韓国／カラー／104分

監督：プ・ジヨン　脚本：キム・ギョンチャン　撮影：キム・ウヒョン

出演：ヨム・ジョンア、ムン・ジョンヒ、キム・ヨンエ、キム・ガンウ、ド・ギョンス（D.O.)、チョン・ウヒ、ファン・ジョンミン日本に暮らして20年以上が経つ。すっかり日本に馴染んでいる私は、たまに韓国に帰ると異国にいるかのようなそわそわした感覚に陥ってしまう。このまま日本に骨をうずめる覚悟でいるので、これからもずっと日本にお世話になりながらこの地で生きていきたいというのが正直な気持ちだ。だが、そんな私にも理解しがたい日本人の態度がある。それは、権力の不正や理不尽な仕打ちに対する怒りを〝行動〟として表明しないことだ。例を挙げればキリがないだろう。安倍政権下で起こった森友・加計問題や公文書偽造、法改正に河合夫妻の選挙法違反、検察庁の不正に菅政権誕生の経緯、東京オリンピックを巡る諸問題……。近年、後を絶たない権力側の疑惑に対して、多くの国民は納得できないものを感じているにもかかわらず、それが明確な行動として示されることはほとんどない。ごく一部の人がデモに集う一方で、そんなことをしても無駄だという諦めのようなムードが国全体を覆っているように見えるのだ。

そんな様子を目にするたびに、韓国ならこれでは済まされないだろう、という思いが頭をよぎる。光州事件に端を発する民主化運動、「トガニ法」の成立、#MeToo、セウォル号沈没事故と朴槿恵《パク・クネ》大統領の弾劾など、韓国には国民の怒りが現実を変えてきた歴史がある。だがそれ以上に、韓国人は生活の中で権力に対して理不尽さを感じると、一人でも、たとえ勝ち目がなかったとしても、「デモ」という形で怒りを表明する「文化」を持っている。私自身そんな韓国の文化から距離を置き、デモに明け暮れる大学生活に嫌気がさして軍隊に行ったクチだから、日本人にとやかく言う資格もないのだが、それでも自国で起こっている看過できない事態に対し、まるで他人事のように振る舞う日本人の姿に納得できないものを感じてきたのは事実である。

スーパーマーケットの女性パート従業員たちが、不当解雇に立ち上がった実話を元にした『明日へ』は、そんな韓国の「異議申し立て」文化を如実に示した映画である。わかりづらい邦題だが、原題の『카트（カート）』は、スーパーでのストライキを象徴的に示す言葉だ。2007年に起こった実際の出来事を映画化した本作は、社会の中で置き去りにされている非正規雇用の女性たちの姿を女性監督が描き、今の時代に大きな意味を持つ作品と言える。韓国で作られた商業映画としては、初めて非正規雇用問題をテーマにしたことや、EXOのD.O.が息子役で映画デビューを果たしたことでも公開前から大きく注目された。

先述のように、本作は2007年、大手スーパーチェーンのレジ係の労働者たちが会社の不当解雇に立ち向かい起こしたストライキを再構成し、映画にしている。当初は1日で終わる予定だったそのストライキは結果、彼女たちが再びレジに戻るまで2年という歳月がかかる長い闘いになってしまった。だがそもそも、なぜ不当解雇がなされ、ストライキに至ったのだろうか。その背景を知るためには、1997年のIMF時代にまで遡らなければならない。国家的な財政の立て直しに追われた1997年、企業による大量のリストラが余儀なくされるなかで、爆発的に増え始めたのが非正規労働者だった。そして同時に大きな問題となったのが、契約期間や賃金など、正社員に比べて圧倒的に不安定な非正規の雇用条件であり、そこから社会に深刻な格差が生まれていったことだ。当然、改善をもとめるデモやストライキが韓国各地で盛んに行われ、その結果、IMFから10年が経った2007年にようやく、非正規労働者への差別改善と社会の安定を図った「非正規職保護法」が成立した。その内容は、有期契約で2年以上働いた場合の正社員への転換、同一労働・同一賃金を実現し、正規／非正規間の待遇差をなくそうというものだ。

ただしここには盲点もあった。正社員への転換はあくまで企業の努力義務であり、「経営上の理由」から転換が難しいと会社側が主張し妥当であると判断されれば、そのまま非正規として延長することもできるようにしたのだ。さらに近年日本の「働き方改革」においても無期契約への転換を前に雇い止めになる弊害が問題となっているが、韓国でも同様に、2年後の正社員への登用を盛り込んではいるものの、これを悪用して雇い止めにする事例が数多く発生したのである。本作の元になったストライキはまさに、法制定を前にして直前に手を打とうという会社側の横暴が原因となっている。法の成立とストライキが同じ2007年に起こったのは、けっして偶然ではない。

こうした背景があってストライキが起こったわけだが、当時は大きな問題として社会の注目を集めたものの、次第に人々の関心は遠のいていった。だが当時の闘いを細部にわたって丁寧に再現した本作が公開されたことで、2014年においてもいまだ問題が解決していない状況——ストライキの2年後、労組執行部の復職放棄を条件に他の労働者たちの職場への復帰は果たしたが、全員の正社員への転換がやっと完了したのは2018年である——を、再び韓国社会に喚起させたのである。映画によって、あらためて労働問題をめぐる現実を突きつけられた韓国では、その後も、自動車工場の解雇労働者たちの復職運動や、高速道路トールゲート従業員たちの正社員登用をめぐるデモなどが盛んに行われてきた。とりわけ本作でも描かれたように、非正規労働者は男性に比べて女性が圧倒的に多い。ただでさえ男性を優先する社会構造が根深く、女性の声が社会に届きにくい韓国において、正規／非正規の問題のみならず、その中の男女間の差別を明確にメッセージとして描いた本作の意義は大きいと言えるだろう。

本作ではまた、現実においてほぼ不可視化されているさらに深刻な問題をもう一つ取り上げている。映画が作られた２０１４年前後に浮かびあがってきた「若者の貧困」だ。映画の中心に描かれるのはスーパーでのストライキだが、女性たちが立ち上がる背景には必ず「家族」の存在があり、映画ではそれぞれの家庭事情についてもきちんと踏み込んでいる。例えば夫が出稼ぎに出ているらしいソニの家では、息子のテヨンが給食費を払えずに昼ご飯を食べられなかったり、修学旅行の費用を稼ぐためにコンビニでアルバイトをしても、店主から酷いパワハラを受けて悔しい思いをする。テヨンの友人スギョンはさらに劣悪な貧困下にあるが、彼らは似たような境遇から次第に心を通わせていく。アルバイトに励む高校生は、社会の中でも最も弱い立場にある労働者であり、彼らを保護するような法整備はいまだなされていない。またスーパーの仲間の中にも、大学を卒業したものの就職ができず、非正規のレジ係として働くミジンという人物がおり、彼女はまさに「若者の失業問題」の象徴的な存在として描かれる。

韓国には「88만원《パルシッパルマノン》 세대《セデ》（88万ウォン世代）」と呼ばれる、雇用不安に苛まれる20代を指し示す言葉がある。正社員として就職できず非正規労働者になった若者の平均月収が、最低限の生活を維持することもままならない「88万ウォン（約8万円）」であることから生まれた造語である。そこには、民主化が進んだ90年代に私立大学の設立基準が緩和され、その結果大学生の数が急増したという背景がある。学歴社会である韓国において大学の卒業証書は就職の必須条件であり、高校生は少しでも安定した未来を手に入れようと、必死で勉強に励んでいる。設置基準を緩和して大学を増やし入りやすい環境を作ることは、本来は熾烈な受験戦争を解決するための政策だったはずだが、今となってみればそれが逆効果となり、実績の低い大学を政府が「リストラ」する動きに繋がってしまった。大学生の急増は就職難に直結し、さらなる非正規労働者を量産する結果となった。入社試験に落ちて非正規労働者として闘うことを選ぶミジンは、まさに「88万ウォン世代」と言えるが、この世代の現実を表す造語にもう一つ「삼포《サンポ》세대《セデ》（三つを放棄した世代）」というものがある。これは就職難や不安定な労働環境、高騰する住宅価格、生活費の逼迫などによって「恋愛・結婚・出産」を諦めざるを得ない若者たちを示すもので、韓国社会が抱える最大の課題を端的に表す用語として使われている。

　こうして考えると、非正規労働者の問題はソニやヘミといった子どもを持つ親だけでなく、その子どもや若者、そして高齢者のスルレまで、ほぼ全世代に関わっていることがわかる。このままでは高校生であるテヨンやスギョンの未来はミジンであり、ミジンの未来は子どもを育てながら必死で働くソニやヘミであり、ソニやヘミの未来は孤独な一人暮らしのスルレであるという可能性が非常に高いのだ。これほどまでに辛く厳しい現実を、どうすれば次の世代に引き継がずに断ち切れるのか。その答えこそが、デモでありストライキではないだろうか。社会から守られていない彼らは、理不尽な仕打ちに立ち向かい、不当な解雇と闘い、自らの権利を自らの手で勝ち取るしかないのだ。

本作の韓国での公開日は「11月13日」であった。この日は、韓国における労働運動の歴史を象徴する運動家「チョン・テイル」の命日である。彼は1970年、劣悪な労働環境の改善を訴える運動のなかで軍事政権から弾圧を受け、抗議の焼身自殺を果たした人物だ。「労働者は機械ではない」と叫びながら散っていったチョン・テイルの精神は、その後の労働運動に大きな影響を与えたと言われている。テイルが命を落としたソウルの清渓川《チョンゲチョン》には彼の銅像が立っており、彼の意志は今でもなお多くの人に受け継がれている。映画の最後で「私たちを透明人間扱いしないで」と叫ぶソニの姿には、チョン・テイルの精神がはっきりと現れている。

強制排除に出た警察が無差別に放つ放水に向かって、「カート」を武器に突進するところで画面は静止し、闘いが現在進行形であることを暗示して映画は終わる。彼女たちがその闘いに勝利することはもちろん簡単ではない。だが諦めずに立ち向かい、その果てに己の権利や正しさを勝ち取って初めて、そのカートの中は幸せで埋め尽くされる。独裁政権を打破し、自分たちの手で民主化を勝ち取ることに成功した韓国人は、闘いの苦しみとその果ての喜びを知っている。私は日本人にも、闘うことの苦しみと喜びを味わってほしい、そう思うのだ。

『サバハ』

新興宗教が乱立する韓国社会　エセにすがる人々の宗教的心性

◎物語

ある田舎の村に双子の姉妹が生まれる。足に噛まれた傷を負った妹のグムファ（イ・ジェイン）と、グムファの足を噛みちぎった姉の《それ》だ。《それ》は長生きしないだろうと言われたが、16年経ってもまだ生きていた。一方、新興宗教の不正を捜査し暴く極東宗教問題研究所のパク・ウンジェ牧師（イ・ジョンジェ）は、鹿野園なる新興宗教団体を調べるために部下のコ・ヨセフ（イ・デヴィッド）を潜入させる。そんななか、トンネルの壁から見つかった女子中学生の遺体をめぐって容疑者キム・チョルチン（チ・スンヒョン）が浮上、パク牧師は殺人事件と鹿野園が繋がっていると直感する。間もなくキムは自殺、そして彼が自殺直前に会っていたチョン・ナハン（パク・ジョンミン）が現れる。チョンについて調べ始めたパク牧師は、彼がグムファを探していることを知る。徐々に明かされる鹿野園の謎。パク牧師はついに衝撃的なその実体と向き合うことになる。

原題：사바하
製作：2019年（日本劇場未公開／＊Netflixにて配信）　韓国／カラー／123分
監督・脚本：チャン・ジェヒョン　製作：リュ・スンワン、カン・ヘジョン
撮影：キム・テス
出演：イ・ジョンジェ、パク・ジョンミン、イ・ジェイン、イ・デヴィッド、チョン・ジニョン、ファン・ジョンミン、チン・ソンギュ、田中泯、ユ・ジテ

今から30年以上も前、入隊を控えた冬のことだ。ソウルの鍾路《チョンノ》を歩いていると、若い女性から突然「あなたは〝ド〟を知っていますか?」と声をかけられた。そして「天の〝ド〟」やら「人の〝ド〟」やら長々と並べ立てられた挙句、運命を占ってあげるからと半ば強引にカフェに連れて行かれた。店内を覗いた瞬間、当時、鍾路一帯で布教活動を行っている新興宗教団体があるという噂が頭をよぎり、自分が勧誘されていたことを理解した私は、挨拶もそこそこにその場から逃げ出した。後になってその〝ド〟とやらは、仏教や道教での悟りの境地であり、宇宙の根本原理である《道》を彼らが身勝手に解釈して都合よく作り上げ、〝ド〟を極めて神になったという教祖のお言葉を集めたデタラメなものであることを知った。内容もさることながら、その宗教団体は道端で人を捕まえては入会を強制し、入会費を要求したり団体の商品を押し売りしたりするなどの迷惑行為で警察の取り締まりの対象になっていた。そのような団体は減るどころかますます増え、ネット上にはいまだに「〝ド〟を知っていますか」と近づいてくる人への注意を促す書き込みが後を絶たない。

こうした新興宗教は韓国では「似而非《サイビ》」と呼ばれている。いわゆる「エセ宗教」だが、その数は数え切れないほど多く、政府による集団礼拝の自粛要請を無視して新型コロナウイルス感染拡大の原因となった「新天地」はその代表格と言える。新天地はキリスト教系のエセであるが、ここでは仏教系の新興宗教による犯罪を描いた『サバハ』を取り上げ、その実態とともに絶えずエセを生み出してきた韓国人の宗教的心性に触れてみたい。

エセ宗教団体の最も深刻な問題は、詐欺まがいの布教活動にとどまらず、最悪の場合人命まで奪うような犯罪も起こしかねない点にある。本作では日本のオウム真理教によるサリン事件に言及しているが、韓国でも教祖や信者32人が集団自殺をした「五大洋事件」など、社会を揺るがせた事件が幾度も発生している。こうした事件を防ぐためには、背後にいる「神を自称する者」を疑い、本質を見抜くべきだという基本的なことを本作は喚起していると言える。実際イ・ジョンジェが演じるパク牧師は、国際宗教問題研究所の所長を務めながら「似而非」の不正や犯罪の実態調査に尽力し、エセ団体の信者に殺害された実在の人物タク・ミョンファン牧師をモデルにしており、本作は「似而非」が蔓延する韓国の現実を反映した、数少ないオカルト・ミステリーである。俳優としても活躍する舞踏家の田中泯がチベットの高僧役で出演しているが、日本では残念ながら一般公開に至らなかった。タイトルの「沙婆訶《サバハ》」とは、仏教用語で「円満な成就」を意味するという。

西暦372年に高句麗が初めて受け入れたという仏教はエセの歴史も古く、またエセ仏教は儒教や道教、キリスト教といった既成宗教に民間信仰の巫俗《ムソク》までを都合よくミックスしているため、その実態を理解するのは非常にややこしい。そこで本作でユ・ジテが演じ、弟子が身代わりになっていた東方教の教祖、キム・ジェソクを中心に、仏教系「似而非」について紹介していこう。

劇中でキム・ジェソクは、「1899年生まれで、成仏の境地に至り、朝鮮総督府の総督さえも師としてあがめた。一方で独立運動の支援など抗日活動もした」人物である。この設定から連想されるのは、植民地時代の新興宗教「普天教《ポチョンギョ》」だ。キリスト教（西学）に対抗して生まれた仏教・儒教・民間信仰を融合させた東学に、道教の教理を混ぜ合わせた「甑山教《チュンサンギョ》」の一派として1921年に創始され、教祖は1880年生まれのチャ・ギョンソクである。信者が急増し教団が大きくなった1926年には、当時の朝鮮総督府の斎藤実総督が教団本部にチャ・ギョンソクを訪ねたという逸話もある。上海臨時政府設立に資金を提供するなど、密かに独立運動の支援活動もしたのだが、教祖の神格化や信者に対する財産寄付の強制などが批判され、1936年に総督府が出した「類似宗教解散令」によって解体された。本作におけるキム・ジェソクの「朝鮮総督との関わり」や「独立運動の支援」はまさに普天教の教祖、チャ・ギョンソクから借りているのだ。

キム・ジェソクは、戦後（独立後）「日本に奪われた文化財や国有財産を取り戻したが、政局が不安定になると宗教界に私財を投じ、勢力を拡大させ東方教を創始、社会奉仕活動をした」とある。韓国が正式に日本から文化財を取り戻すようになるのは、1965年の日韓基本条約で「日韓文化財及び文化協力協定」が成立してからであり、1966年に初めて仏像や陶磁器など1300を超える文化財が返還された。文化財返還に尽力したくだりは、キム・ジェソクの歩みが少なくとも東方教という新興宗教を創始する前までは、成仏の境地に至った師として尊敬に値するものであったことを示しており、またその後「突然消えた」キム・ジェソクのミステリーの効果的な前置きとなっている。だが私が引っ掛かったのは、「社会奉仕活動」の部分である。

「似而非」が自らの怪しさを隠すために「社会奉仕活動」を建前とするのはよくある手法で、ここから思い浮かぶのは「チェ・テミン」である。朴槿恵《パク・クネ》政権の失脚をもたらした「お友達国政介入スキャンダル」の張本人、チェ・スンシルの父であり、長い間朴元大統領との内縁関係を疑われてきた人物だ。チェ・テミンは70年代に「永世教《ヨンセギョ》」という仏教・キリスト教・天道教（東学運動を母体にして生まれた新興宗教）を組み合わせたエセ団体を作り、弥勒菩薩を自称して教祖となった。ところが朴との交流が頻繁になると永世教を解散、今度は「牧師」になり（キリスト教側はカネで牧師の資格を買ったのが発覚し追放したと主張）、「救国宣教団」という団体を作って朴を名誉総裁に仕立て上げた。この団体は「救国奉仕団」「セマウム奉仕団」と名前を変えながら、公には自然保護や貧民救済などの社会奉仕活動をしたものの、裏では権力を後ろ盾に様々な不正を働いて蓄財したことは韓国では誰もが知る話だ。だが一番の問題は、チェ・テミンが牧師の仮面を被って、当時、母（朴正熙《パクチョンヒ》大統領の妻）が暗殺され大きなショックを受けていた朴槿恵に接近し、呪術的に操ったことだ。この関係性がテミンの娘チェ・スンシルにも受け継がれて国を揺るがすスキャンダルに発展し、朴は大統領を罷免されるという韓国史上初の大事件につながったのである。

そう考えると、本作のキム・ジェソクは様々なエセの教祖たちを組み合わせたキャラクターであり、ある意味では韓国エセの縮図と言えるだろう。とりわけ、成仏の境地に至り「老いない身体」を得たという設定は、消えては現れ、決してなくなることのない韓国の新興宗教そのものに対するメタファーと捉えられるかもしれない。

東方教自体は仏教系のエセだが、本作にはキリスト教も一つの軸として取り入れられている。チベットの僧に死を予言されたキム・ジェソクが、自らを守るために女子中学生の連続殺人を教唆するのは、イエスの誕生を恐れていたヘロデ大王が、ベツレヘムの幼子たちを殺したという聖書の記録から取り入れたものだ。そしてキム・ジェソクと対峙する双子の姉妹は、旧約聖書の創世記に書かれている双子の兄弟「ヤコブとエサウ」をモチーフにしたキャラクターと思われる。ヤコブがエサウの踵を摑んだまま生まれたことや、エサウが全身毛だらけだったというのは、グムファと姉の誕生の秘密に盛り込まれている。つまり本作は、仏教やキリスト教まであらゆる宗教を混合させてきた韓国の新興宗教の特徴を、作品全体のオカルト的な世界観に落とし込んでいると言えるのだ。

最後に、映画の冒頭で描かれる巫女《ムーダン》による儀式「굿《グッ》」の場面に触れておこう。伝染病により牛が大量死した牛舎の外で、追い出された医者たちが途方に暮れるのに対して、中ではこの不吉な事態を脱しようと、村人たちが呼んだ巫女が熱い儀式を行っている。セリフや字幕もない短い場面ではあるが、朝鮮半島で最も古い民間信仰である「巫俗」をシンプルにわかりやすく伝えている。牛の大量死を前に村人たちが頼るのは、現代医学ではなく巫俗である。そこには病気そのものではなく、病気をもたらす邪悪な何かが存在すると信じてきた、遥か昔からの土着的な宗教的心性が表れている。彼らは、「グッ」を通して邪悪な何かを追い払わない限り、病気を治すことはできないと信じているのだ。病気だけではない。日常生活のあらゆる場面、人生の大事な局面では、仏教徒だろうがキリスト教信者だろうが、宗教に関係なく「巫女の占い」に頼る人が少なくないのは、巫俗への信仰が今もなお、韓国人の意識のどこかに受け継がれているからではないだろうか。

『君の誕生日』

セウォル号事件　遺族の悲しみに「寄り添う」ということ

◎物語

セウォル号沈没事故で息子のスホ（ユン・チャニョン）を失い悲しみに暮れる母のスンナム（チョン・ドヨン）と、幼くして失った兄を懐かしむ妹のイェソル（キム・ボミン）のもとに、仕事の事情で長い間外国にいた父ジョンイル（ソル・ギョング）が帰ってくる。家族にとって最もつらい時期に不在だったジョンイルに対し、スンナムは戸惑いと怒りを隠せない。罪悪感に苛まれながらも、夫として、父として償おうとするジョンイルに、遺族団体からスホの誕生日パーティーが持ちかけられる。

激しい拒否反応を示すスンナムに対し、スホとの新たな再会の機会になるからと説得するジョンイル。生前のスホを知る多くの人々が集った誕生日パーティーで、スホが皆の記憶の中に生きていることを再確認したスンナムやジョンイルは、スホを近くに感じながら新たな日々を歩き始めるのだった。

原題：생일

製作：2019年（日本公開：2020年）　韓国／カラー／120分

監督・脚本・製作：イ・ジョンオン　製作：イ・ドンハ、イ・チャンドン

撮影：チョ・ヨンギュ

出演：ソル・ギョング、チョン・ドヨン、キム・ボミン、ユン・チャンヨン、キム・スジン、ソン・ユビン、タン・ジュンサン、チェ・ヒョンジン

あれからもう6年（映画公開当時）も経ったのか……。韓国人の私は、ついそんな想いを禁じ得ない。2014年4月16日の朝に起こった、「セウォル号沈没事故」だ。修学旅行中の高校生325名を含む乗客476名のうち、299名の死者（生存者172名、行方不明者5名）を出した大惨事は、日本でも大きく報道され、当時は毎日のように話題になった。この事故がこれほど大きな問題となったのは、いわゆる船の違法改造や過積載が原因ではなく、メディアによる誤報が海洋警察隊による救助の遅れをもたらし、われ先にと脱出した船長らのあまりに無責任な行動、政府の安易な初動対応に至るまで、本来なら被害の抑制のために作動するはずの「国家・社会的機能」がほぼ不全状態だったことに起因する、史上最悪の「人災」であった点にある。実際、当日私のスマートフォンにも「旅客船の沈没」の直後に「全員救助」の通知が届き、胸を撫で下ろしたのをよく覚えている。だがこの知らせは致命的な誤報だった。そして、この事故が国全体に深い悲しみをもたらしたのは、犠牲者のほとんどがまだ若い高校生たちだったためである。

　守ってあげられなかった、助けてあげられなかったことへの罪悪感に駆られた国民は、国家が機能不全に陥ったことの責任を当時の朴槿恵《パク・クネ》政権に求めた。これが発端となり、朴大統領の「お友達の国政介入」の杜撰な実態が赤裸々に暴露され、その結果、大統領は罷免、文在寅《ムン・ジェイン》政権への交代が行われたのは説明するまでもない。文大統領は公約として、セウォル号事故の真相究明と責任者の厳罰を約束し多くの支持を得たのだが、その道のりは今でも決して順調とは言えない。政権交代後、「セウォル号船体調査委員会特別法」が成立し、特別調査委員会による本格的な真相究明が始まったものの、野党（朴前政権側）の非協力的な姿勢や、ネットに出回った陰謀説（「潜水艦と衝突した」「わざと沈没させた」など）に始まり、究明努力に対する野党議員の「死体商売」という暴言、事故の責任追及を政治利用する与党側の姿勢、さらには遺族に対する右翼団体からのバッシングと、一向に解決の糸口が見えないことへの疲労感から、国民は次第に忘却へと向かっていった。『君の誕生日』に描かれているように、補償金をめぐる誤解や絶えない誹謗中傷によって遺族間でも分断が見られ、つい最近も、チョンワデ（大統領官邸）前で1年間「一人デモ」を続けていた遺族に対して批判が沸き起こるなど、事故は徐々に遺族だけの孤独な闘いとなり、遺族の悲しみだけが取り残されたまま、韓国では醜い争いが繰り広げられている。本作は、大事なことを忘れてしまった国民が、愛する家族を失った遺族の悲しみに再び寄り添い、事故そのものを風化させてはならないことを思い出すという意味で、国全体を原点に立ち返らせてくれる映画である。

セウォル号沈没事故で犠牲になった高校生と、その遺族の悲しみを軸にした本作では、先述のような事故をめぐる政治的利害論争とは距離を置き、事故について直接言及はしていない。最愛の家族を失った遺族の心境のみに焦点を当てていることが、何よりも本作の明確なメッセージになっている。イ・ジョンオン監督は事故後、遺族に寄り添うボランティア活動に従事し、長年にわたる遺族との交流の中から本作のシナリオを書きあげたという。特定の人物を取り上げるのではなく、多くの遺族から聞き取った様々な物語を映画のキャラクターに溶け込ませる手法には、人間の内面を突き詰めた作品づくりで知られるイ・チャンドン監督のもとで学んだ彼女ならではの丁寧さが感じられる。イ・ジョンオンのデビュー作である本作には、イ・チャンドンが製作に参加し、観客からも多くの共感を得た。

映画を見ながら頭に浮かんだのは「不在（absence）」と「現前（presence）」というキーワードだった。というのも本作は、「死＝不在」をめぐる物語にも関わらず、『君の誕生日』というタイトルにも暗示されるように、新しい命としてこの世に生まれた「誕生＝現前」の日に焦点を合わせているからだ。そして映画の中心を担う残された三人の家族は、スホの不在を「現前する（＝そこに存在している）不在」に変えていくことで、深い悲しみを少しずつ乗り越えていこうとする。

最愛の息子を突然失った母のスンナムは、スホの「不在」を受け入れることができず、スホの死に正面から向き合おうとしない。スホの新しい服を買い込み、突然灯る玄関のライトにスホの帰還を感じてしまうスンナムには、息子が今にもドアを開けて帰ってくるように思えて仕方がないのだ。彼女はスホの不在を受け入れている人々に対して激しい拒否反応を示し、それは時に、夫のジョンイルだけでなく娘のイェソルにも向けられる。こうしたスンナムの姿は、スホの不在による哀しみの中に自分自身を閉じ込めているようにも見える。彼女は不在を受け入れられないのではなく、その不在を認めることを怖がっているのだ。不在を認め、悲しみを乗り越える準備ができていないスンナムの姿は、遺族らに共通する「根源的な悲しみ」を象徴していると言えよう。

一方、妹のイェソルは、幼いながらもスホの不在が何を意味するのかをよく知っている。イェソルにとってスホの死は、湯船にも干潟にも入ることができないほどの大きなトラウマとなっているが、同時にスホの誕生日パーティーを素直に楽しみにしている。母親以外の人間たちとの関わりを通して、スホを「現前する不在」として既に受け入れているのだ。その意味でイェソルは、周囲の人々と触れ合おうとせず心を閉じてしまっている母のスンナムとは異なる形で、悲しみに向き合っている存在である。

そして父のジョンイルは、大事なときに家族とともにいられなかったことへの罪悪感に囚われ、スホがどんな子だったかも話せないほどに、息子を知らない自分を責める。だが、事故以前のまま残されたスホの部屋に足を踏み入れたジョンイルは、涙を流しながらスホの痕跡を一つひとつ確かめ、「現前する不在」を見出していく。だからこそジョンイルは、果たせなかったスホのベトナム旅行を叶えるために、彼の身代わりとなるパスポートを握りしめて入管に出向き、二人の思い出である釣りにも出かけるのだ。「現前する不在」としてのスホを、確かにそこにいるスホを確信した彼は、「スホが来るから」とスンナムを説得して誕生日パーティーに導く。ジョンイルは、スンナムともイェソルとも違い、悲しみに打ち勝つための道を父として模索した。劇中でのジョンイルの設定は、遺族の中でも特殊な事情のように思えるかもしれないが、彼の立場は韓国国民全体の象徴とも考えられる。そんな彼の行動と努力は、事故に対して韓国社会がどうあるべきかという問題に対する、本作のメッセージとも受け取れるだろう。

こうして三人の家族は、それぞれのやり方で「不在と現前」を行き来しながらスホの誕生日を迎えていく。ここでは最後に「縫合」という概念を取り上げてみよう。哲学や精神分析において、「不在と現前」を考えるうえで重要とされている「縫合」だが、「映画」の領域においても語られることがある。例えば映画の中で二人の人間が会話をしている場面を思い浮かべてみてほしい。会話はしばしば、話している一人の姿を交互に映す形で描かれるが、そのとき観客は、聞いているもう一人の人物が画面上に映っていなくてもそこにいることを知っている。つまり画面に映らないもう一人は「現前する不在」であり、観客は映画を観ながら「現前と不在」を絶えず結び付け（=縫合）ながら、意味をつないで総体的な一つの作品として作り上げているのだ。「映画を観る」とは、このような観客自身の無意識的な作業の連鎖だと言える。

誕生日パーティーでスクリーンに投影された数多くのスホのイメージは、「現前する不在」としての彼が数々の思い出や幾多の写真とともに「縫合」され、家族や友人たちの心の中で依然として「生き続けている」ことを余すところなく見せてくれる。家族だけが知るスホ、友人だけが知るスホが縫合され、その場にいる人たちによって共有されることで、彼は新たな命を得て生まれる――「現前する不在」としてのスホは、まさに誕生日に再び誕生の日を迎えるのである。残された人々にとって必要なのは、そんなスホをいつまでも記憶し、忘れないでいることだ。3台のカメラを使い、30分にも及ぶシーンをロングテイクで撮ったというこの誕生日パーティーのシーン、観客もまた同じだけの時間を通してスホの不在と現前を共有し、悲しみを乗り越えようとする遺族の姿と本作のメッセージを縫合していく。

悲しみを乗り越えるとは、スホ（によって表象されるすべての犠牲者）と一緒に生きていくことにほかならない。セウォル号沈没事故において私たちが大切にしなければならないのは、責任者への厳罰でも真相究明でも、政治的利害や補償金をめぐる根も葉もない噂でもなく、遺族の「心の痛み」であるというあまりにも当たり前のことに、今こそ立ち返るべき時が来ているのではないだろうか。

44 社会問題

『D.P.―脱走兵追跡官―』

韓国兵役物語　若者たちの絶望と軍隊をめぐる諸問題

◎物語

脱走兵を追跡して逮捕する任務に就いているD.P.の新入隊員アン・ジュノ（チョン・ヘイン）と先輩のハン・ホヨル（ク・ギョファン）は、様々な事情を抱えている脱走兵たちを追いかけながら、彼らの置かれているいじめや家族の問題といった厳しい現実とぶつかる。それは、徴兵制をめぐる韓国社会の暗鬱な現実でもあった。

原題：D.P.　原作：キム・ボトン「D.P. 犬の日」2015（ウェブトゥーン）
製作：2021年（シーズン1）＊Netflix配信ドラマ
監督・脚本：ハン・ジュニ　脚本：キム・ボトン
出演：チョン・ヘイン、ク・ギョファン、キム・ソンギュン、ソン・ソック、チョ・ヒョンチョル、シン・スンホ、コ・ギョンピョ、パク・セジュン、ヒョン・ボンシク、ホン・ギョン、ムン・サンフン

１９８８年12月中旬のある朝、私は玄関のドアを叩く音で目がさめた。ドアを開けると、軍服姿の若い男がニコッと笑って「召集令状です。おめでとうございます」と、赤紙を差し出した。この光景は、今でも鮮明に脳裏に焼き付いている。韓国では、現在も法によって男性に「兵役」の義務が定められている。私が受け取った赤紙（現在は白紙）には、「１９８９年１月10日〇時までに江原道《カンウォンド》・春川《チュンチョン》の〇〇補充隊集合」と書かれており、慌てて家族や友人に宛てて手当たり次第に入隊の連絡を出した。そして、友人たちによる入隊祝賀会や出征式で酒漬けになったあと、数日後には頭を丸めて「娑婆」（軍隊では世間のことをこう呼ぶ）を後にした。

休戦中とはいえ、南北に分断され対峙している朝鮮半島に生まれた以上、兵役は一種の運命として従うしかない。だが、若さを存分に堪能すべき20代の大事な2年半（現在は1年半に短縮）に及ぶ歳月を、国を守るという名分に捧げるのは「青春の足かせ」であり、これっぽっちもしっくりこないのが正直なところだ。入隊する覚悟はできていても、いざ足を踏み出すと絶望のどん底に落とされたような気持ちになった。この絶望感は、赤紙を手にした韓国の若者ならば、誰もが抱く感情だろう。ありとあらゆる統制のなかに「束縛」され、個人の意思も自由もまったく通用しない。そのため、入隊後は脱走や暴力を伴ういじめによる自殺者が後を絶たず、韓国軍が抱える最大の課題として社会を悩ませている。

本書ではこれまで韓国社会に特徴的なテーマを様々な面から扱ってきたが、いつかは「軍隊」を取り上げたいと思っていた。私が服務していた33年前とは、服務期間から生活環境まで多くの点で変わっているはずだが、それでも軍隊制度の本質や感情的な問題など、変わらないことも多いのではないか。そこで、軍内部の問題に正面から迫り大反響を呼んだNetflixのオリジナルドラマ『D.P.―脱走兵追跡官―』を取り上げ、個人的な体験も含めて韓国の軍隊について紹介したい。

全6話の本作は、軍隊の中でも最も深刻とされる「脱走兵」の問題をテーマにしている。D.P.とは、Deserter Pursuitの略語で、直訳すれば脱走兵追跡、またはそれを任務にする兵士=脱走兵追跡官のことを意味する。物語は、入隊して間もないジュノがD.P.に選ばれ、先輩のホヨルとともに脱走兵を探し出すという基本構図のもと、エピソードごとに脱走兵の様々な事情が描かれる。行方をくらました脱走兵の行動を推理して追いかけるスリリングな展開も見事だが、各々が脱走に至った背景を通して、軍隊の暗部や徴兵制に潜む根本的な問題を浮き彫りにしていく社会性の強いメッセージを含んだ作品だ。各エピソードは、実在する特定の事件とは関係がないそうだが、現に類似した事件が数多く発生していることを踏まえれば、軍隊の現実そのものであると言っても過言ではない。かつて軍隊を経験した私の目にも軍隊の現実をリアルに描いていると映るこのドラマは、見る者の心に重いものを残す。とりわけ本作は、入隊を控える男性とその恋人や家族など、当事者の間での関心や視聴率が非常に高かったようだ。ここで描かれる問題は、彼らにとって決して他人事ではなく、ともすれば未来の自分自身かもしれないと思えば、自然と関心が集まることだろう。

兵役が義務づけられている韓国で、軍隊からの「脱走」は今も昔も重大な犯罪として扱われる。兵役を済ませることが、就職や進学、引越し、旅行などごく普通の社会生活を送るための基本条件となっているため、脱走はすなわち、韓国での「普通の生活」を諦めることを意味する。さらに「脱走の罪」には時効がない。法律上は10年の時効が明示されているものの、韓国国防省は脱走兵に対して定期的に「帰隊命令」を出しており、それに応じなければ今度は「命令違反の罪」が新たに付け加えられ、時効が自動的に延長されるというからくりだ。つまり、命令に従って帰隊（自首）しない限り、死ぬまで脱走を続けるしか道はないのだ。だが実際、自首する脱走兵はほとんどおらず、逮捕されるか身分を隠して逃げ回るか、自ら命を絶つしかない。いずれにしても、脱走兵は出口のない袋小路に追い込まれることになる。

統計によれば、２０１７年から21年まで5年間の脱走兵は５２１名に上り、そのうち3年以上逃亡を続けている1名を除いて、全員が逮捕されたらしい。自首した人は一人もいなかった。驚くべきは、これまでの脱走兵の事例のなかには、最長33年もの歳月を家族や友人と一切の連絡を絶って隠れて生き続け、55歳で逮捕された人物がいたということだ。１９６２年に脱走、95年に逮捕されるまで、どんなに孤独で辛い人生を送ってきたのだろうか……。想像するだけで胸が張り裂けそうになるが、このように人生が丸ごと破壊される「恐怖」こそ、国家が狙う何よりも強力な「脱走抑止策」にほかならない。だが、それにもかかわらず脱走が後を絶たないのはなぜだろうか。その最大の原因といえるのが、本作でも繰り返し描かれる古参兵による理不尽な暴力や、性的羞恥心を煽るいじめといった「虐待」である。軍隊内では、一般の社会では考えられないような人権蹂躙が日常的に横行しているのが残念ながら現実だ。

私も入隊して最初の1年間は毎日のように殴られた。大きなミスをしたわけでも、命令に逆らったわけでもない。理由なんてそもそもないのだ。何もせずとも、古参兵の気分次第で「軍紀を正す」「気合を入れる」といった正当化された理由のもと、新参兵たちは殴られる準備をしなければならなかった。「気をつけ！」の姿勢のまま、古参兵の気が済むまで殴られ続ける、それが「命令と服従」だけで成り立っている軍隊という集団の、未だに変わらない体質である。軍隊は儒教的慣習がもっとも端的に具現化したものと言えるだろう。蹴られてあばら骨を骨折したときは、私もさすがに脱走したい衝動に襲われた。だがやはり実行には移さなかったし、できなかった。脱走の衝動よりも、その後に待ち受けていることに対する恐怖が遥かに上回っていたからだ。悲しむ両親の顔が真っ先に浮かんで胸が痛み、除隊するその日までひたすら我慢するしかないと自分に言い聞かせた。

だから軍隊では「5分前と5分先を考えるな」「避けられないことなら楽しめ」といった言い回しが受け継がれてきている。殴られた過去もこれから殴られる未来も一切考えず、目の前のことにだけ集中しろ、というわけだ。実際、ほとんどの兵士は思考を止め、ひたすら我慢してなんとか無事に除隊する。だが中には、気の弱い性格だったり個人的な悩みを抱えている人も多いはずだ。そうした事情をすべて無視して、法律の名の下、一律に徴兵するのは果たして合理的と言えるだろうか？　多感な若者一人ひとりの事情を鑑み、彼らの声に耳を傾け、気を配る方法はないのだろうか？　徴兵制度自体がこのまま維持されるのであれば、その分、軍隊もまた時代や社会の変化に合わせて変わり続ける必要があるのは当然である。『D.P.－脱走兵追跡官－』におけるジュノとホヨルによる追跡は、このような疑問を投げかける過程であり、本作が発するメッセージそのものである。脱走を防ぐ根本的な解決策を見出すことは難しく、かといって軍隊を無くすのも現実的ではない。理想的過ぎるかもしれないが、「命令と服従」という軍隊の在り方を、暴力に頼るのではなく、個人としての尊重と信頼に基づいたものへと変えていくしか道はないように思われる。

実は韓国軍も、こうした理想を現実にしようと取り組んできた過去がある。２０００年代に入り社会全体に民主化が浸透するにしたがって、軍も「兵営民主化」のスローガンを掲げ、主に人権侵害の改善を目標に様々な組織を立ち上げた。２００１年の国家人権委員会による軍隊実体調査会や、陸軍訓練所で起きた暴力事件をきっかけに２００５年に設置された陸軍人権改善委員会などが代表的な例だろう。ただ、その成果が目に見えて上がっているとは言い難い。武装兵による銃乱射事件（２００５年の「38度線監視所内銃乱射事件」、２０１４年の「江原道軍部隊銃乱射事件」）や、古参兵による集団暴行死亡事件（２０１４年の「医務兵殺人事件」）など、世間を揺るがす惨事は後を絶たない。ドラマでもいじめられた兵士が銃を乱射する場面があったが、それはまさに、これまで起こってきた、あるいはいつ起こっても不思議ではない場面に他ならない。

個人の意思と関係なく、法という国家的装置によって生じる兵役の義務。何物にも代えがたい時間を否応なく捧げた結果、暴力やいじめに晒され、心に傷を負い、脱走せざるを得ない状況に追い込まれる。その結果、命を失うことになるとすれば、果たしてこれ以上の悲劇があるだろうか。ドラマでは、脱走という運命を分ける瞬間の象徴として、部隊の正門に引かれている「白い線」が度々登場する。たとえどれほどの時間がかかったとしても、この白い線が必要なくなる軍隊にしなければならないと強く感じた。

韓国には「将軍の息子」「神の息子」、そして「百姓の息子」という言葉がある。部隊に入るのではなく家から通って兵役の代わりをする「防衛兵（現在は社会服務要員）」になれるのは「将軍の息子」（入隊のための身体検査で基準が一般兵士の条件に満たないと判定された人が対象のはずだが、なぜか芸能人に多い）、なんらかの理由で兵役免除になった者（政治家や財閥など金持ちの息子が圧倒的に多い）は「神の息子」、一般兵士として入隊する者は「百姓の息子」と呼ばれる。兵役の格差を「階層」の違いにたとえて分けた呼び方だ。兵役逃れにこの上なく厳しい韓国社会だが、誰もが「免除」になりたいという欲望を滲ませている。他人の兵役逃れには容赦のないバッシングを与える一方、我が子はどうにかして免除にしてやりたいと願うわけだ。兵役をめぐる社会の分断もまた、韓国ならではの問題である。

さて、好評だった本作は、2023年にシーズン2が公開された。シーズン1以上に抜き差しならない軍隊の現実が描かれ、さらに強烈な印象を残す作品であった。

監督論④

キム・ギヨン

〝怪物〟監督の全盛期に見る韓国社会の深層

ポン・ジュノが『パラサイト 半地下の家族』(2019)で世界から脚光を浴びた際、同作を〝階段映画〟と呼んで惜しみのないリスペクトを捧げ、必ずその名前を引き合いに出した一人の映画監督がいる。「キム・ギヨン」だ。韓国映画史上もっとも個性的かつ創造的なこの監督は、古典的でありながら今もって類を見ないその斬新さによって、韓国映画の〝怪物〟として世界中でファンを獲得し続けている存在だ。

1919年に京城《キョンソン》(現・ソウル)に生まれ、日本に渡って京都大学医学部に進学したキム・ギヨンは、戦後はソウル大学医学部で学んだ。超がつくエリートコースを歩んだキム・ギヨンだが、大学時代には演劇活動に熱を上げ、また戦争中に在韓米国公報院(USIS)で文化映画や宣伝映画を撮ったことが映画監督を目指すきっかけになった。歯科医の妻からの経済的なサポートにより、やがて映画制作に専念するようになると、1955年に『死体の箱』で監督デビュー、1960年に発表した『下女』がセンセーションを巻き起こして大ヒットし、続く『玄海灘は知っている』(1961)、『高麗葬』(1963)も大成功を収めた。

今でこそ韓国でその名を知らぬ者はいない存在だが、実は長い間忘れ去られていた映画人であった。一般的には1997年、釜山《プサン》国際映画祭での回顧上映からキム・ギヨンの再評価が始まったとされるが、実際はその前年に日本の国際交流基金が行った特集によってまず日本で再発見され、その後に韓国をはじめ世界各国で注目されるようになった。私自身、日本に留学するまでキム・ギヨンの名はまったく知らなかった。だが再び脚光を浴びたのも束の間の1998年、招待を受けていたベルリン国際映画祭への出発前日に、自宅の火事によって夫婦ともども不慮の死を遂げ、その死までもが異様なドラマチックさを帯びることとなった。なお遺作となった『死んでもいい経験』は、1990年に製作されたものの作品の出来に満足しなかった監督自身が公開を拒否、監督の死後になって公開されたものである。フィルム自体が失われていたり不完全な状態の作品も多い中、巨匠マーティン・スコセッシ率いる団体「World Cinema Foundation」によって『下女』がデジタル復元されたことも記憶に新しい。

キム・ギヨンのもっとも特徴的な点は、代表作である『下女』をあたかも強迫観念のように反復し続けたところである。60年代半ば以降の低迷していた時期に『下女』のセルフリメイクである『火女』（1971）をヒットさせると、『虫女』（1972）、『水女』（1979）、そして二度目のセルフリメイク『火女'82』に至る「女シリーズ」と括られる一連の作品を通して、繁殖を求める女性の恐ろしいまでの欲望と、対照的に不能に陥る男性を描き、「欲望と本能」「繁殖と不能」はキム・ギヨン作品に一貫して見られる主題となった。

キム・ギヨン作品は必ずしも傑作と呼べるものだけではなく興行的な失敗作も数多いが、そこには韓国の政治・社会的背景も大きく影響している。1963年に大統領に就任し、79年に暗殺されるまで16年間にわたって軍事独裁体制を布いた朴正熙《パク・チョンヒ》政権下では、「公序良俗」の名のもとに表現の自由が締め付けられ、厳しい検閲が行われた。〝韓国映画の暗黒期〟とされるこの時代、反共映画が量産され芸術的表現が圧殺される中ではさすがのキム・ギヨンも活躍の機会を奪われ、1977年の『異魚島《イオド》』では、性器だけが立ったままの死んだ男とのセックスを描いた場面が丸ごと切り落とされるなど、検閲の憂き目にもあった。ここでは、キム・ギヨンの全盛期と言える1960年代前半に作られた三作品を取り上げ、社会・政治的背景を通して映画を読み解いてみたい。

『下女』（1960）

『下女』は、紡績工場の音楽教師として働くトンシクが、ミシン仕事がたたって体を壊した妻のために雇った下女に誘惑されて関係を結び、家族を破壊されていく様を描いて当時の観客に大変なショックを与えた。映画と現実を混同した一部の観客が、下女を演じた女優のイ・ウンシムへのバッシングを起こし、実際に彼女はその後映画界から姿を消したほどである。だが本作は、その衝撃の強さや大ヒットしたという話題性以上に、当時の韓国の歪みを映し出している点において、恐ろしくも素晴らしい作品である。

朝鮮戦争の爪痕が依然として残り、アメリカの援助によってかろうじて保たれていた1960年前後の韓国は、仕事をもとめて田舎から都会へやってくる女性が急増、さらに李承晩《イ・スンマン》政権の憲法改正と不正選挙によって政治的混乱に陥り「4・19革命」が勃発するなど、社会的にも劇的な変化が起こっていた。そんな時代に作られた本作には二つの〝不思議な〟設定がある。一つはトンシクの《経済力》だ。工場の音楽教師という冴えない職業のトンシクに、果たして二階建ての家を建て下女まで雇う経済力があっただろうかと首を傾げたくなるのだ。だがこれは、現実を無視した単純な設定ミスではない。二階建ての一軒家が近代化の象徴であるとすれば、「トンシク夫婦の」経済的不安定さは、当時の「韓国の」経済的不安定さそのものであり、「新築一戸建て」はそんな韓国社会が欲望していた近代化へのフェティッシュとして考えられるからだ。フェティッシュとは、簡単に言えば「自分が持っていないものを視線の対象に求めること」であり、映画に描かれるベッドやピアノ、装飾絵や壁時計など、家の中に緻密に配置された「物」たちは、まさに近代化へのフェティッシュの具現化にほかならない。一見不思議で過剰に見えるこの設定は、新興独立国・韓国がアメリカから与えられた西欧的な近代化への転換と、実際には程遠い現実との間の不安定さを、フェティッシュによって埋めている点において、きわめて意図的なものとして読み取ることができるのである。

もう一つの不思議な設定は《階段》だ。トンシクには足の不自由な娘がいるにもかかわらず娘の部屋は二階にあるため、娘は家のど真ん中に置かれた階段を、今にも転がり落ちそうな様子で行き来しなければならない。この階段にはどのような意味があるだろうか。『下女』に影響を受けた『パラサイト』を引き合いに出すまでもなく、映画史において「階段」は、「上昇」のシニフィアンとして象徴的に使われてきた。エイゼンシュテインは『十月』（1928）で、革命に成功し権力を掌握したボリシェヴィキを率いるレーニンが階段を上がる場面で、レーニンの影が歴代ロシア皇帝の肖像画を次々と覆い、新たな権力者の「身分の上昇」と「欲望の拡大」を表現した。一方で、上昇には必ず転落の可能性が付きまとうのも事実だ。成瀬巳喜男の『女が階段を上る時』（1960）では、高峰秀子演じる銀座のバーのマダムが毎晩、仕事場に向かう急な階段を着物姿で上がっていく。日々下克上が繰り広げられる銀座の街で、転落の不安を孕みながらも、夫を亡くした彼女は戦後という現実を一人で生き抜くために階段を上り続けなければならない。

このように登場人物たちの身分の上昇と転落、あるいはそこに見え隠れする欲望を象徴する装置として描かれ、解釈されてきた階段を、キム・ギヨンは「足の不自由な娘」という不安定な要素を意識的に用いることで観る側に不安を抱かせ、スクリーンに投影される「近代」とそこに映る過剰な映画的「現実」が近代化へのフェティッシュに過ぎず、いつ崩壊するかもわからない不安な欲望であることを効果的に描いた。近代的な家庭の妻になるという下女の欲望は、「不安定な」階段によって転落を余儀なくされ、同時に、韓国が抱いていた近代化への欲望が歪んだイメージに過ぎないことを暴き出したのである。映画の「下女」が決して名前を持たなかったのは、まさに下女が身分の上昇を夢見てはそこから転がり落ちる韓国国民の姿であったからに他ならない。

『玄海灘は知っている』（1961）

『玄海灘は知っている』は、1960年8月から半年間にわたって放送され、大人気を博した韓雲史《ハン・ウンサ》によるラジオドラマの映画化である。「戦後初めての日本ロケ」を敢行し、さらにヒロインを演じた女優が「在日韓国人2世」であることも大きな話題を呼んだが、製作の背景には1960年の李承晩独裁政権の崩壊に始まる社会の情勢の変化が大きく影響している。強硬な反日政策をとった李政権の終焉は、「日本」に対する関心の高まりをもたらした。日本の文学や大衆音楽が巷に溢れ、日本映画の輸入が取り沙汰されるなど、それまでタブー視されていた日本文化との距離が一気に縮まったのだ。帝国と植民地という悪夢の歴史は消せないながらも民衆の間では「あの頃へのノスタルジー」さえ広まり、いわば韓国における「逆コース」の時期と言えるほどだった。韓雲史自身、原作執筆のきっかけとして日本文化が押し寄せてくる空気を挙げているように、李政権下では悪のステレオタイプとしての日本を描くことしか許されなかったのに対し、多様な人格を持った日本人を自由に描けるようになったことが、原作の誕生に寄与していることは言うまでもない。だが翌年には早くも朴正熙《パク・チョンヒ》による軍事クーデターが起こって雲行きは怪しくなり、1963年に朴が正式に大統領になると、再び反日を全面に押し出す方針をとっていく。このように原作とその映画化は、日本文化への接近と同時に、日本に対する反日感情が緩和された歴史の特別な一時期だからこそ実現したものだった。

本作に一貫して見られる大きな謎は「阿魯雲（アロウン）」という主人公の名前である。朝鮮人として非常に珍しく、外国人のようにも聞こえるその不思議なネーミングについて、原作者は「魯迅の『阿Q正伝』に自分の名を足した」とも「英語のaloneからとった」とも説明しているが、ここで重視したいのは音として違和感のあるその響きの効果だ。ありふれた朝鮮の苗字を与えられていない阿魯雲は、朝鮮人かどうかも判別できないその曖昧さと一つの意味（苗字）に固定されないという意味において、シニフィエを持たない「ゼロのシニフィアン」と位置づけられる。歴史的に見れば、阿魯雲の身分である「朝鮮人学徒兵」は朝鮮人の中でも大学生を中心とした超エリートでなければなれなかったし、皇国臣民化政策の一つであった「創氏改名」にも当然従ったはずだ。実際、彼以外の学徒兵は、例えば同期入隊の李家（リノイエ）のように日本の名前を持っている。日本での出版時には〝韓国版「人間の条件」〟と謳われた原作で、おそらく韓雲史は主人公を孤高の立場に置くことで朝鮮からも日本からも距離をとった普遍的なヒューマニズムを強調したのだろう。だが怪物作家、キム・ギヨンに上っ面の「ヒューマニズム」など通用するはずもない。

映画は主に二つの空間で展開する。阿魯雲を徹底的にいじめ抜く森一等兵が支配する「軍隊」と、阿魯雲を愛する「秀子の家」だ。阿魯雲はこの二つの場所を行き来しながら「虐待＝死（タナトス）」と「愛＝生（エロス）」を体験することになる。軍隊生活では隊内の序列に加え、帝国と植民地の支配関係によって森から人間以下の扱いを受ける阿魯雲にとって、軍隊は破壊と死、つまり「タナトス」の空間にほかならない。そして秀子と穏やかに過ごす家は、軍隊とは真逆の回復と生、つまり「エロス」の空間になる。

そしてそこには「植民地男性の欲望」という別の視線が投影されていることも見逃してはならない。しばしば「帝国＝男性」「植民地＝女性」と表象されてきたポストコロニアリズムの文脈において、森に虐待される阿魯雲は「女性」の位置に置かれ、「去勢（男性性の喪失）」の脅威に苛まれる。この脅威を逃れる最も手っ取り早い方法は、「帝国の女性を通して男性性を回復すること」である。秀子が風呂で阿魯雲の背中を流し、自ら進んでキスをし、旅館で一夜を共にして妊娠に至るといった性的なアピールを躊躇しないのは、秀子をエロスの空間として演出する監督の意図はもちろん、帝国の女性を享受できなかった植民地男性の欲望を可視化したものとも考えられるだろう。

こうしてヒューマニズムに貫かれた原作とは一線を画し、映画では、二つの空間の中で登場人物たちがエロスとタナトスの本能的な欲望に貫かれた行動を重ねていく。原作で阿魯雲は最後に森と和解するが、映画で森は出撃を回避するため部下に自分を刃物で傷つけるよう命じ、最後まで生への執着を見せつける。そして死体の山から阿魯雲がゾンビのように蘇るラストシーンでは、森の死と空襲によってタナトスの空間は消滅し、秀子の待つ回復と生のエロス的空間のみが残される。ロングショットゆえにもはや朝鮮人も日本人も区別がつかず、帝国も植民地も意味をなさないが、映像のインパクトはそうした解釈すらも押し流してしまうほどに強烈だ。キム・ギヨンの作家的署名である「本能と欲望」のドラマが十二分に堪能できる作品である。

『高麗葬』（1963）

朝鮮戦争直後を舞台にした『下女』、戦時下の日本を舞台に朝鮮人学徒兵の恋愛を描いた『玄海灘は知っている』に続く『高麗葬』は、時代をさらに逆行させた時代劇である。《高麗葬》とは、飢饉になると70を超えた老人を山に捨て、山の神に差し出すことで雨を祈る高麗時代の風習が元になった民話で、日本の《楢山節考》との類似も指摘されている一方で、歴史学者の間では親孝行の大切さを教え込むための作り話に過ぎないというのが定説になっている。だが映画は「姥捨て」の主題にはたいして重きを置いておらず、意図的な「時代的混乱」によって、1963年という制作当時の韓国社会の混乱ぶりを描いているように思われる。

本作は「高麗時代（10〜13世紀）」を舞台にしているが、登場人物たちの衣装や習慣は明らかに「朝鮮時代」を示している。さらに彼らは法や社会的規範ではなく、巫女《ムーダン》の呪術的支配によって成り立つ退行的な時間を生きている。それはもはや高麗時代でも朝鮮時代でもない「原始的」な時間である。映画が与える原始的な印象は、過密で閉鎖的に構成されたセット空間、飢饉という極限状況の中で、「食欲」と「性欲」という村人たちの本能的な欲望を浮き彫りにする物語構造によるところも大きい。飢えを凌ぐための水や食糧（芋）を巡る争いが映画の中心的な動因として働き、食糧は女を得るための交換手段としても用いられる。家族というシステムまでもが破壊され混沌に陥ったこの世界で、倫理や道徳的な価値はもはや無に帰している。このような脱歴史的な設定は、腐敗しきった李承晩独裁政権を倒し、民主化に向かって前進しようとした矢先、朴正熙の軍事クーデターによってふたたび独裁政権に逆戻りしてしまった状態の隠喩と捉えることができる。映画の最後で九龍《グリョン》が十人の異母兄弟を殺し、権力の象徴である古木とともに巫女を倒すのは、明らかに政治的・社会的メタファーであり、そこに監督自身の批判的な眼差しを見出すことができるだろう。公開当時、キム・ギヨン自身が「4・19革命で学生たちは、古木を倒すために104の命を失った」という言葉を残している。

こうした読みをさらに裏付けるのが、映画の終盤、最愛の母を背負って山奥へと進んでいく九龍が歌う民謡「タバクネ」だ。死んだ母の乳を飲むために、山を越え川を渡って母の墓へと向かう女性を描いたこの歌は、映画から10年後にあるフォーク歌手によって発売されたものの、「どんな妨害にも負けずに目的に向かって前進する」というメッセージが軍事政権に対する批判・風刺と捉えられ、すぐさま禁止曲となってしまった。だがその後も軍事政権と闘う学生たちを象徴するデモ歌として歌い継がれ、1987年の民主化闘争勝利後に解禁された。キム・ギヨンがこの歌を用いた意図はわからないが、朴正煕の権力への欲望が表面化した1963年に、やがて検閲によって禁止される事態を見通していたかのような先見の明には驚くべきものがある。

このように本作は、息の詰まるようなセット空間＝「韓国」を舞台に、「時の権力者」である10人の兄弟と巫女に翻弄される村人＝「韓国国民」が、九龍を先頭に古木＝「腐敗した権力」を倒す物語であると読み替えることができるだろう。だがその後の軍事独裁政権下ではあらゆる芸術表現が抑えつけられ、キム・ギヨンもまた低迷を余儀なくされていく。商業的成功と作品的評価を両立させた『下女』に始まる三作が、独裁政治に苦しめられた戦後の韓国現代史にぽっかりと空いた真空地帯に生み出されたという事実は、決して偶然ではない。

おわりに

本書は、2019年秋から2022年夏まで「サイゾーウーマン」のウェブサイトに掲載された連載を中心に、韓国映画を歴史や社会の観点から紹介した文章をまとめたものである。映画を道標に韓国近現代史の起伏に富んだ歩みをたどるなかで、歴史を「物語る」方法として果たして映画は有効だろうか？ と何度も自問自答してきた。歴史が血肉となった映画は、まるで生きている生命体のように物語り、観客の五感に訴えかけてくる。私たちは時に真剣に時に疑いつつ、笑って泣いて楽しみながら歴史を再認識する。映画が提示するものが「正解」かどうかは問題ではない。映画をきっかけに、歴史の新たな気づきを得ることが重要なのだ。だとすれば、映画で歴史を語る手法は大いに有効だろう。

韓国の格言に「아는《アヌン》 만큼《マンクム》 보인다《ボインダ》（知るだけ見える）」というものがある。物事は知れば知るほど、見えてくるものも多くなるという意味だ。逆に言えば、知らなければ大事なことを見逃してしまう、見落としてしまうことにもなる。エドワード・W・サイードは著作『文化と帝国主義』（大橋洋一訳、みすず書房、1998）の中で、オペラ「アイーダ」を分析する。ヨーロッパのエジプトをめぐる領土獲得と支配のための闘争とは無関係に見える「アイーダ」が示唆する帝国主義を考えなければ、

この作品は単なるカリカチュアに過ぎないと述べている。西側による侵略の歴史を知らずにただオペラとしてのみ享受することの危険性に対し、警鐘を鳴らしたのだ。

サイードによれば、「テクストが排除している歴史」にまで意識を深めることがより重要なのだという。映画が何を語り何を「語っていない」のか、あるいは新たに「付け加えられた」ことは何か。本書で何度も触れているように、「なかったことにしたい歴史＝排除」と「あってほしかった歴史＝フィクション」という欲望もまた、映画が歴史を語るときには大きな要素となる。スクリーンの中の「見える歴史」とスクリーンの外の「見えない歴史」をどのように繋ぐか、あるいは映画に見え隠れする文化的コードをどのように日本の読者に向けて伝えられるか——すべてのコラムが苦しみの連続だった。

私は日本映画を学ぶために来日したが、日本に来て初めて〝在日〟というコリアン・ディアスポラに関心を持った。日韓双方と一定の距離を保ちながら、それぞれの歴史や社会、互いの関係性に対する理解を深めるうちに、日韓が映画を通して互いを知るためにできることはないかと考えるようになった。韓国における日本ブームも日本における韓国ブームも、かつては一過性に過ぎなかったものが、今では外交関係に左右されることなく持続し、互いを知ろうとする意欲はますます高まっている。その背景には、映画やドラマの質的・量的向上、そして鑑賞環境の多様化があるのは間違いないものの、近年、日本の観客たちの韓国の歴史や社会的背景に対する貪欲さは驚異的ですらある。もっともそれを実感したのは、光州事件を題材にした『タクシー運転手〜約束は海を越えて

～』だった。数百人は入るであろう新宿の映画館で、満席の客席を前に短い解説をした時の光景はきっと忘れないだろう。以来、様々な場での読者や参加者の熱量に後押しされて、ここまで書き続けることができた。

ろくに実績もなかった私に「サイゾーウーマン」での連載を提案し、辛抱強く遅筆に付き合ってくださった編集者の佐伯香織さん、坂本智佳さん、2022年冬以来、気まぐれな頻度の原稿を快く掲載してくださった「朝日新聞GLOBE+」編集部の朴琴順さん、出版を快諾してくださった書肆侃侃房の池田雪さんに感謝申し上げる。ネイティブチェックで日本語の不備を指摘し、よりよい表現を見つけてくれた後輩の阿部久瑠美さん、いつも応援してくれている家族、関わってくださったすべての方々にありがとうを伝えたい。

韓国映画を通して歴史を知り、この国のダイナミズムをより深く、より立体的に理解するための小さな土台に本書がなれば幸いに思う。

『ソウルの春』の日本公開を、日本で楽しみに待ちわびている晩に——

2024年3月

崔盛旭

韓国近現代史年表

年度	出来事	関連作品
1897	国号を朝鮮から大韓帝国に改名	
1904	第一次日韓協約締結	
1905	第二次日韓協約締結（乙巳条約）、統監府設置	
1909	安重根、伊藤博文射殺	
植民地期（1910〜45年）		
1910	日韓併合、朝鮮総督府設置	『ロスト・メモリーズ』
1912	土地調査事業開始	
1919	3・1独立運動。大韓民国臨時政府樹立。義烈団結成	
1920	鳳梧洞戦闘。青山里戦闘。間島虐殺	『密偵』『金子文子と朴烈』
1926	6・10万歳運動	
1929	光州学生抗日運動	
1931	満州事変	『お嬢さん』
1932	李奉昌、天皇暗殺未遂。尹奉吉、上海虹口公園で行われた天長節祝賀式典会場に手榴弾を投擲	
1933	ハングル正書法統一案決定	
1937	日中戦争	
1940	創氏改名実施	
1941	アジア・太平洋戦争	
1942	朝鮮語学会事件	『マルモイ　ことばあつめ』
1944	朝鮮人徴兵制実施	

李承晩　尹潽善　朴正熙　崔圭夏　全斗煥

解放後（1945年～現在）

年	出来事	作品
1945	8月15日、日本敗戦・朝鮮解放 38度線を境界に米ソによる南北軍政。朝鮮建国準備委員会発足	
1948	済州島4・3事件。大韓民国樹立・李承晩政権発足。 朝鮮人民共和国樹立	『チスル』
1950	6月25日、朝鮮戦争勃発	『スウィング・キッズ』 『国際市場で逢いましょう』（50年代～2000年代まで） 『高地戦』
1953	7月27日、休戦協定	
1954	四捨五入改憲	
1960	4・19革命。李承晩下野	
1961	5月16日、朴正熙による軍事クーデター	
1963	朴正熙政権発足	『キングメーカー　大統領を作った男』
1964	人民革命党事件	
1965	日韓基本条約締結。ベトナム戦争に参戦	
1970	セマウル運動開始。労働運動家チョン・テイル焼身自殺	『焼肉ドラゴン』
1972	朴正熙、長期独裁のための「維新体制」断行	
1973	金大中拉致事件	
1975	人民革命党再建事件	『冬の小鳥』
1979	10月26日、朴正熙暗殺。12月12日、全斗煥による軍事クーデター	『KCIA　南山の部長たち』
1980	5月18日、光州事件	『タクシー運転手～約束は海を越えて～』
1981	全斗煥政権発足	『弁護人』『ミナリ』『殺人の追憶』
1982	釜山アメリカ文化院放火事件	
1983	KBS離散家族再会放送	

盧泰愚　金泳三　金大中　盧武鉉　李明博　朴槿恵　文在寅　尹錫悦

解放後（1945年～現在）

1987	パク・ジョンチョル拷問死。イ・ハニョルが催涙弾に撃たれ死亡。6・10民主化闘争
1988	盧泰愚政権発足。ソウル・オリンピック
1990	3党統合。ソ連と国交樹立
1991	韓国・北朝鮮、国連に同時加盟
1992	中国と国交樹立
1993	金泳三政権発足
1994	金日成死亡
1995	OECD加盟
1997	金融危機によるIMF管理体制開始
1998	金大中政権発足。日本大衆文化全面開放
2000	南北首脳会談
2002	日韓ワールドカップ
2003	盧武鉉政権発足
2007	第二次南北首脳会談
2008	李明博政権発足
2011	金正日死亡
2013	朴槿恵政権発足
2014	セウォル号事件
2017	朴槿恵弾劾・罷免。文在寅政権発足
2018	平昌冬季オリンピック。第三次南北首脳会談
2022	尹錫悦政権発足

『1987、ある闘いの真実』

『はちどり』

『サムジンカンパニー1995』

『国家が破産する日』『7番房の奇跡』

『トガニ　幼き瞳の告発』『グエムル－漢江の怪物－』

『明日へ』

『共犯者たち』

『ベイビー・ブローカー』

『君の誕生日』

『D.P.－脱走兵追跡官－』

韓国歴代大統領略歴

李承晩（イ・スンマン、１８７５〜１９６５）
在任期間：１９４８年〜60年（初代〜第３代）／下野
植民地時代、主にアメリカに滞在しながら政治活動に従事。解放後、米軍政の38度線以南での単独政府樹立を主張し、48年５月の総選挙で当選。１９４８年８月15日、大韓民国（韓国）建国後、国会で初代大統領に選出された。朝鮮戦争中の不正改憲や「四捨五入」改憲などを通して２代目・３代目まで大統領の権力を保持したが、１９６０年４月19日の４・19革命により下野、ハワイに亡命した。

尹潽善（ユン・ボソン、１８９７〜１９９０）
在任期間：１９６０年〜62年（第４代）／辞任
１９６０年、４・19革命で李承晩政権が倒れた後、内閣責任制の下で４代目大統領に選出されたが、１９６１年に起きた朴正煕率いる軍事クーデターにより翌年辞任。内閣責任制から大統領中心制に戻った63年の大統領選挙に出馬、朴と闘うも敗れた。短期間ながらソウル市長、国会議員としても活動した。

朴正煕（パク・チョンヒ、１９１７〜１９７９）
在任期間：１９６３年〜79年（第５代〜第９代）／軍・暗殺
１９６１年５月16日、軍事クーデターを起こし、政権を掌握。軍に復帰するとの約束を破り、１９６３年の大統領選挙に出馬、当選し５代目大統領になる。長期執権のために改憲を繰り返し、１９７９年まで大統領の座に就くが、同年10月26日に中央情報部（ＫＣＩＡ）部長のキム・ジェギュに暗殺された。国民の民主化への熱望を徹底して踏みにじってきた強権的で暴力的な独裁と、「漢江の奇跡」と呼ばれる経済発展への貢献の間で現在も評価が分かれる。

崔圭夏（チェ・ギュハ、１９１９〜２００６）
在任期間：１９７９年〜80年（第10代）／辞任
朴正煕政権下の１９７５年から国務総理（政府組織序列２位）を務め、１９７９年に朴が暗殺されると大統領代理として非常戒厳令を宣布。同年、統一主体国民会議（大統領を選出する団体で、朴が永久執権のために作った組織）で10代目の大統領に選出されたが、全斗煥率いる新軍部のクーデターにより選出からわずか８ヶ月で辞任。

全斗煥（チョン・ドファン、１９３１〜２０２１）
在任期間：１９８０年〜87年（第11代・第12代）／軍・刑務所

朴正煕暗殺後、１９７９年12月12日に軍事クーデターを起こして権力を掌握。１９８０年、5月18日に始まった民主化運動、光州事件を武力で鎮圧し、崔圭夏を辞任させ、自ら11代目の大統領に就任。その後、再び間接選挙（朴正煕の統一主体国民会議を受け継いだ形で）を通して12代目の大統領になる。金泳三政権発足後の95年に光州事件の流血鎮圧の嫌疑で逮捕、死刑を言い渡されるが、のちに特別赦免で釈放される。最期まで光州事件での発砲命令への関与を否定した。

盧泰愚（ノ・テウ、１９３２〜２０２１）

在任期間：１９８７年〜93年（第13代）／軍・刑務所

１９７９年12月12日の全斗煥による軍事クーデターに参加後、予備役に編入し政治家になる。１９８７年6月の民主化闘争に屈服し、全斗煥の後継者として「6・29民主化宣言」を発表。直後の大統領選挙で勝利し、13代目大統領に就任した。共産圏国家との修交に積極的に乗り出し、中国やソ連と国交を結ぶ。退任後は、クーデターへの参加や膨大な裏金の疑いで全斗煥とともに逮捕されるが、全斗煥と同じく光州事件については謝罪することのないまま最期を迎えた。

金泳三（キム・ヨンサム、１９２８〜２０１５）

在任期間：１９９３年〜98年（第14代）／収賄罪で次男が収監

長い軍事独裁が終わり、民間人として33年ぶりに大統領になる。自ら「文民政府」と名乗り、大々的な政治・社会の改革に着手。全斗煥と盧泰愚のクーデターや裏金の捜査から逮捕、朝鮮総督府建物の取り壊し、金融実名制などを敢行して高い支持を得た。だが政権末期は、大手企業の不渡りの連鎖やIMF事態、次男の収賄事件などで政治的に深刻な打撃を受ける。

金大中（キム・デジュン、１９２４〜２００９）

在任期間：１９９８年〜03年（第15代）

１９５４年、木浦で国会議員に出馬して政界入りする。73年8月、朴政権によって東京のホテルで拉致されソウルに強制的に連れ去られる事件が発生し、のちに日韓の外交問題に発展。80年9月には政府転覆を企んだとして全斗煥政権から死刑を言い渡される。82年に釈放され渡米、85年に帰国して政党を立ち上げ党首になる。大統領選挙に挑戦し続けて4回目の97年に当選、15代目の大統領として北朝鮮との関係改善に積極的に挑み、分断後の韓国大統領として初めて平壌を訪問し、金正日との首脳会談を実現。この功績によって２０００年に韓国初のノーベル平和賞を受賞した。

盧武鉉（ノ・ムヒョン、１９４６〜２００９）

在任期間：２００３年〜08年（第16代）／自殺

人権弁護士出身で1988年に国会議員に当選し、政界入り。金大中政権での海洋水産省大臣を経て、2002年には大統領候補に選ばれ、16代目の大統領に当選した。金大中政権の対北朝鮮政策を受け継いで平壌を訪問、金正日との首脳会談に挑む。退任後は地元に戻るも、在任中の親族の不正が露呈して検察の取調べを受け、2009年に自宅裏山の崖から飛び降り、死去した。

李明博（イ・ミョンバク、1941〜）

在任期間：2008年〜13年（第17代）／懲役（2022年特別赦免）

大学卒業後、財閥企業の現代グループの建設会社に入社し、実力を認められて最短で最高経営者の地位に就任。国会議員、ソウル市長を経て2008年に17代目の大統領に当選。財閥中心の経済優先政策に乗り出し、批判の的となった。退任後の2018年に収賄の疑いで逮捕され、2020年に懲役17年、罰金130億ウォンの刑が確定し収監されたが、2022年に特別赦免により釈放。

朴槿恵（パク・クネ、1952〜）

在任期間：2013年〜17年（第18代）／弾劾・懲役（2021年特別赦免）

朴正煕の娘で、国会議員を経て2012年に18代目の大統領選挙で当選、韓国初の女性大統領になった。しかし2016年に親友のチェ・スンシルによる国政干渉、いわゆる「お友達スキャンダル」が発覚し、国会で弾劾が可決された。つづく最高裁判所の弾劾決定で2017年に大統領から罷免、収監された。2021年、特別赦免によって4年間の刑期を終え釈放された。

文在寅（ムン・ジェイン、1953〜）

在任期間：2017年〜22年（第19代）

人権弁護士を経て、盧武鉉政権下で大統領秘書、国会議員を歴任し、朴槿恵罷免後の2017年に行われた大統領選挙で当選、19代目の大統領になった。金大中・盧武鉉の跡を継いで南北関係改善に尽力し、金正恩との首脳会談や米朝首脳会談を実現させた。

尹錫悦（ユン・ソンニョル、1960〜）

在任期間：2022年〜現在（第20代）

2019年、韓国検察トップにあたる検察総長に任命され、2021年に辞職後、政界入りを果たす。2022年に行われた大統領選挙で当選し、20代目の大統領に就任した。

索引

初出一覧（単行本化にあたり、加筆修正を行いました）

第1章　韓国と日本・アメリカ・北朝鮮

❶ 韓国映画『ロスト・メモリーズ』、歴史改変SFが「公式の歴史」をなぞる……描けなかったアンタッチャブルな領域
cyzo woman, 2020.8.14, https://www.cyzowoman.com/2020/08/post_298185_1.html

❷ 韓国で英雄視される「義烈団」と、日本警察の攻防 ── 映画『密偵』から読み解く、朝鮮戦争と抗日運動の歴史
cyzo woman, 2020.11.27, https://www.cyzowoman.com/2020/11/post_313569_1.html

❸ 韓国映画『金子文子と朴烈』、“反日作品”が日本でロングランヒットとなった魅力とは？
cyzo woman, 2019.12.13, https://www.cyzowoman.com/2019/12/post_256454_1.html

❹ 韓国映画『マルモイ』、「ハングル辞典」誕生までの物語 ──「独自の言葉」を守る意味とは
cyzo woman, 2020.7.17, https://www.cyzowoman.com/2020/07/post_293820_1.html

❺ 難解といわれる韓国映画『哭声／コクソン』、國村隼が背負った“韓国における日本”を軸に物語を読み解く
cyzo woman, 2020.2.28, https://www.cyzowoman.com/2020/02/post_270068_1.html

❻ EXO・D.O.主演『スウィング・キッズ』、“タップダンス”で際立つ暗鬱な現実 ──「もしも」に込められたメッセージとは
cyzo woman, 2020.9.11, https://www.cyzowoman.com/2020/09/post_302017_1.html

❼ 朝鮮戦争の勃発から73年　映画「高地戦」が暴く矛盾　激しい戦闘と密かな交流の物語
朝日新聞 GLOBE+, 2023.7.3, https://globe.asahi.com/article/14944100

❽ パルムドール受賞『パラサイト』を見る前に！　ポン・ジュノ監督、反権力志向の現れた韓国映画『グエムル』を解説
cyzo woman, 2019.12.27, https://www.cyzowoman.com/2019/12/post_262288_1.html

❾ 韓国映画『シュリ』『JSA』から『白頭山大噴火』まで！　映画から南北関係の変化を見る
cyzo woman, 2021.8.27, https://www.cyzowoman.com/2021/08/post_356059_1.html

❿ 韓国映画『レッド・ファミリー』に見る、北朝鮮スパイの描かれ方の変遷とその限界
cyzo woman, 2020.3.13, https://www.cyzowoman.com/2020/03/post_274309_1.html

⓫ 韓国現代史最大のタブー「済州島四・三事件」を描いた映画『チスル』、その複雑な背景と「チェサ」というキーワードを読み解く
cyzo woman, 2021.6.25, https://www.cyzowoman.com/2021/06/post_346990_1.html

⓬ 大泉洋ら出演『焼肉ドラゴン』から学ぶ「在日コリアン」の歴史 ──“残酷な物語”に横たわる2つの事件とは
cyzo woman, 2021.5.7, https://www.cyzowoman.com/2021/05/post_339242_1.html

⓭ アカデミー賞6部門ノミネート『ミナリ』から学ぶ、韓国と移民の歴史 ── 主人公が「韓国では暮らせなかった」事情とは何か？
cyzo woman, 2021.4.9, https://www.cyzowoman.com/2021/04/post_334951_1.html

⓮ 韓国映画『ミッドナイト・ランナー』での「朝鮮族」の描かれ方と、徹底的「偏見」の

背景とは
cyzo woman, 2020.3.27, https://www.cyzowoman.com/2020/03/post_276507_1.html
コラム監督論①
書き下ろし

第2章　軍事独裁から見る韓国現代史

⑮ 歴代4位の韓国映画『国際市場で逢いましょう』が、韓国人の心をかき乱す理由――「歴史の美化」と「時代に翻弄された父親」の残像
cyzo woman, 2020.1.31, https://www.cyzowoman.com/2020/01/post_267535_1.html
⑯ 人気の韓国映画『7番房の奇跡』、時代設定が「1997年」だった知られざる理由
cyzo woman, 2022.2.4, https://www.cyzowoman.com/2022/02/post_376609_1.html
⑰ イ・ビョンホン主演『KCIA 南山の部長たち』の背景にある、2つの大きな事件――「暴露本」と「寵愛」をめぐる物語
cyzo woman, 2021.1.22, https://www.cyzowoman.com/2021/01/post_323060_1.html
⑱ 韓国映画『タクシー運転手』異例の大ヒットがあぶり出した、「光州事件」めぐる国民の怒りと後悔
cyzo woman, 2020.5.15, https://www.cyzowoman.com/2020/05/post_284513_1.html
⑲ 韓国映画『弁護人』、公開から6年後の今話題になる背景――「検察」という韓国社会の“怒り”の対象
cyzo woman, 2019.11.29, https://www.cyzowoman.com/2019/11/post_256452_1.html
⑳ 韓国映画『1987』、大学生の「死」が生んだ市民100万人の“権力”への怒り――歴史的「6月抗争」の背景とは
cyzo woman, 2020.6.26, https://www.cyzowoman.com/2020/06/post_290482_1.html
コラム監督論②　作家イ・チャンドンの原点―光州事件と1980年代韓国現代史
パンフレット『LEE CHANG-DONG RETROSPECTIVE 4K 6+1』JAIHO編集・発行、2023

第3章　韓国を分断するものたち

㉑『パラサイト　半地下の家族』を理解する“3つのキーワード”――「階段」「におい」「マナー」の意味を徹底解説
cyzo woman, 2021.1.8, https://www.cyzowoman.com/2021/01/post_321048_1.html
㉒ 韓国映画『国家が破産する日』が描く、20年前の経済危機と壊れた日常――終わらない格差と不信
cyzo woman, 2020.4.24, https://www.cyzowoman.com/2020/04/post_281241_1.html
㉓ 村上春樹原作・韓国映画『バーニング 劇場版』、『パラサイト』につながる“ヒエラルキー”と“分断”の闇
cyzo woman, 2020.6.12, https://www.cyzowoman.com/2020/06/post_288329_1.html
㉔「兄が妹を『殴る』のは日常茶飯事」――韓国映画『はちどり』から繙く「正当化された暴力」と儒教思想の歴史

cyzo woman, 2020.8.28, https://www.cyzowoman.com/2020/08/post_300294_1.html
㉕ 映画『82年生まれ、キム・ジヨン』は“男性社会”を可視化する —— 制度だけでは足りない「見えない差別」の提示
cyzo woman, 2020.10.23, https://www.cyzowoman.com/2020/10/post_308260_1.html
㉖ 不朽の名作『息もできない』が描く、韓国的な「悪口」と「暴力」 —— “抵抗の物語”としての一面を繙く
cyzo woman, 2020.10.9, https://www.cyzowoman.com/2020/10/post_306491_1.html
㉗ R-18韓国映画『お嬢さん』が“画期的”とされる理由 —— 女性同士のラブシーンが描いた「連帯」と「男性支配」からの脱出
cyzo woman, 2021.2.5, https://www.cyzowoman.com/2021/02/post_325094_1.html
㉘ ホン・サンス作品の神髄『ハハハ』 —— 儒教思想の強い韓国で、酒と女に弱い“ダメ男”を撮り続ける意味とは？
cyzo woman, 2021.5.28, https://www.cyzowoman.com/2021/05/post_342461_1.html
㉙ 韓国人との「区別」、詐欺・セクハラ被害……映画『ファイター、北からの挑戦者』に映る “脱北者”の現実
cyzo woman, 2021.12.10, https://www.cyzowoman.com/2021/12/post_369497_1.html
㉚ 韓国映画『バッカス・レディ』4つのセリフが示す、韓国現代史の負の側面を背負う高齢売春婦の悲しすぎる人生
cyzo woman, 2022.2.25, https://www.cyzowoman.com/2022/02/post_379155_1.html
㉛「同性愛は治療で治る」韓国・ユン大統領秘書の発言が炎上！　映画『私の少女』が描く「LGBTと社会」の現在地
cyzo woman, 2022.5.20, https://www.cyzowoman.com/2022/05/post_388361_1.html
㉜ 聴覚・知的障害を持つ子どもたちへの性暴力を描いた韓国映画『トガニ』、社会と法律を変えた作品の強さ
cyzo woman, 2020.4.10, https://www.cyzowoman.com/2020/04/post_278349_1.html
コラム監督論③
「オマージュ」で振り返る、韓国女性映画監督たちの系譜　映画史を超えた女性史の復元
朝日新聞 GLOBE+, 2023.3.20, https://globe.asahi.com/article/14865301

第4章　韓国の“今”を考える

㉝ 韓国、“政治的な扇動”が問題に……『キングメーカー　大統領を作った男』に見る選挙と社会の分断
cyzo woman, 2022.8.12, https://www.cyzowoman.com/2022/08/post_399054_1.html
㉞ 韓国映画『アシュラ』、公開から5年で突如話題に!?　物語とそっくりの疑惑が浮上した、韓国政治のいま
cyzo woman, 2021.10.8, https://www.cyzowoman.com/2021/10/post_361337_1.html
㉟ 韓国映画『共犯者たち』の皮肉すぎる“その後”……主要メディアが政権に忖度したことで起こる「現実」とはなにか

cyzo woman, 2019.11.13, https://www.cyzowoman.com/2019/11/post_256995_1.html
㊱ 韓国映画が描かないタブー「孤児輸出」の実態――『冬の小鳥』では言及されなかった「養子縁組」をめぐる問題
cyzo woman, 2021.3.5, https://www.cyzowoman.com/2021/03/post_329546_1.html
㊲ 是枝裕和監督『ベイビー・ブローカー』、鑑賞前に知りたい韓国「ベイビーボックス」の実態
cyzo woman, 2022.6.24, https://www.cyzowoman.com/2022/06/post_392627_1.html
㊳ 実在の事件を忠実に描いた人気韓国映画『殺人の追憶』、ポン・ジュノが劇中にちりばめた"本当の犯人"の存在
cyzo woman, 2021.8.6, https://www.cyzowoman.com/2021/08/post_352992_1.html
㊴ 自社の不正を暴く"高卒女子"の活躍を描いた韓国映画『サムジンカンパニー1995』、より深く理解する4つのポイント
cyzo woman, 2021.7.16, https://www.cyzowoman.com/2021/07/post_350157_1.html
㊵ 韓国サイコホラーアニメ『整形水』が描く、"整形大国"になった儒教社会の落とし穴
cyzo woman, 2021.9.17, https://www.cyzowoman.com/2021/09/post_358820_1.html
㊶ EXO・D.O映画デビュー作『明日へ』から学ぶ、"闘うこと"の苦しみと喜び――「働き方」から見える社会問題
cyzo woman, 2021.2.19, https://www.cyzowoman.com/2021/02/post_327282_1.html
㊷『イカゲーム』のイ・ジョンジェ主演！　エセ宗教問題を扱ったオカルト・ミステリー『サバハ』に見る韓国人の宗教的心性
cyzo woman, 2021.10.29, https://www.cyzowoman.com/2021/10/post_364207_1.html
㊸「セウォル号沈没事故」から6年――韓国映画『君の誕生日』が描く、遺族たちの"闘い"と"悲しみ"の現在地
cyzo woman, 2020.12.11, https://www.cyzowoman.com/2020/12/post_315292_1.html
㊹ Netflix『D.P.－脱走兵追跡官－』に見る、韓国「徴兵制」の実態――「命令と服従」実体験を映画研究者が語る
cyzo woman, 2022.9.16, https://www.cyzowoman.com/2022/09/post_404239_1.html
コラム監督論④　金綺泳作品解説
DVDBOX『金綺泳傑作選』アイ・ヴィー・シー発売、2020

主な参考文献・検索サイト

〈韓国語〉

・이효인『영화로 읽는 한국 사회문화사』개마고원, 2003（イ・ヒョイン『映画で読む韓国社会文化史』ケマ高原、2003）
・한홍구『대한민국史 1～4』한겨레출판, 2003～2006（ハン・ホング『大韓民国史 1～4』ハンギョレ出版、2003～2006）
・송건호 외『해방 전후사의 인식 1～６』한길사, 2004～2006（ソン・ゴノほか『解放前後史の認識 1～6』ハンギルサ、2004～2006）

・강준만『한국 근대사 산책 1〜10』인물과 사상사, 2007（カン・ジュンマン『韓国近代史散策 1〜10』人物と思想社、2007）
・강준만『한국 현대사 산책 1〜23』인물과 사상사, 2011（カン・ジュンマン『韓国現代史散策 1〜23』人物と思想社、2011）
・최용범, 이우형『하룻밤에 읽는 한국 근현대사』페이퍼로드, 2019（チェ・ヨンボム、イ・ウヒョン『一晩で読む韓国近現代史』ペーパーロード、2019）
・서중석『사진과 그림으로 보는 한국 현대사』웅진지식하우스, 2020（ソ・ジュンソク『写真と絵で見る韓国現代史』ウンジン知識ハウス、2020）
・유시민『나의 한국현대사 1959〜2020』돌베개, 2022（ユ・シミン『私の韓国現代史　1959〜2020』トルベゲ、2022）
・조항범『우리말 '卑語''俗語''辱說'의 어원 연구』충북대학교 출판부, 2019（チョ・ハンボム『我が言葉'卑語''俗語''辱説'の語源研究』忠北大学校出版部、2019）
・한성우『우리 음식의 언어』어크로스, 2016（ハン・ソンウ『我が飲食の言語』アクロス、2016）

〈日本語〉
・吉見義明『従軍慰安婦』岩波新書、1995
・金経一（金淳鎬訳）『孔子が死んでこそ国が生きる』千早書房、2000
・エドワード・W・サイード（大橋洋一訳）『文化と帝国主義 1〜2』みすず書房、2001
・岩本憲児、武田潔、斉藤綾子編『新映画理論集成 1〜2』フィルムアート社、2002
・デイヴィッド・ボードウェル、クリスティン・トンプソン（飯岡詩朗ほか訳）『フィルム・アート—映画芸術入門』名古屋大学出版会、2007
・水野直樹『創氏改名—日本の朝鮮支配の中で』岩波新書、2008
・キム・ミヒャン編（根本理恵訳）『韓国映画史　開化期から開花期まで』キネマ旬報社、2010
・松田素二、鄭根埴編『コリアン・ディアスポラと東アジア社会』京都大学学術出版会、2013
・朴永圭（金重明訳）『韓国大統領実録』キネマ旬報社、2015
・水野直樹、文京洙『在日朝鮮人　歴史と現在』岩波新書、2015

〈インターネット〉
・네이버 뉴스 라이브러리（ネイバーニュースライブラリー）　https://newslibrary.naver.com
・한국민족문화대백과（韓国民族文化大百科）　http://encykorea.aks.ac.kr
・한국향토문화전자대전（韓国郷土文化電子大典）　http://www.grandculture.net
・두산백과（ドゥサン百科）　http://www.doopedia.co.kr
・나무위키（ナムウィキ）　https://namu.wiki
・한국영상자료원（韓国映像資料院）　https://www.koreafilm.or.kr
・씨네21（シネ21）　http://www.cine21.com

崔盛旭（チェ・ソンウク）
1969年韓国生まれ。映画研究者。明治学院大学大学院で芸術学（映画専攻）博士号取得。明治学院大学、東京工業大学、名古屋大学、武蔵大学、フェリス女学院大学で非常勤講師として、韓国を含む東アジア映画、韓国近現代史、韓国語などを教えている。著書に『今井正 戦時と戦後のあいだ』（クレイン）、共著に『韓国映画で学ぶ韓国社会と歴史』（キネマ旬報社）、『日本映画は生きている 第4巻 スクリーンのなかの他者』（岩波書店）、『韓国女性映画 わたしたちの物語』（河出書房新社）など。日韓の映画を中心に映画の魅力を、文化や社会的背景を交えながら伝える仕事に取り組んでいる。

韓国映画から見る、激動の韓国近現代史
歴史のダイナミズム、その光と影

二〇二四年四月十九日　第一刷発行
二〇二四年六月六日　第二刷発行

著者　崔盛旭
発行者　池田雪
発行所　株式会社 書肆侃侃房（しょしかんかんぼう）
〒八一〇 - 〇〇四一
福岡市中央区大名二 - 八 - 十八 - 五〇一
TEL：〇九二 - 七三五 - 二八〇二
FAX：〇九二 - 七三五 - 二七九二
http://www.kankanbou.com　info@kankanbou.com

編集　池田雪
デザイン　戸塚泰雄（nu）
DTP　黒木留実
印刷・製本　シナノ書籍印刷株式会社

ISBN978-4-86385-624-0 C0074